教 育 硕 士 示 范 性 教 材 丛 书

基于“双师型”教师培养的教育硕士培养体系改革研究(2019JGXM75)
高水平“双师型”教育硕士培养体系建设提升工程成果

信息技术类专业教学设计与案例分析

主 编 肖茵茵 张 锐 欧阳佳
副主编 刘晓勇 赵剑冬 肖 冰

WUHAN UNIVERSITY PRESS
武汉大学出版社

图书在版编目(CIP)数据

信息技术类专业教学设计与案例分析/肖茵茵,张锐,欧阳佳主编.
—武汉：武汉大学出版社,2023.1(2025.1 重印)
教育硕士示范性教材丛书
ISBN 978-7-307-23251-8

Ⅰ.信…　Ⅱ.①肖…　②张…　③欧…　Ⅲ.信息技术—教学研究—研究生—教材　Ⅳ.G202

中国版本图书馆 CIP 数据核字(2022)第 141858 号

责任编辑:杨　欢　　　责任校对:李孟潇　　　版式设计:马　佳

出版发行：**武汉大学出版社**　(430072　武昌　珞珈山)
(电子邮箱:cbs22@ whu.edu.cn　网址：www.wdp. com.cn)
印刷:武汉邮科印务有限公司
开本:720×1000　1/16　印张:17.5　字数:282 千字　插页:1
版次:2023 年 1 月第 1 版　2025 年 1 月第 2 次印刷
ISBN 978-7-307-23251-8　定价:68.00 元

前　言

教学设计是以传播理论、学习理论和教学理论等多学科理论为基础，运用系统论的观点和方法，分析教学中的问题和需求，从而找出最佳解决方法，并对其进行评价、试行与修正的一种理论和方法。相对于普通教育来说，职业教育的目的是培养应用型人才和具有一定文化水平及专业知识技能的社会主义建设者，更加侧重于实践技能和实际工作能力的培养。因此，职教类课程体系有着自己的特点，职业教育中的教学设计也需要更加重视实践训练和案例分析。

本书是“基于‘双师型’教师培养的教育硕士培养体系改革研究”(2019JGXM75)、“高水平‘双师型’教育硕士培养体系建设提升工程”项目资助下开发的系列教材之一。书中面向职业技术教育专业(信息技术)方向硕士的学习要求，设计了六章内容。第一章首先介绍了教学设计的经典理论与模式。在此基础上，按照教学设计的一般过程，从第二章到第五章分别阐述了在教学设计中占有重要地位的前端分析、教学过程设计、教学环境与教学媒体、微课设计与制作。在当前技术瞬息万变的时代中，教学设计也正在经受着信息化大潮的洗礼，各种新的理论、工具和平台层出不穷。因此，第六章介绍了信息技术化环境下职教课程教学设计实践的最新发展，希望对职业教育工作者和从事相关研究的学者带来一定的帮助。

在编排内容上，结合职教课程体系的标准与特点，本书适时地插入了关于职教课程教学设计的生动案例，在配套的课后习题中也设计了相应的实践任务。与同类书相比，教材加入了基于 MOOC/SPOC 和智能课堂的信息化环境技能训练内容，覆盖面广、实操性强，与职业院校对师资的技能需求契合度较高；同时，将职教教学竞赛训练融入教学设计实验项目，使职教导向的课程内容体系更为完整，能切实提升学生的教育教学技能。我们真诚地希望这些安排能够对学习者的学习有所帮助。

本书在编写过程中参考了大量的研究文献与资料，其中的主要来源已经在每章末尾的“参考文献”部分一一列出，如有遗漏，恳请原谅。无数的学者与实践人员为教学系统设计的发展与繁荣作出了巨大的贡献，本书正是建立在他们工作的基础之上。在此，编者对他们的辛勤劳动表示诚挚的谢意。

本书适合作为高等院校教育技术学、职业技术教育(信息技术方向)等专业的本科、研究生《教学设计与案例分析》相关课程的教学用书，以及高等院校本科生跨专业的教育技术类公共课或选修课教学用书，同时还可以作为教育技术工作者、教育行业培训人员的工作参考读物。

由于编写时间有限，加上编者自身学养有限，本书中的不足甚至是错漏之处在所难免。在此，诚恳地希望广大读者能够提出批评意见，以便让我们能够进一步优化改进。谢谢！

编 者

2022 年 3 月

CONTENTS 目录

第 1 章　教学设计理论与模式概述

教学设计是根据课程标准的要求、教学对象的特点和预定的教学目标，将教学诸要素有序安排，确定合适的教学方案设想和计划的过程。教学设计是一座“桥梁”，起到了沟通教学理论与教学实践的作用。一方面，通过教学设计，教师可以把已有的教学理论和研究成果运用于实际教学中，指导教学工作的进行；另一方面，也可以将教师的教学经验升华为教学科学，充实和完善教学理论，将教学理论与教学实践紧密结合。

本章主要介绍了教学设计的理论基础、教学设计的基本流程和各类教学设计模式，随后说明了信息技术类职教课程的体系和标准，最后对信息技术与教学模式的整合发展进行了总结和回顾。

1.1　经典教学设计理论

1.1.1　教学设计概念

教学设计一般包括教学目标、教学重难点、教学方法、教学步骤与时间分配等环节。许多学者从不同维度对教学设计做出了自己的诠释：

加涅曾在《教学设计原理》(1988 年)中将教学设计界定为：“教学设计是一个系统化(Systematic)规划教学系统的过程。教学系统本身是对资源和程序做出有利于学习的安排。任何组织机构，如果其目的旨在开发人的才能均可以被包括在教学系统中。”

帕顿(J. V. Patten)在《什么是教学设计》一文中指出：“教学设计是设计科学大家庭中的一员，设计科学各成员的共同特征是用科学原理及应用来满足人的需要。因此，教学设计是对学业业绩问题(Performance Problems)的解决措施进行策划的过程。”

赖格卢特(Charles M. Reigeluth)对教学设计的定义基本上同对教学科学的定义一致。因为在他看来，教学设计也可以被称为教学科学。他在《教学设计是什么及为什么如是说》一文中指出：“教学设计是一门涉及理解与改进教学过程的学科。任何设计活动的宗旨都是提出达到预期目的的最优途径(Means)，因此，教学设计主要是关于提出最优教学方法的处方的一门学科，这些最优的教学方法能使学生的知识和技能发生预期的变化。”

梅里尔(Merrill)等人在《教学设计新宣言》一文中对教学设计所作的新界定值得引起人们的重视。他们认为：“教学是一门科学，而教学设计是建立在这一科学基础上的技术，因而教学设计也可以被认为是科学型的技术(Science-based Technology)。”

美国学者肯普给教学设计下的定义是：“教学设计是运用系统方法分析研究教学过程中相互联系的各部分的问题和需求，在连续模式中确立解决它们的方法步骤，然后评价教学成果的系统计划过程。”

学习教练肖刚是这样定义教学设计的：“教学设计是一个系统设计并实现学习目标的过程，它遵循学习效果最优的原则，是课件开发质量高低的关键所在。”

1.1.2 教学设计基本理论

教学设计是教育技术的一个组成部分，它的功能是用系统的方法来设计教学过程，使教学过程变成一个运作方案。第一，教学设计其实是把教学原理转化为教学材料和教学活动的计划。它必须要考虑各种各样的教学目标，遵循教学过程的基本规则，以此来解决教什么的问题。第二，教学目标的计划性和决策性活动都是通过教学设计来实现的。教学设计通过计划和布局安排的形式，对如何才能达到教学目标提出创造性的策略和方法，以解决如何教授知识内容的问题。第三，教学设计是一个系统的方法指导。每个元素的教学设计都是系统中的一个问题，应根据教学需要，建立对应的解决方案，以优化其有效性。第四，教学设计是一个提升学习者获得理论知识以及技能的效率和兴趣的技术过程。

教学设计的主要理论依据有系统理论、传播理论和学习理论。

1. 系统理论

系统论提供用相同原理构建不同学科概念体系的方法，它为制订计划和解决问题提供了系统工具。教学系统理论为教学设计提供了一种系统方法。

系统理论由美籍奥地利人、理论生物学家 L. V. 贝塔朗菲(L. Von. Bertalanffy)创立。1932 年，他发表了“抗体系统论”，提出了系统论的思想。1937 年，他又提出了一般系统论原理，奠定了这门科学的理论基础。但是其论文《关于一般系统论》直到 1945 年才公开发表。1948 年，贝塔朗菲在美国再次讲授“一般系统论”时，该理论才得到学术界的重视。1968 年，贝塔朗菲发表专著《一般系统理论基础、发展和应用》，确立了系统理论的科学学术地位，该书也被公认为是这门学科的代表作。

根据一般系统论创始人贝塔朗菲的定义，系统是“相互作用的诸要素的复合体”，或“处于一定相互联系中、与环境发生关系的各个组成部分的整体”。而中国著名科学家钱学森这样来定义系统：“系统是由相互作用和相互依赖的若干组成部分合成的具有特定功能的有机整体，而且这个系统本身又是它所从属的一个更大系统的组成部分。”

系统中相互作用着的部分或成分就是要素，是系统最基本的单位，也是系统存在的基础和实际载体。系统就是由要素以及要素之间的关系组成的，不同的要素构造不同的系统，相同的要素也可以因为要素之间的关系不同而构造不同的系统。

系统方法指的是按照事物本身的系统性，把对象放在系统的形式中加以考察的一种科学方法。在宏观世界和微观世界，从基本粒子到宇宙，从细胞到人类社会，从动植物到社会组织，无一不是系统的存在方式。系统方法具有整体性、综合性、最优化的特点。

2. 传播理论

教育传播是由教育者按照一定的目的要求，选定合适的信息内容，通过有效的媒体通道，把知识、技能、思想、观念等传送给特定的教育对象的一种活动，是教育者和受教育者之间的信息交流活动。

运用传播理论分析教学活动，可以比较直观地看到教学信息传播过程的复杂性。第一，从教学信息的传播者(教师)和教学信息的接收者(学生)来看，至少有四个方面的因素会影响教学信息传播的效果：一是信息传播的技能，二是态度和情意，三是知识和认知水平，四是社会以及文化背景；第二，从信息本身来看，现代社会中信息的多样性也会影响传播的效果；第三，从信息传播的渠道来看，不同的传播媒体也会产生不同的传播效果。当前，电子媒体正大量涌入教育领域，信息技术的革新带来了信息传播渠道的变化。在教学设计中，要尽可能地运用多种渠道和方式展示知识，有效地促使学生运用多种感官接收信息，以取得更加满意的教学效果。

3. 学习理论

教学设计通过选择适当的技术、工具、方法来帮助学习者获得知识和能力，教学设计者所关心的是如何发展学习者未来的能力。有两种学习理论体系对教学设计的过程和决策产生了很深远的影响：行为主义学习理论和认知主义学习理论。此外，还有两种"以学习者为中心"的经典学习理论：建构主义学习理论和人本主义学习理论。

(1)行为主义学习理论。

行为主义学习理论产生于20世纪初的美国，代表人物是华生(John Broadus Watson)和斯金纳(Burrhus Frederic Skinner)。该理论把"刺激-反应"(Stimulation-Reaction，简称SR)作为解释人的一切行为的公式。行为主义理论认为，心理学的任务就在于发现刺激与反应之间的规律性联系，这样就能根据刺激来推知反应，反过来又可通过反应推知刺激，从而达到预测和控制行为的目的。因此，学习就是刺激与反应之间联结的建立或习惯的形成(类似于驯兽师对动物的训练)。

(2)认知主义学习理论。

认知主义学习理论源于格式塔心理学派，被认为是心理学的第二次革命，其代表人物有皮亚杰(Jean Piaget)、布鲁纳(Jerome Seymour Bruner)、奥苏贝尔(David Pawl Ausubel)、托尔曼(Edward Chase Tolman)和加涅(R. M. Gagne)等。该理论与行为主义学派的理论相对，否定刺激(S)与反应(R)的联系是直接的、机械的，并提出学习是依靠顿悟，而不是依靠尝试与错误来实现的观点。认知主义学者认为，学习是一种组织作用，学习者发挥人脑主体的主观组织作用，通过认知过程(Cognitive Process)，把各种资料加以储存及组织，形成知识结构(Cognitive Structure)。因此，学习更需要的是内在动机，而不是外在刺激。

(3)建构主义学习理论。

严格来讲，心理学中并没有建构主义的学派，只是很多认知主义心理学家的观点相似，故将其称为建构主义，其最早的提出者可追溯至瑞士学者皮亚杰。建构主义源自关于儿童认知发展的理论，强调学习者的主动性，认为学习是学习者基于原有的知识、经验生成意义、建构理解的过程，而这一过程常常是在社会文化互动中完成的。学习者获得知识的多少取决于学习者根据自身经验去建构有关知识的意义的能力，而不取决于学习者记忆和背诵教师讲授内容的能力。由于个体的认知发展与学习过程密切相关，因此利用建构主义可以比较好地说明人类学习过程的认知规律，即能较好地说明学习如何发生、意义如何建构、概念如何形成，以及理想的学习环境应包含哪些主要因素等。其中，情境、协作、会话和意义建构是学习环境中的四大要素或四大属性。

(4)人本主义学习理论。

人本主义心理学兴起于20世纪五六十年代的美国。由马斯洛(Abraham H. Maslow)创立，以罗杰斯(Carl Ransom Rogers)为代表。它既反对行为主义把人等同于动物，只研究人的行为，不理解人的内在本性，又批评弗洛伊德只研究神经症和精神病人，不考察正常人的心理，因而被称为心理学的第三势力。人本主义与建构主义都强调人的意识，强调学习是人脑对客观世界的加工，但建构主义更重视这种加工的主观性，以及学习者经验的丰富性和差异性，而人本主义更关注的是学习者的价值、理想、情感和潜能等。

以上学习理论虽然对学习产生的情境的理解有所不同，但它们都为教学设计的实践提供了相应的理论基础。例如，行为主义学说把环境(特别是社会环境)

视为人的行为的决定力量，忽略了人的内在动机，有较大的局限性，但在基础教育和技能型教育领域，行为主义学习理论仍有着广泛的应用，并取得了一定的效果；而认知主义学说所注重的内驱力，以及建构主义、人本主义学说所注重的“以学习者为中心”，成为“以学为主”教学设计模式的主要理论依据，更适用于探索式学习，广泛应用于高等教育及研究型教育中。

1.1.3 教学设计基本流程

1.“以教为主”的教学设计流程

“以教为主”的教学设计也称为传统教学系统设计，来源于奥苏贝尔的“学与教”理论，并基于行为主义学习理论和认知主义学习理论而产生。该方法的设计焦点在教学上，强调以教师为中心，突出教师的主导作用，注重循序渐进，按部就班，精细严密地运用系统方法对教学进行设计。其代表模型有“肯普模型”和“史密斯-雷根模型”。

“以教为主”的教学设计步骤大致如下(见图1-1)：

(1)确定教学目标。

教学是促进学习者朝着目标所规定的方向产生变化的过程，因此在教学设计中，教学目标是否明确、具体、规范，直接影响着教学是否能沿着预定的、正确的方向进行。因此目标一定要是非常明确的，并且是可检测的(通常对教学进行评价时是根据教学目标来评定的)。教学活动的开展从确定教学目标开始，以实现教学目标为目的，一切设计都围绕着如何实现教学目标进行。为了清晰地阐明教学目标，建议可以从知识与技能、过程与方法、情感态度价值观三个方面按照ABCD法则，即对象(Audience)、行为(Behavior)、条件(Condition)和标准(Degree)来制定。例如，在“信息技术相关专业中职二年级学生在阅读流程图时，能区分顺序结构、选择结构和循环结构，准确率达90%”这一目标中，“信息技术相关专业中职二年级学生”是对象，“能区分”是行为，“在阅读流程图时”是条件，“准确率达90%”是标准。

(2)确定教学起点，选择合适的教学内容。

“以教为主”的教学设计重点在于对学习者的分析，需要分析学习者的学习

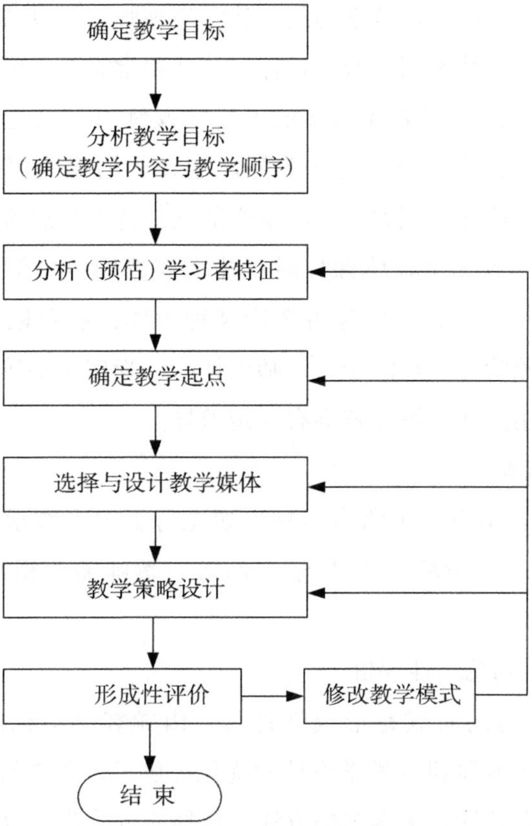

图 1-1 “以教为主”的教学设计流程图

起点，以合理地安排学习内容，而不至于使教学内容与学生接受能力脱节，或者所教内容都已被学生掌握的状况出现。当然，在实践中不可能收集学习者的所有特征，因为这个过程可能非常费时，而且不是所有收集到的信息都有用或者具备设计意义。因此，在进行学习者特征分析时，应该重在了解那些对当前教学设计有直接、重要影响的因素，一般包括学习者的认知水平、初始知识和能力、对所学内容的学习动机和态度、学习风格等。

(3) 选择教学媒体。

由于不同教学媒体的特性不同，都有自己的优缺点，不存在对任何教学目标都最优的教学媒体，因此，所谓教学媒体的选择，是指在一定的教学要求和条件下，选出一种或一组适宜、可行的教学媒体。选择教学媒体有多方面的依据：一是依据教学目标。以程序设计教学为例，让学生理解程序算法示例与要求学生就某个算法进行编码是两种不同的教学目标，前者通常需要教师的讲解并以板书或者投影材料做辅助，而后者需要更多的上机实操练习。二是依据教学内容。例如，如何对数据进行排序，可以将相关算法用动画的形式更生动地展现给学习者。三是依据学习者特征。例如，中小学生的认知特点是思维直观形象，注意力不易持久集中，教师制作多媒体课件时可能需要选用色彩鲜艳、重点突出的素材。四是依据教学条件。教学中是否选用某种媒体，还要依据现场具体条件而定，包括学校的资源状况、经济能力、师生技能、管理水平等。例如，线上教学和线下教学，可使用的教学媒体就会有一定差异。

(4)选择教学策略。

"以教为主"的教学设计策略有多种，如先行组织者教学策略、五环节教学模式、九段教学策略、情境-陶冶教学策略等，教师需要根据实际情况选择性使用。

(5)进行形成性和总结性评价。

"当厨师在品尝汤的时候是形成性评价，由顾客品尝汤时，则是总结性评价。"形成性评价在不同阶段为教学设计的优化提供了可参考的信息，而总结性评价是证明教学设计有效性的最客观的方法，包括充分收集信息并利用这些信息做出是否利用的决策。从根本上讲，总结性评价着眼于教学设计的结果并力图回答两个问题：教学设计是否真正地解决了教学问题？是否优化了教学，获得了比较理想的教学效果？

当前，"以教为主"的教学设计仍然存在并在课堂中被广泛使用，这种教学方法还是有诸多优点的。例如，"以教为主"有利于教师主导地位的发挥，使教师对整个教学过程的监控更加方便容易，有利于系统科学知识的传授、教师教学目标的完成、学生基础知识的掌握，适合大批量培养标准化人才，结构严谨，非常高效，也非常经济省时。但是，就如许多教育学者所批判的，"以教为主"也有较明显的缺陷。在传统的、完全由教师主宰的课堂上，容易忽视学生在教学过程中的主体地位，压抑学生的个性，导致学生的思维僵化，不利于学生创新思维的培养，不利于调动学生的学习积极性。重教轻学，会忽视学生的自主学习、自主探究，也容易造成学生对教师、教材、权威的盲目肯定。因此，现代的教学设计更强调“以学为主”。

2. “以学为主”的教学设计流程

从“以学生为中心”出发，或从“以教师为中心”出发，将得到两种完全不同的设计结果。“以学为主”的教学设计强调“以学生为中心”，其理论基础主要是建构主义学习理论，主张学生由外部刺激的被动接受者和知识的灌输对象转变为信息加工的主体、知识意义的主动建构者。学生是整个教学的中心，教师导而不教。

“以学为主”的教学设计步骤大致如下(见图 1-2)：

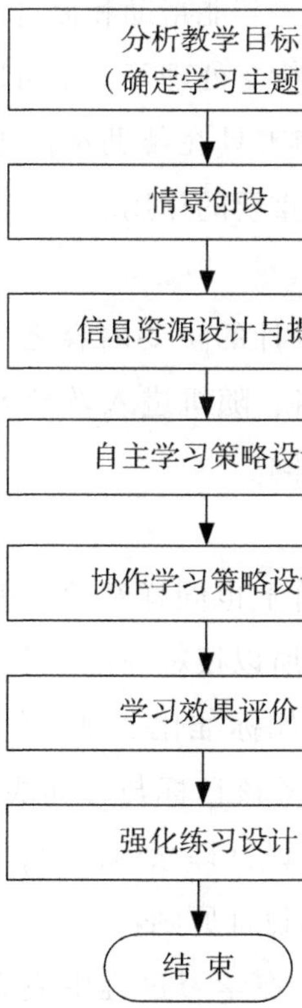

图 1-2 “以学为主”的教学设计流程图

(1)确定主题。

学习的主题应当尽可能地开放，有学生自由思考与发挥的空间。目标确定已经不是重点，通常教师只做导向性的规划，而不必像“以教为主”的教学设计那样明确目标。

(2)创设情境。

教师应创设与主题相关的、尽可能真实的情境。真实情境的创设有利于学生对新知识的意义建构，因而在教学中应尽可能地利用各种教学媒体为学生创设出接近实际情况的学习情境。

(3)提供资源、认知工具。

资源的设计目的是确定学习主题所需信息资源的种类和每种资源在学习过程中所起的作用，主要是从何处获取、如何获取以及如何有效利用的问题。认知工具从广义上讲主要是指计算机工具，其能帮助和促进认知过程，学习者可以利用认知工具进行信息资源的获取、分析、处理等，也可以利用思维导图、头脑风暴等认知方法表达自己的思维。认知工具在帮助和促进认知过程，培养批判性思维、创造性思维的过程中起着非常重要的作用。

(4)学习策略设计。

学习策略是“以学为主”教学设计的主要内容之一。学习策略有许多种，如支架式教学策略、抛锚式教学策略、随机进入教学策略等。所选的教学策略不同，学生自主学习的环节设计也不同。

(5)评价设计。

“以学为主”的教学设计在评价上也同样开放，因为强调学生的学习，而学生学习的方向、程度都有所不同，所以很难确定一个统一的标准去衡量学生的学习。一旦采用某种确定性的标准(如标准化考试)等，学生的学习过程将会“变味”，学生将会更多地根据最后的考核目标与方向决定自己的学习内容、方向、程度，这可能和“以学为主”的教学设计理念相违背。

以下是“以学为主”的一些教学设计原则：

第一，强调“以学生为中心”。在学习过程中应充分发挥学生的主动性，让学生有多种机会在不同情境中去应用他们所学的知识，将知识进行外化，以及根据自身行动的反馈信息来形成对客观事物的认识和解决实际问题的方案，实现自我反馈。发挥首创精神、将知识外化和实现自我反馈可以说是体现“以学生为中心”的三个要素。

第二，强调“情境”对意义建构的重要作用。建构主义认为，学习总是与一定的社会文化背景即“情境”相联系的，在实际情境中进行学习，可以使学习者能利用自己原有认知结构中的相关经验去“同化”当前学到的新知识，从而赋予新知识以某种意义；如果原有经验不能同化新知识，则要引起“顺应”过程，即对原有认知结构进行改造与重组。总之，通过“同化”与“顺应”才能达到对新知识意义的建构。在传统的课堂讲授中，由于不能提供具有生动性、丰富性的实际情境，因而将使学习者对知识的意义建构发生困难。

第三，强调“协作学习”对意义建构的关键作用。学生在教师的组织和引导下一起讨论和交流，共同建立起学习群体并成为其中一员。在这样的群体中，师生共同批判地考察各种理论、观点、信仰和假说，进行协商和辩论，先内部协商，然后再外部协商。通过这样的协作学习环境，学习者小群体的思维和智慧就可以被整个群体所共享，即整个学习群体共同完成对所学知识的意义建构。

第四，强调对学习环境的设计。学生可以利用各种工具和信息资源在学习环境(而不是教学环境)中来达到自己的学习目标。学习环境是一个支持和促进学习的场所。在建构主义学习理论指导下的教学设计应是针对学习环境的设计而非教学环境的设计。这是因为，教学意味着较多的控制与支配，而学习则意味着更多的主动与自由。

第五，强调利用各种信息资源来支持“学”(而非支持“教”)。为了支持学习者的主动探索和完成意义建构，在学习过程中要为学习者提供各种信息资源。但是必须明确：利用多媒体教学资料，是在支持学生的自主学习和协作式探索。

第六，强调学习过程的最终目的是完成意义建构(而非完成教学目标)。在以“学”为中心的建构主义学习环境中，由于强调学生是认知主体、是意义的主动建构者，所以将学生对知识的意义建构作为整个学习过程的最终目的。在这样的学习环境中，教学设计通常不是从分析教学目标开始，而是从如何创设有利于学生意义建构的情境开始，整个教学设计过程紧紧围绕“意义建构”这个中心而展开。不论是学生的独立探索、协作学习，还是教师辅导，总之，学习过程中的一切活动都要围绕这一中心，都要有利于完成和深化对所学知识的意义建构。

“以学为主”的教学设计能够培养学生的自学能力、分析和解决问题的能力，以及批判性思维、创造性思维，同时培养了学生的兴趣以及团队合作精神，但它的缺点也很明显。例如，这一类教学设计对师资团队与教学资源有较高要求（如需要场地、设施创设模拟情境）；而且由于教师导而不教，学生学习的自由度很大，对于自学能力薄弱的学生来说，这种学习方式反而可能导致方向不明确、学习效率低，学习效果很不确定。因此，“以学为主”的教学设计培养的更多的是创新型人才和研究型人才，适合在资金、时间等都很充裕的条件下，以能力培养为主的小班教学，并不适合大规模的教学和以传授基础知识和技能为主的教学。

为了更深刻地理解和区分“以教为主”和“以学为主”的教学设计，我们设想这样的一个课堂教学场景：教师让学生就某个问题进行思考讨论，当学生遇到瓶颈而无法进行下去时，教师再及时补充，学生根据教师提供的线索再进行思考讨论，一步一步，最后得到合适的解释。这种教学策略我们应该称之为以教为主，还是以学为主呢？

直观感觉，这是以学为主，因为整个课堂都是以学生本身的思考讨论为主的，他们占据了课堂上的大部分时间，教师仅仅在旁边引导一下。但这种观点是以上课时长为判断依据：教师讲课讲得久，就是以教为主；学生的思考讨论占据了课堂上的大部分时间，就是以学为主。实际上，以教为主和以学为主的教学设计不应该被这么浅显地区分。以学为主是指学习的方向、程度、内容都是由学生自己决定的，而以上教学场景并不是以学为主的教学设计，因为讨论的内容、时间、程度等其实都是由教师掌控的，引导学生往哪个方向思考也是教师决定的。这也说明，以教为主并不意味着整个课堂就是教师的一言堂，教师不断地向学生灌输知识，整个课堂不一定就是枯燥无趣的。以教为主的课堂也可以是非常生动有趣的。

3.“主体-主导”模式的教学设计流程

“主体-主导说”于20世纪80年代形成，由我国的教学理论界提出，是影响最大、波及最广、同时也是引发争议最多的一种学说。它借鉴早期“学生主体说”和“主导主动说”的思想，针对我国当时的教学现状，辩证地阐述了教学认识过程中教师的作用和学生的地位：“在教学过程中，‘教为主导’是对主体的学的主导，‘学为主体’是教的主导下的主体。”

“主体-主导”教学设计模式实际上是一种将以“教”为中心和以“学”为中心两种教学模式的理论基础相结合，兼具二者优点的新型教学设计模式。具体如图1-3所示。

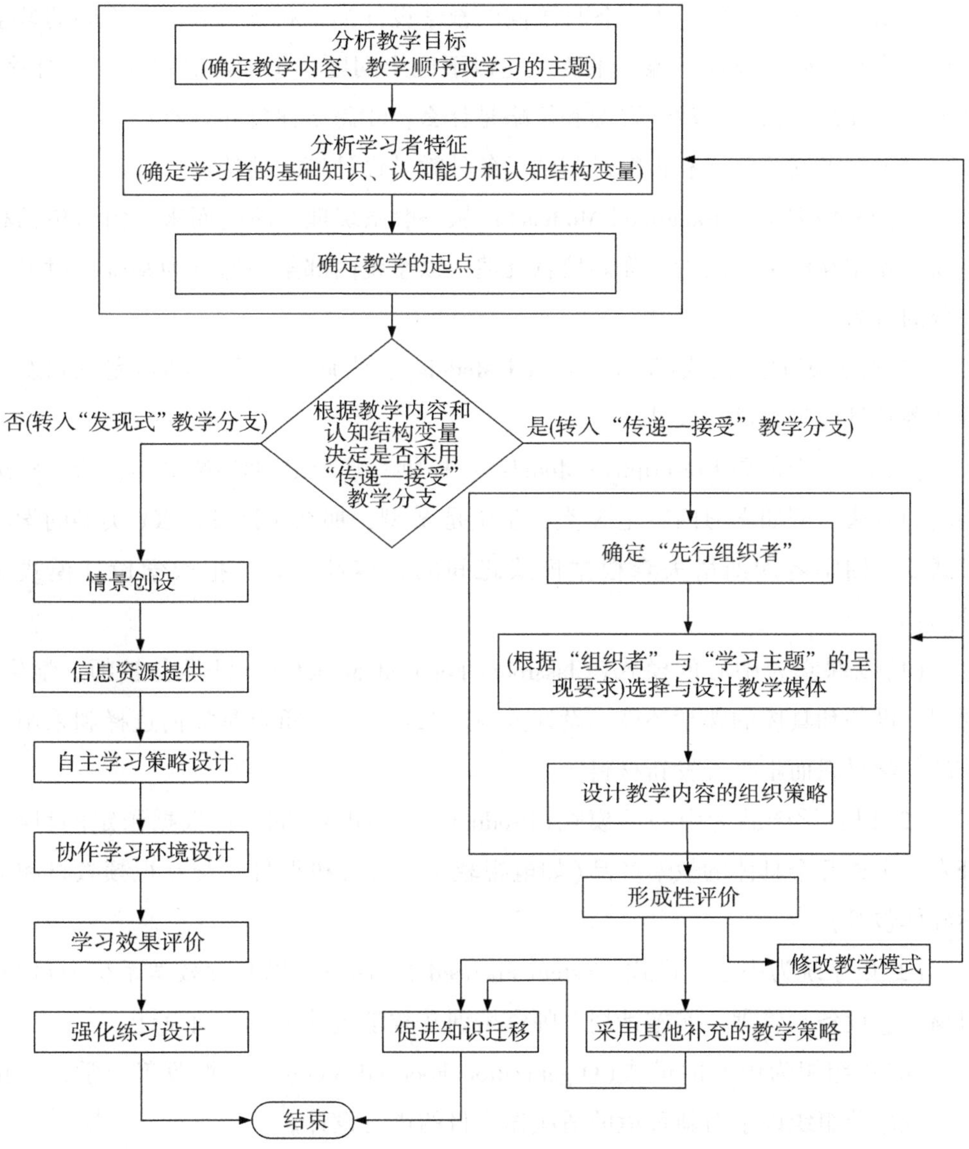

图1-3 “主体-主导”模式的教学设计流程图

1.1.4 教学设计模式

教学设计模式是指运用系统方法对不同教学系统进行教学设计的各种标准化形式。由于设计中涉及不同的教学背景、教学设计参与者(如教师、教育专家、媒体专家等)、课程范围(如课堂教学、一门课、整个课程体系等)以及课程重点，所以在教学设计中产生了各种不同的教学设计模式和分类方法。不同的教学设计模式有不同的设计步骤，主要关注以下四个问题：①学习者的特点是什么？②教学目标是什么？③教学资源和策略是什么？④怎么评价和修改？

美国学者安德鲁斯和古德逊归纳了各种教学设计模式的特点：

(1)整体型模式(Integrated Models)：从一般系统理论演变而来，内部包括相互联系和相互作用的因素，强调信息反馈，以系统内部某一部分为基础探讨另一部分的行为。

(2)任务定向型模式(Task-oriented Models)：强调对教学所必须完成和发展的任务及具体步骤进行设计。

(3)处方型模式(Prescriptive Models)：提供一整套 IF-THAN 语句，给出解决问题的方法。例如学习内容是 X 类，学生是 Y 型，那么应该设计 XY 类型的学习模式。美国学者加斯塔夫森根据模式之间的相容性关系，把教学设计模式又分为：

(1)以课堂为中心的模式(Classroom Focused Models)：已具备教师、学生、课程、设备和具体的课堂环境，设计范围是课堂教学，重点是如何选择和采用已有的教学材料而不是开发新材料。

(2)以教学产品为中心的模式(Product Focused Models)：根据预定的目标，开发一个或几个具体的教学产品(如电视教材、计算机课件、交互视频教材和教学媒体包等)。

(3)以系统为中心的模式(System Focused Models)：以开发教学系统为目的，对材料、设备、管理、实施计划、师资培训及教学包等进行全面设计。

(4)以组织为中心的模式(Organization Focused Models)：把改善教学、修正全部或部分组织以求对新环境的适应作为目的进行设计。

还有学者主张将教学设计模式分为两类基本模式：

(1)课堂/产品模式(Classroom/Product Models)：主要是针对单一的课程或单一的教学活动序列/教学材料进行设计、实施和评估，并着眼于“如何做”。例如，如何才能达到目的、如何设计一个教学单元等。

(2)综合模式(Comprehensive Models)：着眼于设计全部学习计划的程序。一般分为“方案选择和设计”与“制作、实施和评价”两个阶段。不仅着眼于“如何做”，而且关心“是什么”和“为什么”。

关于教学模式，在第三章还将展开详细介绍。

课堂活动

什么是教学设计(头脑风暴法、平行思维法)

在进行教学设计时，可适当使用创造性的思维训练技法组织学生活动。下面介绍几种常用的思维训练技巧。

1. 头脑风暴法①

在群体决策中，由于群体成员心理相互作用影响，导致个人易屈于权威或大多数人意见，形成所谓的“群体思维”。群体思维削弱了群体的批判精神和创造力，损害了决策的质量。为了保证群体决策的创造性，提高决策质量，在管理上发展了一系列改善群体决策的方法，头脑风暴法是较为典型的一种。

头脑风暴法(Brain Storming，简称 BS 法)是由美国创造学家奥斯本(Alex Faickney Osborn)于 1939 年首次提出、1953 年正式发表的一种激发性思维的方法。所谓头脑风暴，最早是精神病理学上的用语，现在则成为无限制地自由联想和讨论的代名词，其目的在于促使新观念产生或激发创新设想。

头脑风暴法可分为直接头脑风暴法(即传统的头脑风暴法)和质疑头脑风暴法(也称为反头脑风暴法)。前者是在专家群体决策时尽可能激发创造性，产生尽可能多的设想方法，后者则是对前者提出的设想、方案逐一质疑，分析其现实可行性的方法。经各国创造学研究者的实践和发展，头脑风暴法至今已经形成了一个发明技法群，如默写式头脑风暴法、卡片式头脑风暴法等。

---

① 头脑风暴：https：//wiki. mbalib. com/wiki/头脑风暴法

采用头脑风暴法组织群体决策时，要将参与者集中起来，召开专题会议，主持者以明确的方式向所有参与者阐明问题，说明会议的规则，尽力创造融洽轻松的会议气氛。主持者自己一般不发表意见，以免影响会议的自由气氛，由参与成员们“自由”提出尽可能多的方案。

以下是头脑风暴法实施时的四个重要原则：

第一，自由畅想原则。

奥斯本认为，人们如果保持沉默，就会限制思维的展开。头脑风暴法鼓励与会者畅所欲言，让他们敢于提出自己的见解，哪怕是非常荒诞的想法。这样会减少他们头脑中的内部评价。

第二，以量求质原则。

自由畅想，可使头脑风暴的过程中产生大量的设想(无论好坏，提供设想便是)。数量保障质量，量变引起质变，将众多的设想拆分重组，会生成创意。最后的创意或许就能产生最佳方案。

第三，综合改善原则。

与会者不仅可以提出自己的见解，也可以改进他人的观点，或把别人的想法综合起来，将形成一个新观念。头脑风暴法能够使大家各抒己见，使群体增强竞争意识，受到热情感染，每个人还能充分利用别人的设想来触发自己灵感的火花。

第四，延迟评价原则。

这是头脑风暴十分重要的一个原则。与会者不得在会上当场批评别人的想法，否则会使发言者设法去维护他的想法，而不去关心观念的产生，从而可能扼杀许多新观念，打击与会者的积极性。

(1)默写式头脑风暴法。

默写式头脑风暴法又称为默写式智力激励法或“635”法，是德国人鲁尔巳赫(Bernd Rohrbach)根据德意志民族习惯于沉思的性格提出来的。奥斯本提出的头脑风暴法虽规定严禁评判，参会者可自由奔放地提出设想，但有的人不善于口述，有的人对于当众说出见解犹豫不决，有的人见别人已经发表了与自己的设想相同的意见就不发言了，还有人争着发言易使点子遗漏。而“635”法与口头式头脑风暴法原则上相同，其不同点是把设想记在卡片上，也因此弥补了上述缺点。

具体做法如下：

每次会议有 6 人参加，坐成一圈，每人准备一张卡片（图 1-4 是卡片模板），全程无须交谈。主持人确定会议主题后，每人在 5 分钟的时间内，同时在各自的卡片上写出 3 个设想（故名“635”法），然后由左向右传递给相邻的人。每个人接到卡片后，可以参考他人写在卡片上的设想，也可改进或加以利用，在第二个 5 分钟内每人再写 3 个设想，然后再传递出去。如此传递 6 轮，直到卡片全部交换完毕。整个过程只需花费半小时，就可产生 108 个设想（6×6×3）。

会后，由主持人组织，对这 108 个设想进行整理、分类、归纳，找出可行的解决方案。“635”法可使每个与会者充分表达自己的意见，降低与会者因地位、性格的差别而造成的压抑感。

在具体实施时，与会者的人数也可根据需要有所变动。

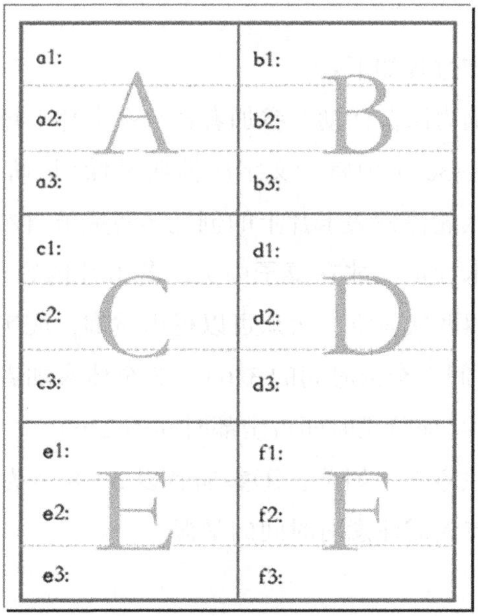

图 1-4 “635”法卡片模板

（2）卡片式头脑风暴法①

---

① 卡片式头脑风暴法：https：//wiki. mbalib. com/wiki/卡片式智力激励法

卡片式头脑风暴法又称为卡片式智力激励法，可分为CBS法和NBS法两种：CBS法由前日本创造开发研究所所长高桥诚根据奥斯本头脑风暴法改良而成，特点是对每个人提出的设想可以进行质询和评价；NBS法是日本广播电台开发的一种智力激励法。

CBS法的具体实施过程如下：①参加者对会前所提示的主题进行设想，并把设想写在卡片上，然后带入会场(在每张卡片上写一个设想，每人提出5个以上的设想)；②在开会时，各人把卡片放在桌子上，轮流进行解说，一次只能介绍一张卡片；③在倾听他人设想时，如果自己有新构想，应立即写在备用的卡片上，并把它放在桌子上；④参加者发言完毕后，将内容相似的卡片集中起来，并加上标题；⑤将分好类的卡片的标题放在最前面，排成一列；⑥主持人决定分类卡片的重要程度。

CBS法实施时的注意事项如下：①参加者以5—8名为宜；②时间花费2—3小时。

NBS法的具体实施过程如下：

①各人单独进行脑力激荡活动。参加者各自在卡片上填写创意，在每张卡片上写一个设想，以20—30字为宜，文字应简明易懂(该阶段时间占全部时间的1/6)；②参加者按座次轮流发表卡片上的创见。各成员自右往左，依次宣读自己的一张卡片，然后将卡片依次放在桌子中央，若卡片内容与他人重复，应舍弃，等待下一轮回，但不得两次轮空，听众可以提出质询，或实时将新的构想写在备用的卡片上(该阶段时间占全部时间的3/6)；③全体参加者自由发言。自由宣读自己手中新的设想卡片(该阶段时间占全部时间的2/6)。

NBS法实施时的注意事项如下：①参加者以3—8名为宜；②桌子需大致能铺200张卡片；③主持人需注意对时间的掌握。

2. 平行思维法

传统思维存在着一些误区，例如，对抗性思维永远把对方视为对手，把大部分的事情复杂化，而且视为零和(假定双方博弈时，一方得利必然意味着另一方吃亏，一方得益多少，另一方就吃亏多少，双方得失相抵，总数为零)；局限性思维总让人维持固定的思维模式和思考习惯，对创新创造产生了消极作用。

相对于传统思维常将观点建立在无端的、直接的、绝对的(是或否、对或错、真或假)基础上，平行思维能接受各种各样的“可能性”，不轻易下绝对性的判断。在群体和团队中使用平行思维法，能够注重合作，让团队成员各自从不同角度思考问题，是一种真正的对于问题的探索。

六顶思考帽法是一种典型的平行思维法。该方法是“创新思维学之父”爱德华·德·博诺(Edward de Bono)博士开发的一种思维训练模式，它是一个全面思考问题的模型。它提供了“平行思维”的工具，避免将时间浪费在互相争执上。它强调的是“能够成为什么”，而非“本身是什么”，重点在于寻求一条向前发展的路，而不是争论谁对谁错。运用六顶思考帽法，将会使混乱的思维变得清晰，使团体中无意义的争论变成集思广益的创造，使每个人变得富有创造性。

在六顶思考帽法中，使用六种不同颜色的帽子代表六种不同的思维模式。任何人都有能力自由使用这六种思维：①白色思考帽(信息帽/数据帽)：白色是中立而客观的。戴上白色思考帽，人们关注的是客观的事实和数据；②红色思考帽(情感帽)：红色是表示情感的色彩。戴上红色思考帽，人们可以表现自己的情绪，还可以表达直觉、感受、预感等方面的看法；③黄色思考帽(乐观帽)：黄色代表快乐、价值与肯定。戴上黄色思考帽，人们可从正面考虑问题，表达乐观的、满怀希望的、建设性的观点；④黑色思考帽(谨慎帽)：黑色让人沉静。戴上黑色思考帽，人们可以运用否定、怀疑、质疑的看法，合乎逻辑地进行批判，尽情发表负面的意见，找出逻辑上的错误；⑤绿色思考帽(创意帽)：绿色是春天的颜色，充满勃勃生机，寓意创造力和想象力。戴上绿色思考帽，需要开展创造性思考，使用求异思维为问题提出新的解决方案；⑥蓝色思考帽(指挥帽)：蓝色是天空的颜色，能够涵盖一切。戴上蓝色思考帽，将负责控制和调节思维过程，负责控制各种思考帽的使用顺序，规划和管理整个思考过程，并得出结论。

六顶思考帽代表的六种思维角色，几乎涵盖了思维的整个过程。对六顶思考帽法最大的理解误区是仅仅把思维分成六种不同颜色，对六顶思考帽法的应用关键在于使用者用何种方式去排列帽子的顺序，也就是组织思考的流程。思维的流程结构对思考结果有重要影响，因此，帽子的使用顺序非常重要，只有掌握了如何安排思考的流程，才是真正掌握了六顶思考帽法的应用方法。

六顶思考帽法有许多使用场景：

(1)个人应用。

一般人们认为六顶思考帽法是一个团队协同思考的工具，然而事实上六顶思考帽法对于个人应用同样拥有巨大的价值。例如，当一个人需要考虑某一个任务计划时，六顶思考帽法可以帮助他设计一个思考提纲，按照一定次序展开思考。这个思考工具会让大多数人感到头脑更加清晰，思维更加敏捷。

(2)团队协同。

六顶思考帽法既可以有效地支持个人的行为，也可以支持团体讨论中的互相激发，其最大的应用情境就是在带讨论性质的团队会议中。因为这类会议是真正的思维碰撞、对接的平台，而人们在这类会议中常常难以达成一致意见，这往往不是因为某些外在的技巧不足，而是从根本上对他人观点的不认同造成的，限制了个人和团队的配合度，导致不能有效解决问题。六顶思考帽法就成为特别有效的沟通框架。在会议中应用六顶思考帽法时，团队成员不再局限于对抗性思维模式，思考帽代表的是角色分类，是一种思考要求，而不代表扮演者本人。所有人要在蓝帽的指引下按照框架的体系组织思考和发言，这不仅有效避免了冲突，提高了会议效率，还可以加强讨论深度，让话题讨论更加充分透彻。

以下是六顶思考帽法在会议中的一个典型的应用步骤：①描述问题(白帽)；②提出解决问题的方案(绿帽)；③评估该方案的优点(黄帽)；④列举该方案的缺点(黑帽)；⑤对该方案进行直觉判断(红帽)；⑥总结陈述，做出决策(蓝帽)。

在实际应用的时候，思考顺序可以根据需要调换。例如，在绿色创意帽之前使用黑色谨慎帽，可将解决方案聚焦在如何改进已有的不足上。

(3)书面沟通。

六顶思考帽法也可以作为书面沟通的框架，用六顶思考帽法的结构来管理电子邮件、组织报告书、进行文件审核等。除了把六顶思考帽法应用在工作和学习中，在家庭生活中使用六顶思考帽法也经常会取得某些特别的效果。

作为思维工具，六顶思考帽法已被美、日、英、澳等50多个国家政府在学校教育领域内设为教学课程，同时它也被微软、IBM、西门子、波音、松下以及麦当劳等世界著名商业组织所采用，作为创造组织合力和创造力的通用工具。

1.2 信息技术类职教课程体系与标准

1.2.1 信息技术类职教课程体系

课程体系是指在一定的教育价值理念指导下，将课程的各个构成要素加以排列组合，使各个课程要素在动态过程中统一指向课程体系目标实现的系统。课程体系是育人活动的指导思想，它规定了培养目标实施的规划方案，是人才培养目标的具体化和依托，是保障和提高教育质量的关键。课程体系主要由特定的课程观、课程目标、课程内容、课程结构和课程活动方式所组成，其中课程观起着主宰作用。

有学者认为广义的课程体系是指按结构将课程各要素进行整合，使其在动态中实现特定环境中的教育目的。孙根年认为，广义的课程体系可以分为三个层次：宏观即专业设置，涉及中高等教育的学科及专业设置；中观即课程体系，涉及某一专业的课程体系状况；微观即教材体系，是某一专业内具体几门课程的教学内容之和。

另一部分学者指出狭义的课程体系特指课程结构，是各类课程之间组织、排列、配合的形式。课程体系的内涵界定通常包括四部分要素：

一是目标要素。即培养目标和课程目标。培养目标是确定课程体系的依据，课程体系的实施是为了实现培养目标。而课程目标是指课程体系内部各门课程实施后所要达到的目的。

二是内容要素。即课程体系中要纳入哪些学习内容，确定学生的学习范围，以及这些内容如何安排、学时与学分的分配比例。

三是过程要素。即课程体系的实施环节和最终评价反馈环节。课程体系的实施环节将最终实现培养目标，而评价反馈环节包括了师生之间的相互评价和对课程体系实施过程中问题与效果的反思。课程体系制定者将根据已经开展的教学活动的评价反馈，对课程体系做进一步修改和优化。

四是保障要素。为达成以上三个要素，人才培养单位以及影响人才培养质量的内外部环境要素需相互协调和平衡，以求得为课程体系设置与实施提供最好的内外部环境。具体来说包括内部与外部两方面的条件保障。

2019 年发布的《国家职业教育改革实施方案》中指出，职业教育和普通教育是两种不同的教育类型，具有同等重要地位。与普通教育相比较，职业教育侧重于实践技能和实际工作能力的培养，目的是培养应用型人才与具有一定文化水平和专业知识技能的社会主义劳动者、社会主义建设者。因此，职教类课程体系也有着自己的特点。图 1-5 展示了我国的职业教育国家教学标准体系。

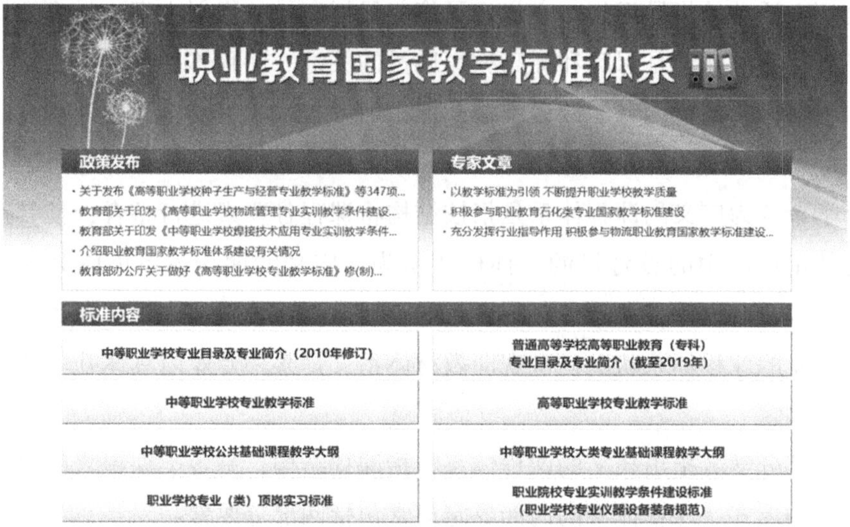

图 1-5 职业教育国家教学标准体系①

在当今众多的前沿技术中，信息技术有着其特殊的重要性。信息技术涵盖了信息的获取、表示、传输、存储、加工等各种技术，是支持经济社会转型发展的主要驱动力，是建设创新型国家、制造强国、网络强国、数字中国、智慧社会中的基础支撑。提升国民信息素养，增强个体在信息社会中的适应力与创造力，提升全社会的信息化发展水平，对个人、社会和国家发展具有重大的意义。

职业学校的信息技术课程体系，除了包含信息技术相关专业学生的专业必修课之外，还涵盖了其他专业必修的信息技术公共基础课。课程目标是全面贯彻党

---

① 职业教育国家教育标准体系：http：//www. moe. gov. cn/s78/A07/zcs_ztzl/2017_zt06/

的教育方针，落实立德树人根本任务，满足国家信息化发展战略对人才培养的要求，围绕职业学校信息技术学科素养，吸纳相关领域的前沿成果，引导学生通过对信息技术知识、技能的学习和应用实践，增强信息意识，掌握信息化环境中的生产、生活与学习技能，提高参与信息社会的责任感与行为能力，为就业和未来发展奠定基础。

1.2.2 信息技术类职教课程标准

信息技术类的职教课程，培养的是信息技术相关专业职教学生的信息技术技能，需要按照相关的课程标准，根据职业岗位划分工作任务和工作能力，再细化到课程方案中。课程标准通常包含了课程性质与任务、学科核心素养与课程目标、课程结构、课程内容、学业质量、课程实施等内容。下面以2020年教育部发布的中等职业学校信息技术课程标准为例①，对信息技术类职教课程标准进行说明。

1. 课程性质与任务

中等职业学校信息技术课程是各专业学生必修的公共基础课程。通过对信息技术基础知识与技能的学习，有助于增强学生的信息意识、发展计算思维、提高数字化学习与创新能力、树立正确的信息社会价值观和责任感，培养符合时代要求的信息素养与适应职业发展需要的信息能力，成为德智体美劳全面发展的高素质劳动者和技术技能人才。

2. 学科核心素养与课程目标

中等职业学校信息技术课程的学科核心素养主要包括信息意识、计算思维、数字化学习与创新、信息社会责任四个方面。

一是信息意识。信息意识是指个体对信息的敏感度和对信息价值的判断力。

二是计算思维。计算思维是指个体运用信息技术的思想方法，在分析处理信

① 信息技术类职教课程标准：http：//www.moe.gov.cn/jyb_xxgk/s5743/s5744/202001/t20200120_416131.html

息、解决问题的过程中产生的一系列思维活动。

三是数字化学习与创新。数字化学习与创新是指个体综合运用数字化学习资源与工具，自主或协作完成学习任务，进行实践创新的能力。

四是信息社会责任。信息社会责任是指在信息社会中，个体在文化修养、道德规范和行为自律等方面应尽的责任。

中等职业学校信息技术课程的目标是要落实立德树人的根本任务，在完成九年义务教育相关课程的基础上，通过理论知识学习、基础技能训练和综合应用实践，培养中等职业学校学生符合时代要求的信息素养和适应职业发展需要的信息能力。

课程通过多样化的教学形式，帮助学生认识信息技术对当今人类生产、生活的重要作用，理解信息技术、信息社会等概念和信息社会的特征、规范，掌握信息技术设备与系统操作、网络应用、图文编辑、数据处理、程序设计、数字媒体技术应用、信息安全、人工智能等相关知识与技能，综合应用信息技术解决生产、生活和学习情境中的各种问题；在数字化学习与创新过程中培养独立思考和主动探究的能力，不断强化认知、合作、创新能力，为职业能力的提升奠定基础。

3. 课程结构

根据《中等职业学校公共基础课程方案》、信息技术学科核心素养与课程目标，结合中等职业学校学生学习水平和能力特点，以及职业生涯发展和终身学习的需要，确定课程结构与学时安排。

信息技术课程由基础模块和拓展模块两部分构成，具体见表 1-1。基础模块是必修内容，包含信息技术应用基础等 8 个部分，共 108 学时，6 学分；拓展模块是选修内容，设计了计算机与移动终端维护等 10 个专题，共 36 学时，2 学分。对于拓展模块，教学中可根据学生的专业能力发展需要选择部分专题、设定教学内容，以项目综合实训的方式实施教学。各地区、各学校也可根据地方资源、学校特色、专业需要和学生实际情况，自主确定拓展模块的教学内容与教学时数。

表 1-1 **中等职业学校信息技术课程模块**

模块	内容	学时	学时小计
基础模块	信息技术应用基础	16	108
	网络应用	16	
	图文编辑	20	
	数据处理	18	
	程序设计入门	12	
	数字媒体技术应用	16	
	信息安全基础	6	
	人工智能初步	4	
拓展模块	计算机与移动终端维护	教学中可根据学生的专业能力发展需要，选择部分专题，灵活组合内容、确定学时	36
	小型网络系统搭建		
	实用图册制作		
	三维数字模型绘制		
	数据报表编制		
	数字媒体创意		
	演示文稿制作		
	个人网店开设		
	信息安全保护		
	机器人操作		

4. 课程内容

在本部分中，课程标准对表 1-1 中的每门课程都给出了内容要求和教学提示。以程序设计入门课程为例，课程内容如下：

本课程旨在引导学生了解程序设计的基本理念，初步掌握程序设计的方法，培养学生运用程序设计解决问题的能力。

(1) 内容要求。

一是了解程序设计理念。了解程序设计基础知识，理解运用程序设计解决问题的逻辑思维；了解常见主流程序设计语言的种类和特点。

二是设计简单程序。了解一门程序设计语言的基础知识；会使用相应的程序设计工具编辑、运行及调试简单的程序；了解典型算法，会使用功能库扩展程序功能。

(2)教学提示。

在教学中，教师应基于生产、生活的实际需求，选用具有可视化、智能化等特征的易于上手的程序设计语言及工具，通过项目的实践，设计简单的程序，从而消除学生对编程的畏难情绪，重点培养学生基于程序设计理念的逻辑思维习惯和方法能力。

在教学中，教师要引导学生了解程序设计基础知识，初步掌握程序设计的基本方法，进行信息采集、批量和自动化处理；了解典型算法相关知识，尝试应用简单算法和功能库解决信息处理的具体问题。

5. 学业质量

(1)学业质量内涵。

学业质量是学生完成本课程学习后的学业成就表现。学业质量标准是以本学科核心素养及其表现水平为主要维度，结合课程内容，对学生学业成就表现的总体描述。依据不同水平学业成就表现的关键特征，学业质量标准明确将学业质量划分为不同水平，并描述不同水平学习结果的具体表现。

(2)学业质量水平。

信息技术学业质量分为两个水平：水平一是学生学习本课程应达到的合格要求，是合格性考试的命题依据；水平二是为适应不同专业学生职业发展需要的较高要求。在课程标准中有详细的质量描述，这里不再赘述。

6. 课程实施

(1)教学要求。

信息技术课程教学要全面落实立德树人根本任务，遵循技术技能人才培养规律，依据课程标准规定的本学科核心素养与教学目标要求，对接信息技术的最新发展与应用，结合职业岗位要求和专业能力发展需要，着重培养支撑学生终身发展、适应时代要求的信息素养。引导学生通过多种形式的学习活动，在学习信息技术基础知识、基本技能的过程中，提升认知、合作与创新能力，发展本学科的核心素养，培养适应职业发展需要的信息能力。在教学中，要做到：①坚持立德树人，聚焦核心素养；②立足岗位需求，培养信息能力；③体现职业教育特点，注重实践技能训练；④创设数字化学习情境，强化自主学习与创新能力。

(2)学业水平评价。

学业水平评价应基于信息技术学科核心素养展开。评价的主要目的是促进学生信息意识、计算思维、数字化学习与创新、信息社会责任的培育，既利于学生学习，也利于教学活动的开展。

第一，在评价内容上，要从关注学生知识技能的掌握向解决问题的综合能力的提升转变，兼顾学生认知、协作和创新能力的发展。要通过评价的合理实施，激发学生的学习兴趣，帮助教师调控教学内容与进程，促进学生信息素养的提升。

第二，在评价原则上，评价要发挥诊断、反馈、激励、导向的功能，能客观、综合地反映学生的学业水平，重点关注学生信息技术实践操作技能的培养，全面考查学生利用信息技术解决具体问题的能力和信息技术应用的熟练程度；面向全体学生，注重学生主体作用的发挥，并体现职业教育的特点，适当引入行业、企业的直接评价，选择与职业岗位相关联的评价内容，考查学生运用信息技术完成任务的综合能力。

第三，在评价方式上，要注重过程性评价与总结性评价相结合。评价内容的选择、评价情境的创设要科学合理，注重评价的信度和效度。评价内容的设计要贴近生产、生活实际，注重实用性和导向性，考虑学生的个性差异，促进学生的个性化发展。

第四，在评价运用上，评价结果应重点聚焦学生信息化素养与职业能力的发展变化。要结合学习过程，针对学生的个性特点，对评价结果进行个性化分析、发展性解读。对评价结果的反馈，应注意方式和范围，要积极创造条件，让学生参与对评价结果的判断和解读。在呈现评价结果时，应根据评价目的和要求，选择恰当的反馈方式。应将信息技术课程评价与专业课程评价相结合，将与职业发展相关的综合信息能力评价纳入学生专业能力成长的评价。

第五，在考试命题上，学业水平考试一般用于信息技术课程学习的总结性评价，可分为合格性考试和等级性考试：前者侧重信息技术应用实践能力考核，建议通过项目评定方式进行，以项目任务点为主要测评内容；后者侧重理论及应用分析能力考核，可为高等学校招收中等职业学校学生提供依据，建议采取纸笔测试和上机操作测试相结合的方式进行考核，在考查知识与技能的同时，关注迁移和创新能力的考核。

(3)教材编写要求。

教材是课程标准的具体呈现形式，是实现课程目标、实施教学的重要资源。中等职业学校信息技术课程教材的编写，要以社会主义核心价值观为导向，落实立德树人的根本任务；要注重职业教育特点、信息技术学科特色和中等职业学校学生认知规律，贯穿本学科核心素养的要求，为课程实施提供保证。

教材的编写原则是依据中等职业学校信息技术课程标准整体设计内容，充分体现本学科核心素养，全面落实课程目标，体现思想性、科学性、民族性、时代性和系统性。教材要充分体现"做中学、做中教"的职业教育特色，密切联系生产、生活实际，使教材兼具解决具体问题的"实用工作手册"功能。

第一，在内容选择上，教材要基于本学科核心素养来选择和组织教学内容，支持学生职业能力成长和终身发展。教材内容要适度选取包含信息技术最新研究成果及发展趋势的内容，选择生产、生活中具有典型性的应用案例，以及与应用场景相关联的业务知识内容，体现信息技术课程与其他公共基础课程、专业课程的关联。

第二，在呈现形式上，教材要符合学生的认知特点，图文并茂、生动有趣，并配套支持数字化学习的在线学习资源。教材应按"做、学、教、评"一体化的项目模式呈现内容，创设学教互动的氛围，并为教学信息的采集与反馈提供线索。教材要处理好不同教学模块间的衔接关系，满足不同专业、不同需求和不同兴趣学生的需要。

(4)课程资源开发与利用。

课程资源是课程实施的必要条件。信息技术课程资源的配置、开发与运用要紧扣本学科核心素养的要求，突出以学生为中心的思想，跟踪信息技术的发展动态，体现适用性、时代性。课程资源主要包括文本资源、数字化资源、设备设施资源和地域特色资源。

第一，文本资源。文本资源是教学活动的重要资源，包括教材、辅助工具书、技术参考书、专业报刊及课外自主学习材料等。学校应在教育行政部门的指导下，依据本地区和学校的特点，选择经教育部审定、适用学生所学专业的规划教材，并在地方职业教育教研机构的指导下，选择或自主开发其他的文本资源。

第二，数字化资源。数字化资源的开发与利用是推动信息化教学的有力手段，有助于传统教学模式与混合学习、移动学习等信息化教学模式的有机结合。

第三，设备设施资源。必要的设备设施是保障信息技术课程实施的基础条件。学校要根据学生人数和教学课时的安排，建设满足教学需要的信息技术教学机房和综合实训室等设施，提供相应的软件和互联网访问带宽。

第四，地域特色资源。教师要指导学生参观与信息技术相关的企业、智能及数码产品市场，进行社会调查，了解本地区信息技术应用情况，搜集专题性的课程资源，在开发利用地域特色资源的学习活动中，深入了解信息技术的发展与应用情况，提高信息技术综合运用能力。

(5)对地方与学校实施本课程的要求。

地方教育行政部门负责本地区课程标准实施的统筹规划与管理督查，保证课程实施所需的设备、设施的配备，督促学校按课程标准要求开足课时。要加强师德师风建设，根据信息技术课程实施的需要，提升教师素质，对信息技术课程实行质量监控。有条件的地方，可开展学业水平测试。应根据行业、地方和学校的特点与需求，采取有效措施加强信息技术教师队伍建设，按照课程要求配足专职教师，为课程开设提供基本的保障；同时开展多样化的教师培训和教研互动，提高教师的教学能力。地方职业教育教研机构要发挥课程实施的培训和教研指导作用，围绕信息技术课程标准实施，强化服务与指导。

在信息技术课程标准实施过程中，学校要结合本地区产业发展需求，了解相关职业岗位对本学科核心素养的基本要求，推动行业企业积极参与教学的组织和实施。学校要保证信息技术课程的教学组织和实施，加强教学管理制度建设，实行听课、巡课制度。学校要按规定配备师资，提升教师适应新教学要求的能力等。

除了以上内容外，课程标准还包含附录，对课程内容分层次要求和教学设备设施配备要求进行了详细阐述。

1.3 信息技术与教学模式的整合发展

1.3.1 基于信息技术的探究式学习

探究式学习(Hands-on Inquiry Based Learning)又称为研究性学习，是指从学科领域或现实生活中选择和确立主题，在教学中创设类似于学术研究的情境，学生通过动手做、做中学，主动地发现问题，进行实验、操作、调查、收集与处理信息、表达与交流等探索活动，获得知识，培养能力，发展情感与态度，特别是发展探索精神与创新能力。探究式学习是一个科学的学习过程，它倡导的是学生在学习过程中必须主动参与和积极探索。

在信息技术环境的支撑下，教师、学生角色的互换是课堂教学的自然呈现。在课前，教师可以充分准备，精心制作课件，利用在线教学平台整合教学资源，让学生下载和准备与本课相关的学习资料，做好预习。在课堂上，教师初创矛盾学习情境，引导学生提出问题，学生充分利用信息技术这一强大的学习交流工具，在学习的过程中仔细观察，勤于思考，积极主动地找出问题的答案。

1.3.2 信息技术支持科学学习

科学课程是一门旨在培养学生科学探究能力的综合性学科。如何应用信息技术培养学生的科学探究能力，实现科学课程的目标是当前科学课程教学改革关注的重点问题。TELS(Technology Enhanced Learning in Science，即技术支持的科学学习)是美国国家科学基金会扶持的，由加州大学伯克利分校 Marcia C. Linn 教授主持，旨在探索如何利用信息技术促进科学课程学习的项目之一。与 KIE(Knowledge Integration Environment)、WISE(The Web-based Inquiry Science Environment)、CILT(Center for Innovative Learning Technologies)等项目相比，TELS 涉及的领域更加广泛，除了支持学习的技术环境的研发外，还整合了课程资源设计、师资培训以及学习活动评估等相关领域，确保了技术支持的科学课程学习有效开展，取得了显著成效。

1.3.3 整合技术的学科教学

技术在不同学科领域有着极不相同的应用方式，认识到这一点是在教学中充分发挥技术威力的重要前提。然而，现有的教学研究和教师培训往往只是让教师关注技术本身，而非技术在各个具体学科领域的独特应用方式，这一点在信息技术专业的教学建设上体现得尤其明显。为改变这一状况，全美教师教育学院协会创新与技术委员会主编的《整合技术的学科教学知识：教育者手册》引入了“整合技术的学科教学知识”(TPCK)的理念。

在教学中运用技术主要涉及学科内容知识(Content Knowledge)、教学法知识(Pedagogical Knowledge)和技术知识(Technological Knowledge)，这三个知识要素紧密交互，构成了一个有机整体，即TPCK。《整合技术的学科教学知识：教育者手册》首先介绍TPCK的概念内涵，进而分别阐述了TPCK在语文、数学、科学、社会、外语、艺术和体育等学科领域的运用，最后论述如何将TPCK整合到教师教育中。

TPCK这一理念框架的提出，将有助于我们把教与学中大量的复杂性因素和张力融合起来，共同发展关于教师和学生的知识，进而改变技术在教育中的应用方式和教师的培养方式，从“以技术为中心”转向真正针对每一个学科内容领域的技术整合。

课后习题

一、论述题

1. 请查找资料，了解史密斯-雷根教学设计模式的基本内容。

2. 教学系统设计理论的发展为什么以学习理论的发展作为依据？学习理论的发展阶段是怎么划分的？

3. 请分析建构主义学习理论的内涵。

二、材料分析题

1. 请阅读以下材料，分析其中的对话运用了什么教学方法，并分析苏格拉底使用此方法的特点和不足。

一位名叫欧谛德谟的青年，一心想当政治家。为帮助这位青年认清正义与非正义问题，苏格拉底和这位青年进行了下面的对话(以下皆是苏格拉底发问，欧谛德谟回答)：

问：虚伪应归于哪一类？答：应归入非正义类。

问：偷盗、欺骗、奴役等应归入哪一类？答：非正义类。

问：如果一个将军惩罚那些极大地损害了其国家利益的敌人，并对他们加以奴役，这能说是非正义吗？答：不能。

问：如果他偷走了敌人的财物或在作战中欺骗了敌人，这种行为该怎么看呢？答：这当然正确，但我指的是欺骗朋友。

问：那好吧，我们就专门讨论朋友间的问题。假如一位将军所统率的军队已经丧失了士气，精神面临崩溃，他欺骗自己的士兵说援军马上就到，从而鼓舞起斗志取得胜利，这种行为该如何理解？答：应算是正义的。

问：如果一个孩子有病不肯吃药，父亲骗他说药不苦、很好吃，哄他吃下去了，结果治好了病，这种行为该属于哪一类呢？答：应属于正义类。

苏格拉底仍不肯罢休，又问：如果一个人发了疯，他的朋友怕他自杀，偷走了他的武器，这种偷盗行为是正义的吗？答：是，他们也应属于这一类。

问：你不是认为朋友之间不能欺骗吗？答：请允许我收回我刚才说过的话。

三、实践任务题

将学员分组(6—8人一组)，以中职学校教研室教师团队的角色，使用头脑风暴法或平行思维法，围绕中职信息技术类课程的某个知识单元开展教学设计讨论。

要求：

(1)参考本章节介绍的思维训练技法；

(2)活动时长：20—30分钟；

(3)活动结束后需提交相关记录/文档。

以六顶思考帽法为例，可以参照以下流程开展实践：

(1)开始的3分钟，各组协商，确定每位成员扮演的角色(需覆盖所有颜色的帽子)；

(2)由扮演蓝帽子的学员选定主题，主持讨论；

(3)每位学员准备一张纸，使用自己扮演的角色的思维考虑问题，并记录在纸上(写上姓名和自己扮演的帽子颜色)；

(4)最后3分钟，由扮演蓝帽子的学员收齐所有意见纸，查看汇总，写好总结，将所有文档注明组号或组名，收齐上交。

参 考 文 献

[1]顾明远. 教育大辞典[M]. 上海：上海教育出版社，1998.

[2]孙小也. “主导—主体”教学设计模式在高中历史教学中的应用研究[D]. 曲阜：曲阜师范大学，2016.

[3]王策三. 教学认识论[M]. 北京：北京师范大学出版社，2002.

[4]武法提. 目标导向网络课程设计的原理[J]. 中国电化教育，2006(01)：17-20.

[5]史幸.《信息技术课程教学设计与案例分析》网络课程的设计[D]. 兰州：西北师范大学，2013.

[6]周德威. 我国在职教师教育课程体系建构初探[D]. 南京：南京师范大学，2017.

[7]陈任. “专升本”双专业职教师资培养中课程体系实证研究[D]. 昆明：云南师范大学，2019.

[8]王锦. 信息技术环境下 Photoshop 课程问题探究式教学研究[J]. 现代职业教育，2019(10)：98-99.

[9]刘芳. 基于探究式学习的信息技术教改探索[J]. 中国教育技术装备，2017(12)：135，138.

[10]王艳艳，王承博，姚勇伟，等. 浅析技术支持的科学课程学习[J]. 中国电化教育，2009(06)：5-78.

[11]全美教师教育学院协会创新与技术委员会. 整合技术的学科教学知识：教育者手册[M]. 教育科学出版社，2011.

第2章 前端分析

教学设计是一项系统工作，需要知己知彼，不打无准备之仗。

美国学者哈利斯(J. Harless)在 1968 年提出的前端分析(Front-End Analysis)的概念，指的是在教学设计过程开始的时候，先分析若干直接影响教学设计但又不属于具体设计事项的问题，这些问题可以划分为四个模块：①学习需要分析；②学习者分析；③教学内容分析；④学习目标分析。

前端分析逻辑线清晰，教学系统设计人员首先做学习需要分析；接着需要了解学习者特征，如知识技能水平或学习风格；再选择相应的教学内容以满足学习者的学习需要；最后根据教学内容与学习者特征，确定学习目标及学习重难点。学习目标明确后，有助于教学双方调控整个教学过程，确保学习需要的满足。

前端分析是教学设计的第一步，也是至关重要的一步，为接下来有效选择教学模式、教学策略、教学方法、教学活动、教学媒体提供了坚实的信息及逻辑支持。本章将依次从学习需要分析、学习者分析、教学内容分析、教学目标设计这四个方面对前端分析进行介绍。

2.1 学习需要分析

2.1.1 学习需要概述

学习需要是教学设计领域的特定概念，广义的学习需要指教学各方期望学习者达到的理想状态，狭义的学习需要是学习者目前水平与教学期望水平之间的差距。三者关系如图 2-1 所示：

图 2-1　学习需要示意图

学习需要分析的主要任务包括：①教学期望值与学习者现状之间的鸿沟是什么？②分析以上问题的成因，确定解决问题的必要途径。③收集并分析现有资源和制约因素，明确解决途径的可行性。

从教学活动层次上看，学习需要分析与课程设计在同一层次，也是课程设计的基础。学习需要分析涉及范围较广，成本较高，一般放在课程设计前面实施，尤其是新设课程必须做好学习需要分析；对于常规课程，要迭代更新学习需要。

学习需要分析为教学设计方案提供必要性与可行性论证，有助于理顺教学设计过程中问题与方法、目的与手段的关系。比如教学设计方案采用的方法、手段是否必要？需要判断其是否能有效帮助学习者达到学习需要分析出的中间目标点。教学设计方案的内容是否可行？需要判断其是否会与制约因素产生冲突。

此外，学习需要分析是一个动态均衡过程，教学各方的期望值随着环境变化也在发生变化，各方期望值的平衡点也是动态的。这个动态平衡点一般通过以下基本步骤来明确（见图 2-2）：

图 2-2　学习需要分析基本步骤

一是规划。包括确定分析对象（包括教职员工、行业专家、用人单位、毕业生等），选择分析方法，明确收集数据技术（问卷、量表、座谈等），选择参与分析人员。

二是收集数据。包括考虑样本选择，安排日程，布置分发收集问卷等工作。

三是分析数据。包括对收集到的数据进行分析，根据经济价值、影响、时间等维度对分析结果优化排列。

四是撰写报告。包括四个部分：概括学习需要分析目的，概括描述分析过程和分析参与者，用图表描述说明分析结果，基于数据提出必要建议。

2.1.2 学习需要分析方法

根据不同的参照系，有两种不同的学习需要分析方法。

1. 内部参照需要分析法

内部参照需要分析法是指分析学习者所在组织的教学期望与学习者现状的差距，从而鉴别学习需要的一种分析方法。这种方法使用的前提是有清晰的教学期望或者教学目标，在学科教育体系中被广泛使用。

学科教育的培养目标是有清晰界定的，教学期望或者教学目标通过查阅相关文件即可得到，因此内部参照需要分析法的重点主要是了解学习者现状，这就需要收集相关数据。具体分析的做法是将教学大纲的目标具体化，形成完备的指标体系，然后以此为依据收集学生数据，再做比较。

使用内部参照需要分析法时，收集数据的方法主要有三种：①根据指标体系，分析学习者的考勤记录、测验成绩等教学过程材料；②按照形成的指标体系设计测验题、问卷或观察表，以获取学习者的相关信息；③召开座谈会，按照指标体系询问了解学习者的状况与主观感受。

以上方法各具特色，在实际操作时可结合使用。

2. 外部参照需要分析法

外部参照需要分析法是以行业或社会的要求确定对学生的期望值为标准，比对学习者现状并找出差距，从而确定学习需要的一种分析方法。外部参照需要分析法的特点是以机构外对教育教学的实质要求来确立期望值，从而制定教学目标，这种分析方法在职业教育中采用较多。

收集行业或社会与教学期望相关的信息可以通过以下方式：

一是对毕业生做问卷调查和跟踪访谈，从中不仅可以获得关于社会期望的信息，也可获得学习者现状的信息；

二是分析毕业生所在单位对毕业生的工作记录，了解他们对毕业生的评价与要求，获得工作要求和对教学的改进信息；

三是对行业做问卷调查或现场调研，了解行业对人才能力素质的要求，构建岗位能力素质模型；

四是专家访谈法，了解现在与未来专家与行业骨干对人才需求的信息。

行业与社会对教学的期望不仅是当下的，还带有发展性，这就需要做科学预测。比较常用的一种方法是德尔菲法(Delphi)。德尔菲法是美国兰德公司(RAND Corporation)开发的一种定性预测方法，采用多轮匿名调查得到对未来事件的判断信息，具体做法如下：①在以上方法基础上形成一般性的信息调查表；②让专家对调查表中的项目重要程度做判断和预测；③对收回的调查表做统计分析，再将统计分析结果反馈给专家，再次征求预测意见，促进专家意见趋于一致。这样就可以获得行业与社会对学习者的发展性期望信息。

3. 内外结合学习需要分析法

以上两种方法的区别主要是期望值的参照系不同，在操作难度上，内部参照需要分析法成本较低，但其教学期望相对于社会发展可能有所滞后；外部参照需要分析法操作难度较高，成本较大，时间也较长，但却使教学期望直接反映社会需求，从而保证教学目标的合理性以及教学质量的可靠性。

在实际操作中，往往采用内外结合的方式，如图 2-3 所示，在已有的内部教学目标基础上，先了解外部社会要求，再调整修改已有的教学目标，并将修改后目标提出的期望值与学习者现状进行比较，找出差距。

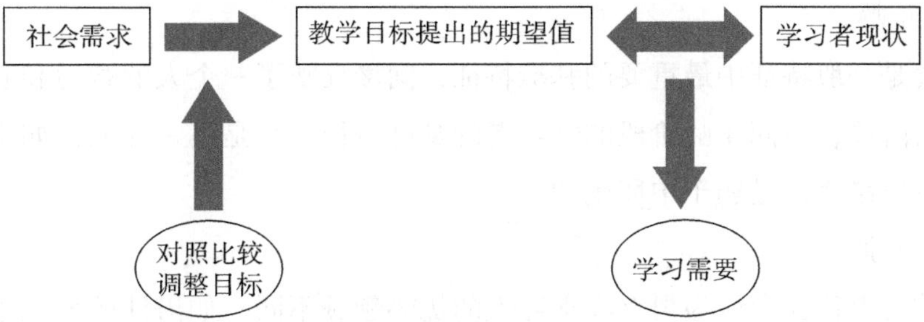

图 2-3 内外结合学习需要分析法

2.2 学习者分析

教学设计是为了更好地实现教学目标，因此必须重视学习者作为学习活动主体的位置，必须重视对学习者的分析。学习者分析也叫学情分析，包括了解学习者的基本特征与学习特征等，是以学生作为教学设计的根本出发点。学习者分析一般需要了解以下三个模块的内容：①学习者一般特征：即对学生从事学习产生影响的生理、心理和社会特点；②学习者学习风格：学习者学习过程中呈现的不同倾向性；③学习者能力：学习者已具备的知识技能基础，以及对学习内容的情感态度。

在开展学习者分析时，不能只分析优秀生与差生的两极数据，而需要分析整个学习者群体的数据。

2.2.1 学习者一般特征分析

学习者一般特征是指对学习者学习有关课程内容产生影响的生理的、心理的和社会的特点，这些特点与具体课程内容没有直接联系，但不仅会影响教学设计者对学习内容的选择组织，还会影响教学方法、教学媒体和教学组织形式的选择和应用。

学习者一般特征分为以下几个方面：

1. 基础特征

学习者基础特征包括年龄、性别、智能、情感等方面。

(1)年龄。

年龄是一般特征中最重要的基准特征，间接反映了一个人的智力和心理的发展水平与阶段，不同年龄阶段的学习者的基础特征显然是不一样的，如小学生的逻辑抽象思维肯定是弱于中职生的。

(2)性别。

在传统上往往会认为男女在学习上的优势领域不同，如男性的抽象逻辑思维能力更好，女性的形象逻辑思维能力更好。但近年来愈来愈多的研究表明，两性的总体智能没有显著差异。关注性别因素，主要是从课程内容与教学设计角度，研究如何更好地让学习者掌握相关知识或技能。

(3)智能。

美国哈佛大学发展心理学家霍华德·加德纳(Howard Gardner)于20世纪90年代提出了多元智能理论，该理论对教育教学改革产生了深远的影响，也是职业教育教学的基础理论。他认为，智能是多元的，每个人身上至少存在七种紧密联系但又相互独立的智能，即言语——语言智能、逻辑——数理智能、音乐——节奏智能、视觉——空间智能、身体——运动智能、交往——人际交流智能、自知——自我认识智能。这七种智能只有领域的不同，而没有优劣之分或轻重之别。随着研究的深入，智能的分类也不仅仅局限于这七项，会归纳出更多的智能类型或者对原有智能分类加以修改，如加德纳于1996年就提出了第八种智能——认识自然的智能。

多元智能理论对教学设计的重要意义有：促使教学设计者在设计时采用多种多样的教学策略、教学方法和教学活动形式，以促进教学目标的实现；倡导全面的多样化的人才观；倡导积极的、平等的学生观，认为每个学生都有自己的优势智力领域；倡导个性化的因材施教的教学观，即使是相同的教学内容，针对不同类型学生的不同智力特点、学习风格和发展方向，教学也应采用丰富多彩的、适应性的设计；倡导发展的评价观，从单一测验走向多种多样的作品评价，从重视结果评价走向重视过程评价，评估教学双方参与的活动。

职教学生群体的智能特征有以下几点：①逻辑思维能力迅速发展，能在理论指导下，掌握一般到特殊的演绎过程，经过一系列抽象逻辑过程来实现解决问题的目的；②在思维活动中，自我意识和监控能力较强，具有自我反省和自我调节思维；③创造性思维迅速发展，追求新颖、独特的因素，追求个性色彩；④抽象思维在很大程度上仍需要感性经验的直接支持，需要综合各种事实材料，经历从具体到一般的归纳过程，才能对理论有更清晰透彻的理解。

(4)情感。

在情感方面，职教学生群体富于激情、感情丰富、爱冲动、爱幻想；他们重视社会道德规范，但对人和事的评价比较简单和片面。根据调查发现，相较同龄人，职教学生的个性更张扬，更喜欢结成小团体，在学习中参与意识更为强烈，更渴求认同，渴望被认可。

2. 认知发展特征

职教学生群体的认知发展特征的主要依据是认知主义心理学家让·皮亚杰(Jean Piaget)提出的认知发展阶段理论。他基于对0—14岁儿童的研究，认为人类大脑的认知分为4个阶段：0—2岁是感知阶段，2—5岁是前运算阶段，5—10岁是具体运算阶段，只有到10—14岁才进入逻辑形式运算阶段。不同认知阶段的认知能力，直接关系到学习者对知识的理解。同样一个知识点，传授给高中生和职教生时，其广度和深度乃至教授的方法形式都大相径庭。中职生的思维比较活泼，认知策略比较多样化，对应的学习风格也比较多样化，这是在教学设计中需要考虑的要素。

学习者一般特征分析的常规方法有观察、访谈、问卷调查、查阅档案以及文献调查等。

2.2.2 学习者学习风格分析

学习风格(Learning Style)的概念源自普通心理学，最早指人用自身的人格力量来调节生活和适应社会的方式及群体工作的能动性，是由美国学者哈伯特·赛伦(Herbert Thelen)于1954年首次提出的。对其比较成熟、比较系统的研究则形成于20世纪八九十年代，如今它已成为西方教育心理学、学习理论和教学论等学科共同关注的重要课题，被誉为“现代教学的真正基础”。

对于学习风格，长期以来没有形成一个统一的界定。西方许多学者从各自的角度阐释着学习风格的内涵。美国学者凯夫(Keefe)在1979年从信息加工角度界定学习风格为：“学习者特有的认知、情感和生理行为构成的，反映学习者如何感知信息、与学习环境交互并对之做出反应的相对稳定的模式。”

学习风格的常见类型见表2-1：

表 2-1 **学习风格的类型**

类型	具体描述	研究学者
年龄性别特征	不同的个体由于遗传和环境因素而具有不同的性别和年龄特征	Witkin(1977) Zenhausern(1980) 周润民(1990) 叶一舵(1985) 毕世响(1992)
体质特征	个体由于遗传和后天环境而具有不同的生理机能，也称为与健康有关的行为	Keefee(1979)
时间节律	学习个体有自己的生物节律，分为清晨型、上午型、下午型、夜晚型，不同的时间段会产生不同的学习效果	Keefee(1979) Witkin(1977) Zenhausern(1980) 周润民(1990) 叶一舵(1985) 毕世响(1992)
感知通道	个体倾向于通过某种感觉器官的刺激而接收信息和学习，包括视觉型、动觉型、听觉型	Dunn & Dunn 夫妇 Witkin(1977) Zenhausern(1980) 周润民(1990) 叶一舵(1985) 毕世响(1992)
环境因素	个体倾向于在不同的环境中进行学习，物理环境因素包括对声音、光线、温度、坐姿的偏爱；社会环境因素则包含小组竞争、小组合作、独立学习、结伴学习、成人支持、亲密关系	Witkin(1977) Zenhausern(1980) 周润民(1990) 叶一舵(1985) 毕世响(1992)
活动性	由于先天或者后天的影响，个体对活动的偏爱程度不同	Dunn & Dunn 夫妇 Keefee(1979)

在以上各种因素中，近年来较有代表性的研究成果如下：

1. 时间节律偏好

每个学习者都有自己的生物节律，表现在学习时间上也有不同的偏好，在不同的时间段里进行学习会产生不同的效果。有人喜欢在清晨，有人喜欢在上午，有人喜欢在下午，还有人喜欢在晚上学习。根据学习者对不同学习时间的偏好，可将学习者分为四种类型：

一是清晨型(百灵鸟型)。这类学习者在清晨时头脑清醒，反应敏捷，记忆和思维效率高。

二是上午型。这类学习者在上午学习的效率最高。

三是下午型。这类学习者偏爱在下午学习，且此时学习效率最高。在四种类型中，该类型的学习者较少，但确实存在。

四是夜晚型(猫头鹰型)。这类学习者在夜间会大脑高度兴奋，且特别清醒，注意力集中，精力充沛，思维活跃，学习效率特别高。

学习者偏好在哪一时间段进行学习，受许多因素的制约，其中有些因素(如生活习惯等)是可以调节的。了解自己的时间偏爱后，每一个人均应合理、科学地安排作息和最佳学习时间，以提高学习的效率。

2. 认知风格分类

学习风格中的认知要素实际上是一个人的认知风格在学习中的体现。所谓认知风格，也称认知方式，是指个体偏爱的信息加工方式，表现在个体对外界信息的感知、注意、思维、记忆和解决问题的方式上，是学习风格中较为重要的一种因素。

在过去一百年里，不同的心理学传统都对认知风格这一研究领域的形成有所贡献，而研究认知能力和过程的心理学家，创造了许多认知风格的模型和描述方式。R. 赖丁(Richard J. Riding)与 S. 雷纳(Stephen G. Rayner)对庞杂的模型和概念进行了分类和梳理，从整体-分析(主要与认知组织有关)、言语-表象(主要与心理表征有关)、整体-分析和言语-表象风格维度的整合三个维度对其进行了分类，如表 2-2 所示：

表 2-2 **认知风格的维度**

整体-分析维度		
场独立性-场依存性	个体在分析作为场的一部分的某个结构或格式时依赖于知觉场的程度	Witkin&Asch(1948a, 1948b) Witkin(1964) Witkin et al. (1971, 1977)
粗放型-敏锐型	倾向于迅速同化和放弃细节，还是强调细节并把它转换成新信息	Klein(1954) Gardner et al. (1959)
冲动型-反思型	倾向于迅速做出反应，还是深思熟虑后再做出反应	Kagan et al. (1964) Kagan(1966)
聚合思维-发散思维	采用狭窄的、聚敛的、逻辑性的、归纳式的思维方式，还是宽泛、开放的、联想性的思维方式来解决问题	Guilford(1967) Hudson(1966, 1968)
整体思维-序列思维	倾向于以整体方式还是逐步递进方式来完成学习任务、解决问题、同化细节	Pask & Scott(1972) Pask(1976)
具体的顺序性/ 具体的随机性/ 抽象的顺序性/ 抽象的随机性	学生随机地还是有序地、通过具体还是抽象的经验来学习	Gregorc(1982)
同化者-探索者	在问题解决的过程中，个体是偏好于追求熟悉的内容还是新颖的内容和创造性	Kaufmann(1989)
适应者-革新者	在解决问题的过程中，适应者偏好于采取保守、固定的程序；革新者偏好于重新组织结构，生成新观点	Kirton(1976, 1987)

续表

言语-表象维度		
抽象思维者-具体思维者	偏好水平性思维，还是具有抽象能力	Harvey et al. (1961)
言语型-视觉型	在表征知识和思维的过程中应用言语或视觉策略的程度	Paivio(1971) Riding & Taylor(1976) Richardson(1977) Riding & Calvey(1981)
整体-分析维度和言语-表象维度的整合		
整体-分析 言语-表象	个体倾向于把信息加工成部分还是整体，借助于语词还是图片进行思维	Riding(1996) Riding & Cheema(1991) Riding & Rayner(1995)

以上这些研究成果中比较成熟且较常为学生学习借鉴的认知风格理论有：

(1)场独立性与场依存性。

场独立性和场依存性学说是解读认知风格的一种重要理论框架，对学习和教学也最具指导意义。

美国心理学家赫尔曼·威特金(H. A. Witkin)从20世纪40年代起运用框棒测验等工具，对个体的知觉过程进行了广泛而系统的研究，他设计了一种可以倾斜的座舱，舱内放一把可以调节位置的椅子，椅子可以通过转动把手与房间同向或逆向倾斜。当座舱倾斜时，被试可调节座椅使身体与水平保持一致。结果发现，一部分被试主要利用外部仪表线索来调节座椅，但他们很难使自己的身体保持与水平垂直；另一部分人利用自己身体内部的线索，尽管座舱倾斜，却能使自己的身体恢复垂直。

威特金将前一种人的知觉方式称为场依存性(field-dependence)，后一种称为场独立性(field-independence)。后来的研究发现，场独立性与场依存性是两种普遍存在的认知方式。场独立性者对客观事物做判断时，倾向于利用自己内部的参照，不易受外来因素的影响和干扰，在认知方面独立于周围的背景，倾向于在更抽象和分析的水平上加工，独立对事物做出判断；场依存性者对物体的知觉倾向于以外部参照作为信息加工的依据，难以摆脱环境因素的影响，他们的态度和自我知觉更易受周围的人，特别是权威人士的影响和干扰，善于察言观色，注意并记忆言语信息中的社会内容。

除了上述的身体位置调整测验之外，还可以采用以下两种测验方式来验证场独立性与场依存性。

第一种是框棒测验。这是继身体位置调整测验之后，威特金设计的一种更简便的测验。测验时，让被试注视一个倾斜的方框，框内有一个可独立于框平面转动的亮棒，要求试将亮棒调整到垂直于地面的方位。不受框架角度的影响而直接调整亮棒者为场独立型，倾斜的框架对被试调整亮棒影响较大者为场依存型。

第二种是镶嵌图形测验，也叫隐蔽图形测验。这是目前研究中采用较多的一种方法，令被试在较复杂的图形中用铅笔勾画出镶嵌或隐蔽在其中的简单图形(见图 2-4)。在测验中，能排除背景因素的干扰，从复杂图形中迅速地、容易地发现指定的简单图形者为场独立型，而完成该项任务较为困难者为场依存型。

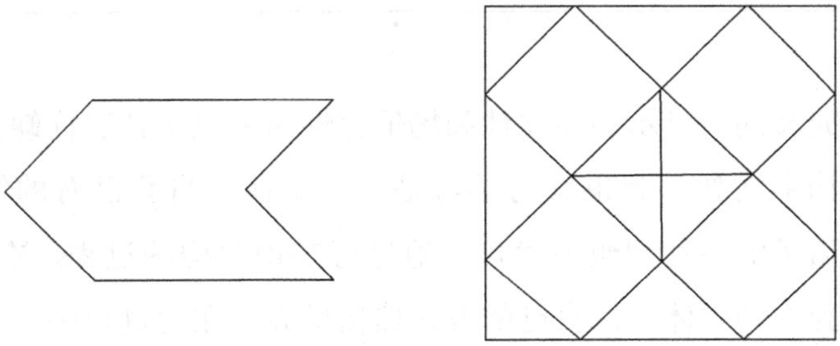

图 2-4 镶嵌图形范例

知觉方式的差异与学习有着密切的关系。研究结果表明：场独立性学习者偏爱自然科学，数学成绩往往较好，两者呈显著的正相关，他们的学习动机以内在动机为主；而场依存性学习者则偏爱社会性科学，他们的学习更多地依赖外在反馈，对人比对物更感兴趣。场独立性学习者善于运用分析的知觉方式，而场依存性学习者偏爱非分析的、笼统的或整体的知觉方式。场独立性学习者更倾向于冲动、冒险，凡事以个人的意志来决定，场依存性学习者则表现得较为谨慎，不愿冒险。此外，场独立性学习者比较适应结构不严密的教学方法，如讨论式教学；而场依存性学习者比较适应结构严密的教学方法。

如表2-3所示，场独立性与场依存性的学生有不同的学习特点，对教学方法也有不同偏好。场独立性学生易于给无结构的材料提供结构，比较易于适应结构不严密的教学方法，如讨论式教学；反之，场依存性学生喜欢有严密结构的教学方法，因为他们需要教师提供外来结构，需要教师的明确指导与讲解。

表2-3 **场独立性学习者与场依存性学习者的不同学习特点**

学习特点	场独立性学习者	场依存性学习者
学科兴趣	自然科学	社会科学
学科成绩	自然科学成绩好	自然科学成绩差
	社会科学成绩差	社会科学成绩好
学习策略	独立自觉学习	易受暗示，学习欠主动
	由内在动机支配	由外在动机支配
教学偏好	结构不严密的教学方法	结构严密的教学方法

大量的研究又同时显示场独立性和场依存性两种风格各有优缺点，并无孰优孰劣之分。建构主义教学观也认为学习是一个主体从自我已有的知识和经验出发，针对外部给予的各种刺激因素自主地进行知识建构的过程。在学习过程中，每一个人都是独立的主体，以自己的方式建构世界，在此过程中，只有当学习所采取的策略和方法与学习者自己的认知风格相匹配时，学习才可能获得更大的成功。

场独立型学习者在面对问题时，要具体分析，对于不需要过多思考的问题，要努力从整体上把握，锻炼直觉能力；注意与他人交流观点和看法，并认真考虑他人的意见和建议，不要断然拒绝。场依存型学习者对于需要逐步分析的问题，要思考解题的思路、过程、策略，逐步发展其逻辑分析能力；在听到他人的要求、意见、建议和疑问时，要加以分析，提出自己的评判，培养和提高自己的批判思维能力。

(2)冲动型与沉思型。

在学习过程中，有的学生反应非常快，但往往不够准确，这种反应方式称为冲动型；有的学生反应虽然很慢，却很仔细、准确，这种反应方式称为沉思型。

冲动与沉思的认知方式反映了个体信息加工、形成假设和解决问题过程的速度和准确性。冲动型的学生倾向于很快地检验假设，根据问题的部分信息或未对问题做透彻的分析就仓促地做出决定，反映速度较快，但容易发生错误。沉思型学生在碰到问题的时候倾向于深思熟虑，用充足的时间考虑、审视问题，权衡各种解决问题的方法，因而错误较少。

常采用相似图形匹配测试(Matching Familiar Figures Test, MFFT20)测试学习者属于认知风格中的冲动型还是沉思型。测试要求被试在相似图形中找出与给定图形完全一样的一个图形，通过统计多组测试中的时间值与准确率，即可测出结果。

针对认知风格上的差异，冲动型的学习者要提醒自己注意深思熟虑，先想后说，先思后行，养成严谨、认真的学习态度和学习习惯。沉思型的学生则应要求自己提高学习速度和效率，进行一些必要的反应速度训练，提高快速解决问题的能力。

3. 内外控制点

所谓控制点(Locus of Control)是指人们对影响自己生活与命运的那些力量的看法。一般分为内部控制与外部控制。

具有内部控制特征的人相信，自己所从事的活动及其结果是由自身具有的内部因素决定的，自己的能力和所做的努力能控制事态的发展。具有外部控制特征的人认为，自己受命运、运气、机遇和他人的控制，这些外部复杂且难以预料的力量主宰着自己的行为。

赫伯特·莱夫库特(Herbert M. Lefcourt)研究发现，内部控制者具有较高的成就动机，外部控制者的成就动机相对较低。内控者与外控者学习特征的比较见表2-4：

表 2-4 **内控者与外控者的学习特征**

内 控 者	外 控 者
把学习成败归因为个体内部因素	把学习成败归因于个体外部因素
学习兴趣高	学习兴趣低
自信心高、责任心强	自信心低、责任心差
勤奋努力	马虎随便
学习目标富有挑战性	学习目标过低或过高
成绩提高、进步快	成绩降低、进步慢

控制点差异在一定程度上会随年龄增长而变化，随着年龄增长，外控成分减少，内控成分增加。决定控制点差异的另一个非常重要的原因是家长、教师对学生的教育态度和教育方式。

分析学习者控制点，可以帮助教学设计者了解学习者对学习任务采取的态度，并就此对教学活动做出调整。

4. 焦虑水平

所谓焦虑，在心理学上是指个体对某种预期会对其自尊心构成潜在威胁的情境所产生的担忧反应或倾向。按焦虑的性质，可分为正常焦虑和过敏性焦虑。正常焦虑是客观情境对个体自尊心可能构成威胁而引起的正常的焦虑。过敏性焦虑则不是因客观情境对自尊心构成威胁而引起的，而是由遭到严重伤害的自尊心本身引起的。

焦虑水平可以通过相关的心理量表来测量，其与学习效率的关系如下：低焦虑者在压力大的学习情境下学习效果较好，高焦虑者则适合压力较低的学习情境。因此对于不同焦虑水平的学生群体，宜采用不同压力水平的教学方法和测验方法。

5. 左右脑差异

人的大脑两半球在进行思维活动时，在功能上表现为一侧优势，这种现象叫偏侧化或不对称性。脑科学研究结果表明，虽然大脑左右两半球在结构上几乎完全一样，但是在功能上却有所不同，主要表现为：左半球是处理语言，进行抽象逻辑思维、集中思维、分析思维的中枢，它主管人的说话、阅读、书写、计算、分类、言语回忆和时间感觉，具有有序性、分析性等机能；右半球是处理表象，进行具体形象思维、发散思维、直觉思维的中枢，它主管人的视觉、复杂知觉模型再认、形象记忆、认识空间关系、识别几何图形、想象、理解隐喻、模仿、态度、情感等，具有不连续性、弥漫性、整体性等机能。左右两半球如同两种不同类型的信息加工系统，它们相互补充、相互制约、相互协作，共同完成人类高级的心理活动。

由于生理类型的差异，有的学习者在心理能力上表现为左脑优势，有的是右脑优势，有的则是两半球脑功能和谐发展。根据个体的大脑优势半球差异，可以把学习者的学习分为左脑型、右脑型、左右脑混合型三类。

(1)左脑型。

学习者在大多数情况下善于使用左脑。他们的基本特征是：学习工作积极主动，爱用语言的、逻辑的方式处理信息，对细节问题特别敏感，善于分清其主次，抓住重点，做事自觉性、计划性、条理性强，有责任心。

(2)右脑型。

学习者在大多数情况下善于使用右脑。他们的基本特征是：容易接受新东西，空间概念较强，喜欢以直觉的方式处理信息，善于把握整体，喜欢灵活的规则和活动，需要自律训练，喜欢趣味性、形象性的学习材料。右脑主要负责直观的、综合的、几何的、绘画的思考认识和行为，它承担的形象思维功能在人的思维活动中起至关重要的作用。

(3)左右脑混合型。

个体兼有左脑型和右脑型两者特点。对左脑或右脑的偏爱取决于学习情境、学习任务的性质等因素，有时较多地使用左脑，而有时较多地使用右脑，左右脑之间的联系有时紧密，有时不紧密。

面对各种不同类型的学习任务，有些需要左半球参与多些，有些则需要右半球参与多些，还有些要求左右半球同时参与的程度基本相当。左右脑混合型学习者兼有左右脑两者的特长，因而适应性更强，尤其在完成复杂任务时表现得更为明显。

6. 整体学习风格理论

学习风格研究历经半个多世纪的发展，各种风格理论层出不穷，但多数只选取个别角度进行研究，彼此间相互独立，缺乏延续性，对教学设计实践指导意义有限。因此有研究者开始整合经典学习风格理论，提出一个整体的学习风格理论框架，这其中比较有代表性的有：

(1) Kolb 的学习风格理论。

美国教育学家大卫·库伯(David Kolb)对学习过程周期(learning cycle)进行了独特的分析。他认为学习过程周期由四个相互联系的环节组成，即具体体验(Concrete Experience)、抽象概括(Abstract Conceptualization)、反思观察(Reflective Observation)和主动实验(Active Experimentation)。1976 年，Kolb 研发了《科尔伯格：学习风格测试》量表，用来测评个体的学习风格类型。根据个体对这四个环节的偏爱程度不同，从统计学的角度确定四个普遍的学习风格类型：发散型、同化型、集中型、顺应型。

四种学习风格各有优势和不足，其表现出的学习特征如表 2-5 所示：

表 2-5 **Kolb 学习风格模型**

学习风格类型	学习者特征	学习倾向
发散型	善于从不同的角度观察具体情境，有广泛的艺术文化兴趣，喜欢收集信息，对人际交往很感兴趣，具有丰富的想象力和情感	喜欢小组活动，喜欢开放地倾听，喜欢接收他人的反馈。他们在诸如“头脑风暴”的学习情境中能有很好的表现
同化型	善于以精细的、逻辑的形式整理各种不同的信息，可能不太关注人际交往，但对抽象的理论和概念比较感兴趣，认为理论比实际的价值更重要	喜欢阅读、听讲座、腾出时间进行全面的思考

续表

学习风格类型	学习者特征	学习倾向
集中型	擅长发现观点和理论的实际用途；通过不断探索的方式来解决问题、做出决定；喜欢技术性的任务，不喜欢社交和人际交往方面的工作	善于用新的观点、模拟来尝试实践，喜欢实验室的任务和实践应用
顺应型	比较善于执行计划并愿将自己投身于新的或富有挑战性的工作中；倾向于将内部的感情表达出来而不加逻辑分析；在解决问题时，较多地从他人那里获取信息	喜欢与人合作来完成任务，设定目标，会为完成一个项目尝试不同的方法

(2) Gregorc 的学习风格理论。

美国康涅狄格州大学的安东尼·格里高(Gregorc)教授将思维分为具体思维与抽象思维、有序思维与随机思维，把这两组思维类型交叉可形成四种思维类型者：

第一，具体而有序的思维者。具体而有序的思维者偏重基于现实的思考，对他们来说，外在的现实是通过自己的视觉、听觉、触觉、味觉和嗅觉所接触到的东西而构成的。线性、清晰、条理而有序的信息加工方式能够帮助他们迅速提取记忆中的细节，如准确记住数字号码、有条理的公式和详细的规则。他们做事坚定，有耐心，办事稳妥，责任心很强，是那种勤劳刻苦、目的性很强的人。然而，他们不擅长理解抽象的理论，讨厌无组织、华而不实的东西，对于他们来说，“动手做”是最好的方式。

第二，具体而随机的思维者。同具体而有序的思维者一样，具体而随机的思维者的思维是以现实为基础的，他们愿意尝试实验实践，喜欢以别出心裁的方式来做实验。他们的独立性很强，喜欢独立工作，不愿意接受别人的领导。他们有丰富的创造力，不愿意遵守世俗的条条框框，不喜欢按照说明的要求来做事情。这类人求知欲强，有独特的见解，追求变化和多样化，善于解决突发性问题。因此，这种类型的思维者可以充分利用自己的发散思维来解决问题，但是要注意限定时间，必须留充足的时间来制订最后的解决方案。

第三，抽象而有序的思维者。抽象而有序的思维者擅长对抽象事物的理解，他们喜欢理论性强的问题，爱探索抽象的思维世界。这类人的学术气息强，逻辑性强，分析能力、推理能力以及抽象理解能力强。他们理智、博闻、广识，精于辩论，敢于向权威挑战。他们喜欢独立思考和工作，善于从错综复杂的现象中抓住事物的本质，整理事物的来龙去脉。他们适合成为科学家和哲学家，如爱因斯坦是这类思维者的典型代表。

第四，抽象而随机的思维者。抽象而随机的思维者考虑问题时很少从现实出发，往往是冲动和激情引发他们的思考，他们的思维跳跃性很强，经常不按常规出牌。他们办事不讲究条理，大多时候是凭直觉和想象去感应和判断事物。这种人的想象力极其丰富，对语言的感受力也极强，他们情感丰富，热情，风趣，善于交际，也善于用抽象的语言抒发自己的感受，对艺术作品的理解力强。他们的变通性强，适应性强，讨厌规矩的束缚，对日常的例行公事感到乏味，有些时候不安于现状。这种类型的思维者可以运用自己与人合作的能力，学习他人看待事物的方法，通过合作加强自己学习的计划性，逐渐约束自己的行为。

不同思维类型并无优劣之分，分析学习者的思维类型，是为了让教学双方了解学习者不同的思维方式，发挥自身优势。

7. 洋葱模型

为了给越来越多不同的学习风格理论提供一个总的框架，1983 年，卡瑞(Curry)提出一种统一的学习风格研究框架，他将学习者特征分为三个层次，外层包裹内层，并受内层风格的影响，一层包括一层，因此称为洋葱模型(Curry's Onion Model)，如图 2-5 所示。

洋葱模型一共分为三层：

第一层位于核心，称为认知风格，是个体在信息加工方式方面一贯而持久的风格。卡瑞认为认知风格反映的是人最稳定、最不容易改变的一些学习特征，是相对稳定的人格维度。比如有些学习者在认知过程中喜欢交流心得，有些则喜欢独自学习。

第二层位于中间，称为信息处理方式，是学习者受认知风格影响，在学习过

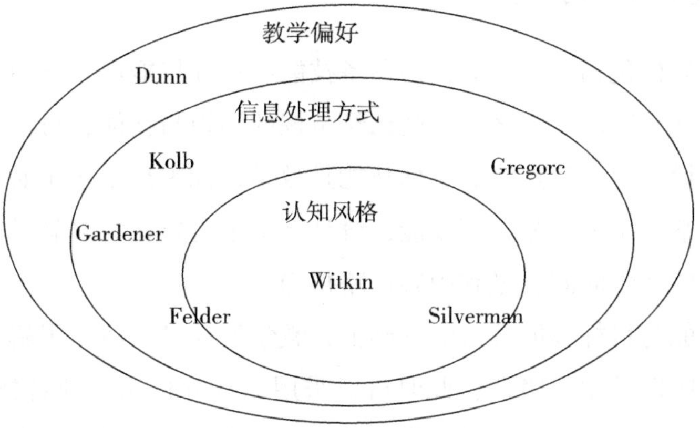

图 2-5 洋葱模型

程中体现出来的与外部环境交互的方式或倾向性；学习者对于信息的处理方式，拥有不同教育背景、家庭背景的人，可能方式差别巨大。

第三层居于外层，称为教学偏好，它受内两层的影响，是在教学过程中容易被观察到的一些现象。比如有些学习者喜欢发言，有些学习者喜欢特定课程等。

该模型囊括了众多学习风格理论，虽然提出的时间较早，但整体框架较为合理，之后发展的大多数学习风格理论可以归到其中的某层上。

学习者学习风格分析的常规方法主要有观察、访谈以及问卷调查等。

2.2.3 学习者起始能力分析

起始能力又称为初始能力或起点能力，是学习者在进行学习前已经具备的知识技能基础，以及对有关学习内容的认识与态度。预估学习者的起始能力，有助于了解学生是否具备从事新学习所需要的知识与技能，是否了解学习内容，对学习内容的兴趣程度等。

在教学设计中，准确把握学生的初始能力有利于教师确定恰当的教学起点，教学起点总是以学生已有的发展水平为标准的，起点过高或过低都不能有效激发学生的学习动机。

1. 起始能力分析的内容

起始能力分析包括三个方面，即预备技能、目标技能以及学习者态度。预备技能是学生在开始新的学习之前，就已经掌握的知识与技能，可以根据预备技能的掌握程度来设定教学起点线。目标技能是教学目标中规定学生必须掌握的知识技能，对已经掌握了的部分目标技能，设计上就不需要花太多教学时间，可以充分利用好有限的教学时间，做到内容详略得当。

在预备技能与目标技能分析的基础上，教学设计可以清晰了解学习者的已有基础、发展进阶以及学习障碍，此时可以采用三点分析法：预备技能是已知点，目标技能是发展点，两者之间的差距就是学习的障碍点，而障碍点就是确定学习重难点的有力依据。

学习者态度主要是指其对教学内容是否存在疑虑、偏爱或误解以及学习动机如何等。了解学习者对所学内容的认知水平及态度，对选择教学内容、确定教学方法等都有重要影响。

2. 起始能力分析的方法

学习者起始能力的分析是较为复杂的，除了观察、访谈、问卷调查等常规方法外，还可以采用以下方法：

(1)主题联想。

顾名思义，主题联想就是向学习者提出一个主题，看学习者的现有认知水平如何。比如学习者对教学设计的理解是什么？学习者认为课程结束后期待获得什么知识技能？这种主题联想的方式可以直观了解学习者的起始能力，帮助教师了解学生的已有知识和兴趣点，从而让后面的教学目标和教学重难点设计有了针对性。

(2)概念图。

概念图的做法是将某一有关概念置于圆圈或方框之中，然后让学习者去挖掘相关知识点，以及标注知识点之间的层次关系和横向关系。概念图可以诊断学习者已掌握知识的情况和知识的疏漏处，同时有助于学习者将前面的知识系统化、关联化。

(3)二阶诊断。

二阶诊断包括两种形式：一般形式是选择问答式，学生选择作答后，再回答选择的依据，这样可以诊查学习者的知识掌握程度；另一种形式为二阶选择式，第一阶选择和第一种方法一样，第二阶会把学生通常的判断依据也做成选项来进行检查，这样的好处是在集体探查的时候能很快知道在班里大概有多少比例的学生出现了什么样的错误和问题。

(4)任务探查。

任务探查法是先让学习者完成一个任务，包括解释型与操作型的任务，通过任务的反馈，了解学习者的起始能力。任务探查法很适合基于建构主义的教学设计，不仅能了解到学习者的状态，还可提升学习者的求知欲与学习热情，帮助学习者构建理论与实践之间的渠道。

(5)小组讨论。

通过给出特定主题让指定小组讨论并提交汇报，可以快速掌握小群体的起始能力状态。

3. 教学起点的设计

了解学情后就需要设计教学起点。美国心理学家戴维·保罗·奥苏贝尔(David Pawl Ausubel)提出的“先行组织者”理论对设计教学起点有重要借鉴价值。所谓“先行组织者”实际上就是在正式学习之前以学习者易懂的媒介呈现给学习者一个引导性或背景性知识材料，主要作用是为教学提供一个适当的起点，充当新旧知识联系的桥梁。

“先行组织者”最适宜在两种情况下运用：一种情况是新旧知识之间缺少明确的可辨别性，学习者容易对新旧知识产生混淆，此时可以先提供一种对新旧知识异同进行比较的材料，以提高新旧知识的可辨别性，保证新学习顺利进行；另一种情况是学习者面对新学习内容时，其认知结构缺乏适当先行概念来理解和同化新知识，此时教师应该为其设计呈现包容概括水平高于新学习内容的材料，以便学生构建包含新知识技能的认知框架，顺利完成学习目标。

4. 基于学习动机的设计

学习动机是影响教学效率的重要因素，分为内部动力和外部动力：内部动力即学生自己对学习本身的兴趣所引起的动力，其满足也是在学习范围之内的，内部动力比较持久；外部动力主要是外部诱因引发的动力，一旦外部诱因得到了满足或者停止，学习动力就会下降，一般没有内部动力持久。因此教育领域更推崇激发学习者的内部动力。

内部动力的经典分类是由奥苏贝尔提出的，他将内部动力分为以下三种：

(1)认知内驱力。

认知内驱力是基于求知欲与好奇心的，如对于自然世界、人类社会、科学技术的好奇心，激发学习者去学习。

(2)自我提高内驱力。

具有自我提高内驱力的学习者，其更重视的不是对知识或技能的感兴趣程度，而是自己每一天都要成长进步。学习者在学习提高的过程中得到自我成就感，强化学习动机。

(3)附属内驱力。

附属内驱力与外部动力有些类似，但其根源源自学习者内心驱动，比如说学习者之所以学习可能是希望得到父母的认可，其学习根源源自学习范围之外，但是由内心驱动。

职教学生群体的学习动机较不稳定，主要是基于兴趣学习，但自我调控能力较弱，在进一步激发其认知内驱力的同时，需要加大外控因素在其学习行为控制上的比例，帮助其提升自我内驱力。

需要强调的是，激发学习者的学习动机应该采用诱导的策略而不是强压的策略，否则可能适得其反。在教学设计中常使用ARCS模型帮助教学者更好地激发学习者的学习动机，具体可见本节后面的“案例分析：基于ARCS的教学激励范例”。

◘ 课堂活动

量表测试分析实验

量表是一种测量工具，可对主观的或抽象的概念进行定量化测量。量表是测量的准尺，是根据测量的目的而编制的一系列测验项目(任务或问题)，每一任务或问题细目各有事前规定的标准分数。不同的量表对事物的特性可以用不同的规则分配数字，因此形成了不同测量水平，又称为测量尺度。

在学情分析中，可使用量表法测量学习者的学习特征。下面介绍两种影响较大、应用较广的量表。

1. 科尔伯格(Klob)学习风格测试

学习风格是指个人在学习过程中的学习偏好，也就是达成有效学习的习惯性反应倾向。科尔伯格的学习风格测试表一共有 12 道题目，具体如下：

表 2-6 **科尔伯格(Klob)学习风格测试表**

(1)	我在学习过程中	A. 喜欢调动自己的情感体验 B. 喜欢思考 C. 喜欢做中学 D. 喜欢看和听
(2)	我感觉什么时候学习效果最好	A. 认真聆听并观察的时候 B. 借助逻辑思考的时候 C. 相信自己的预感和体验的时候 D. 努力将事情做完的时候
(3)	我在学习过程中	A. 喜欢推理 B. 认真负责 C. 安静而沉稳 D. 有强烈的情感反应
(4)	我采用什么方式学习	A. 情感体验 B. 实践 C. 观察 D. 思考

续表

（5）	我学习的时候	A. 对新的体验、新的经历采取开放的态度 B. 会多方位地观察问题 C. 喜欢分析事物，将整体分解成各部分 D. 喜欢试验
（6）	我在学习的时候	A. 乐于观察 B. 积极活跃 C. 看重直觉 D. 偏重逻辑思维
（7）	通过什么途径我会学得最好	A. 观察 B. 人际间互动 C. 合理的理论 D. 有机会试验和实践
（8）	我学习的时候	A. 喜欢看到自己的学习成效 B. 喜欢理念和理论 C. 倾向行动前做好充足的准备 D. 喜欢全身心投入学习
（9）	什么时候我学得最好	A. 依赖观察时 B. 凭借感觉时 C. 自己尝试做时 D. 思考时
（10）	我在学习中	A. 是个心静、含蓄的人 B. 是个乐于接受的人 C. 是个负责的人 D. 是个理性的人
（11）	我学习时	A. 乐于投入其中 B. 喜欢观察 C. 喜欢对事情做评价 D. 乐于积极行动
（12）	什么时候我可以得到最理想的学习效果	A. 进行思考、分析时 B. 乐于接受、思想开放时 C. 认真仔细时 D. 学以致用时

以下是计分与说明：

- 单独题目给分：依据与自己情况的符合程度，对每个题目 ABCD 的四个选项分别给出分数，直至完成 12 个题目；
- 计算分项总分：所有题目的同一个选项分数相加后得到该项总分(一共有 12 个题目，把 12 个 A 选项分数相加，12 个 B 选项分数相加，12 个 C 选项分数相加，12 个 D 选项分数相加，共得到 4 个总分)；
- 对分项总分排序：依据 4 个总分的高低给予排序，就能反映出测试者的哪一种学习风格占有优势。

Kolb 的学习经验模式有四个阶段：①具体经验：以个人的感受获得实际经验；②省思观察：根据不同的观点分析以进行价值判断；③抽象概念：以对情况的心智了解取代感受以发展通则、理论来解决问题；④主动实验：测试理论、凭借流程及用实际方法以影响他人或事件。

以四个阶段尺度为基础，可根据四项总分，将学习风格分布至四象限中，即分散型、同化型、聚合型及适应型。每种学习风格的特点如下：

(1)分散型。

喜好省思观察与具体经验，有较强的想象力和创意，擅长脑力激荡，由于多观察少行动，须以图像或整体观念来帮助学习。喜欢开放式的作业及自我判断的活动，不喜欢互动学习。在人才培养方式上建议采用内部导师辅导、工作中学习、公开课、大班课程、多媒体课程等方式，在教学形式上建议采用实验、示范、练习、面谈、观摩、小组讨论等形式。

(2)同化型。

喜好省思观察与抽象概念，具有通过归纳推理而建立理论架构的能力，能够同化完全不同的发现，提出一个完整的解释，偏好确定方向的学习，但较缺乏对人、事、物实际的价值判断。在人才培养方式上建议采用公开课、大班课程、阅读书籍、网上学习或多媒体课程等方式；在教学形式上建议采用小组讨论、演讲、文献资料查找等形式。

(3)聚合型。

喜好主动实验与抽象概念，擅长问题的解决，借由假设和演绎推论的方式来获得知识，相信单一答案、普遍知识及实际的价值，故重视专家式的学习方法及结构清晰的知识。在人才培养方式上建议采用阅读书籍、网上学习或多媒体课程、大班课程、工作中学习等方式；在教学形式上建议采用演讲、文献资料查找、小组设计等形式。

(4)适应型。

喜好主动实验与具体经验，喜欢实际完成计划或任务，以获得新的经验。较喜欢冒险，最常用直觉和错误尝试的方式来处理问题，容易适应新环境，不需要架构或权威，较需要互动学习。在人才培养方式上建议采用工作中学习、内部导师辅导等方式，在教学形式上建议采用小组设计、实验、示范、练习、面谈、观摩等形式。

2. 所罗门量表

所罗门(Barbara A. Soloman)从信息加工、感知、输入、理解四个方面将学习风格分为4个组对、8种类型：活跃型与沉思型、感悟型与直觉型、视觉型与言语型、序列型与综合型，并设计了具有很强操作性的学习风格量表(见表2-7)，可以较好地进行学习风格的测试。

表2-7 **所罗门学习风格自测问卷表**

(1)为了更好地理解某些事物，我首先

(a)试试看。

(b)深思熟虑。

(2)我办事喜欢

(a)讲究实际。

(b)标新立异。

(3)当我回想以前做过的事，我的脑海中大多会出现

(a)一幅画面。

(b)一些话语。

(4)我往往会

(a)明了事物的细节但不明其总体结构。

(b)明了事物的总体结构但不明其细节。

(5)在学习某些东西时，我不禁会

(a)谈论它。

(b)思考它。

(6)若我是一名教师，我比较喜欢教

(a)关于事实和实际的课程。

(b)关于思想和理论的课程。

(7)我偏爱的获取新信息的媒体是

(a)图画、图解、图形及图像。

(b)书面指导和言语信息。

(8)一旦我了解了

(a)事物的所有部分，我就能把握其整体。

续表

(b)事物的整体，我就知道其构成部分。 (9)在学习小组中遇到难题时，我通常会 (a)挺身而出，畅所欲言。 (b)往后退让，倾听意见。 (10)我发现比较容易学习的是 (a)事实性内容。 (b)概念性内容。 (11)在阅读一本带有许多插图的书时，我一般会 (a)仔细观察插图。 (b)集中注意文字。 (12)当我解决数学题时，我常常 (a)思考如何一步一步求解。 (b)先看解答，然后设法得出解题步骤。 (13)在我修课的班级中， (a)我通常结识许多同学。 (b)我认识的同学寥寥无几。 (14)在阅读非小说类作品时，我偏爱 (a)那些能告诉我新事实和教我怎么做的东西。 (b)那些能启发我思考的东西。 (15)我喜欢的教师是 (a)在黑板上画许多图解的人。 (b)花许多时间讲解的人。 (16)当我在分析故事或小说时， (a)我想到各种情节并试图把它们结合起来去构想主题。 (b)当我读完时只知道主题是什么，然后我得回头去寻找有关情节。	(17)当我做家庭作业时，我比较喜欢 (a)一开始就立即做解答。 (b)首先设法理解题意。 (18)我比较喜欢 (a)确定性的想法。 (b)推论性的想法。 (19)我记得最牢是 (a)看到的东西。 (b)听到的东西。 (20)我特别喜欢教师 (a)向我条理分明地呈示材料。 (b)先给我一个概貌，再将材料与其他论题相联系。 (21)我喜欢 (a)在小组中学习。 (b)独自学习。 (22)我更喜欢被认为是： (a)对工作细节很仔细。 (b)对工作很有创造力。 (23)当要我去一个新的地方时，我喜欢 (a)要一幅地图。 (b)要书面指南。 (24)我学习时 (a)总是按部就班，我相信只要努力，终有所得。 (b)我有时完全糊涂，然后恍然大悟。 (25)我办事时喜欢 (a)试试看。 (b)想好再做。

续表

(26)当我阅读趣闻时，我喜欢作者

(a)以开门见山的方式叙述。

(b)以新颖有趣的方式叙述。

(27)当我在上课时看到一幅图，我通常会清晰地记着

(a)那幅图。

(b)教师对那幅图的解说。

(28)当我思考大段信息资料时，我常

(a)注意细节而忽视概貌。

(b)先了解概貌而后深入细节。

(29)我最容易记住

(a)我做过的事。

(b)我想过的许多事。

(30)当我执行一项任务时，我喜欢

(a)掌握一种方法。

(b)想出多种方法。

(31)当有人向我展示资料时，我喜欢

(a)图表。

(b)概括其结果的文字。

(32)当我写文章时，我通常

(a)先思考和着手写文章的开头，然后循序渐进。

(b)先思考和写作文章的不同部分，然后加以整理。

(33)当我必须参加小组合作课题时，我要

(a)大家首先"集思广益"，人人贡献主意。

(b)各人分头思考，然后集中起来比较各种想法。

(34)当我要赞扬他人时，我说他是

(a)很敏感的。

(b)想象力丰富的。

(35)当我在聚会时与人见过面，我通常会记得

(a)他们的模样。

(b)他们的自我介绍。

(36)当我学习新的科目时，我喜欢

(a)全力以赴，尽量学多学好。

(b)试图建立该科目与其他有关科目的联系。

(37)我通常被他人认为是

(a)外向的。

(b)保守的。

(38)我喜欢的课程内容主要是

(a)具体材料(事实、数据)。

(b)抽象材料(概念、理论)。

(39)在娱乐方面，我喜欢

(a)看电视。

(b)看书。

(40)有些教师讲课时先给出一个提纲，这种提纲对我

(a)有所帮助。

(b)很有帮助。

(41)我认为只给合作的群体打一个分数的想法

(a)吸引我。

(b)不吸引我。

(42)当我长时间地从事计算工作时

(a)我喜欢重复我的步骤并仔细地检查我的工作。

(b)我认为检查工作非常无聊，我是在逼迫自己这么干。

(43)我能画下我去过的地方

(a)很容易且相当精确。

(b)很困难且没有许多细节。

(44)当在小组中解决问题时，我更可能是

(a)思考解决问题的步骤。

(b)思考可能的结果及其在更广泛的领域内的应用。

在测试时，测试对象首先根据上表计分，并填入所罗门学习风格分析表(见表2-8)中。

表2-8 **所罗门学习风格分析表**

活跃型/沉思型			感悟型/直觉型			视觉型/言语型			序列型/综合型		
问题	a	b	问题	a	b	问题	a	b	问题	a	b
1			2			3			4		
5			6			7			8		
9			10			11			12		
13			14			15			16		
17			18			19			20		
21			22			23			24		
25			26			27			28		
29			30			31			32		
33			34			35			36		
37			38			39			40		
41			42			43			44		
总计			总计			总计			总计		
(较大数-较小数)+较大数的字母											

填表方式如下：

(1)在表格适当的地方填“1”。

例如：如果第3题的答案为a，在第3题的a栏填上“1”；如果第15题的答案为b，在第15题的b栏填上“1”。

(2)计算每一列总数并填在总计栏处。

(3)在4个组对中，用较大的总数减去较小的总数，记下差值(1到11)和字母(a或b)。

例如：在“活跃型/沉思型”中，有4个“a”和7个“b”，就在“活跃型/沉思型”一栏的最后一行写上“3b”(3=7-4，并且因为b在两者中较大)；在“感悟型/直觉型”中，有8个“a”和3个“b”，则在“感悟型/直觉型”一栏的最后一行写上“5a”。

每一种量表的取值可能为11a、9a、7a、5a、3a、a、11b、9b、7b、5b、3b、b中的一种。其中字母代表学习风格的类型不同，数字代表程度的差异。若得到字母“a”，表示属于前者学习风格，且“a”前的系数越大，表明程度越强烈；若得到字母“b”，表示属于后者学习风格，且“b”前的系数越大，同样表明程度越强烈。

例如：在活跃型/沉思型量表中得到“9a”，表明测试者属于活跃型的学习风格，且程度很强烈；如果得到“5b”，则表明测试者属于沉思型的学习风格，且程度一般。在视觉型/言语型量表中得到“a”，表明测试者属于视觉型的学习风格，且程度非常弱；如果得到“3b”，则表明测试者属于言语型的学习风格，且程度较弱。

案例分析

基于ARCS的教学激励范例

20世纪70年代以后，教学设计领域愈加重视学习动机研究，如瑞格鲁斯提出激发学习动机的策略。约翰凯在80年代针对学习动机提出了经典的ARCS模型，其中，A(Attention)表示注意，R(Relevance)表示关联，C(Confidence)表示信心，S(Satisfaction)表示满意。注意动机模型是指教师通过教学设计来吸引和维持学生的注意力，包括知觉唤醒、激发探究、变化等；关联动机模型是指教学要与学生的知识背景、个人需求和生活经验联系起来，因为与自己切身相关的事物，更容易引发关注，包括熟悉化、目标定向、动机匹配；信心动机模型即通过各种方式来增强学生的学习信心，维持学生对成功的渴望，包括期望成功、挑战情境、归因方式等；满意动机模型是让学生感受到学习的价值、学习的快乐，让他们在学习中获得满足，包括自然的结果、积极的结果、公平等。

约翰凯还对各种动机做了分类，如表2-9所示：

表 2-9 **ARCS 模型的动机类别**

类别	子类别	问题	做法
A 注意	A1 知觉唤醒	为了吸引学习者的兴趣，能做些什么？	用新奇的或不确定的事件和情境来吸引和维持学习者的注意力
	A2 探究唤醒	怎样才能激起学习者探究的态度？	提出问题或请学习者提出问题，激发学习者的探究行为
	A3 变化	怎样才能维持学习者的注意？	通过变化各种教学要素或方式来维持学习者的兴趣
R 关联	R1 目标定向	指导学习者的需求吗？ 怎么才能满足学习者需求？	借助说明或实例来阐明学习目标及价值，或者让学习者自定学习目标
	R2 动机匹配	何时、怎样才能为学习者提供合适选择、责任或影响？	用各种策略将学习与学院学习需求相匹配
	R3 熟悉度	怎样才能将学习与学习者的经验联系起来？	使用与学习者经验相关的语境、实例、概念、价值观等，帮助学习者整合新学习知识
C 信心	C1 学习要求	如何帮助学习者建立对成功的积极期望？	明确告知对学习者的要求和评价标准，让他们了解教学期望
	C2 成功机会	学习经验怎样支持或提高学习者的信心？	设置多元的分层的教学与评价方案，让每个学习者都体验到成功
	C3 个人控制	学习者如何清晰了解自身能力与成功的关联？	提供清晰反馈，使学习者了解取得学习成功是自身具有能力且努力的结果
S 满意	S1 自然后果	怎样才能为学习者提供有意义的实践机会？	做好设计，让学生运用新知识解决实际问题，激发内在学习动机
	S2 积极后果	为学习者成功提供何种强化？	对学习者的学习结果提供反馈，给予正面激励，维持其学习动机
	S3 平等	怎样帮助学习者对自身成绩形成积极情感？	学习评价标准规范统一，让学习者感觉到评价的公平性

表 2-10 为 ARCS 模型应用在《问题树课程开发模型》培训中的案例。从该案例中，可看到在教学设计中如何应用 ARCS 模型来帮助教学者更好地激发学习者

的学习动机。

表2-10　　ARCS模型在《问题树课程开发模型》培训中的运用

类别	子类别	目的	常用方式	范例
A 注意	A1 知觉唤醒	引发兴趣	案例、提问、多媒体	决策树在行业中的价值
	A2 探究唤醒	激发探究	提问、案例分析	为什么决策树算法受欢迎
	A3 变化	维持注意	提问、小组讨论、案例	提供典型行业应用案例
R 关联	R1 目标定向	满足需求	成果展示	呈现之前的学院项目效果
	R2 动机匹配	适切影响	对比、选择	对比不同的决策场景
	R3 熟悉度	联系经验	类比、比喻、举例	与人沟通——从感兴趣的话题切入
C 信心	C1 学习要求	期望成功	案例分享、现身说法	分享学习者熟悉的应用
	C2 成功机会	增强信心	鼓励、因材施教	从简单的练习中感受成功
	C3 个人控制	赢得收获	点评、反馈、鼓励	及时点评，表扬学习者进步
S 满意	S1 自然后果	提供实践	课中演练、课后辅导	扩展算法运用场景到生活中
	S2 积极后果	强化成功	展示、表扬、树典型	不定期分享学习者的作品
	S3 平等	体验成功	宣传、祝贺、分享	宣传、祝贺学习者的收获

2.3 教学内容分析

学习者现状是起点能力，而教学期望可视为学习者应掌握的终点能力，学生的起点能力和终点能力之间的差距即表达为学习需要，学习需要的满足表现为学生获得了新的知识和技能，提高了认识和能力。那么应该用什么东西去填补学生的起点能力和终点能力之间的差距呢？这就需要选择特定的教学内容来使得学生能力发生预期的变化。

所谓教学内容本质上是技能和知识，技能是直接经验，知识则是间接经验。教学内容是一系列系统的直接经验和间接经验的总和，它是课程内容的一部分，是根据课程目标从人类的知识和经验体系中选择出来，按照一定序列组织编排而构成的知识和经验体系。教学内容具体体现在人们制定的教学计划、教学大纲和编写的教科书等资料里。

教学内容的分析选择与课程类型密切相关，职业教育中的课程类型有两个主要类别：第一类是职业课程，经过整合多以项目课程出现，偏重于直接经验的习得；第二类是类学科课程，是在传统学科课程基础上经过精简整理形成的，以间接经验为主的课程。

2.3.1 职业课程内容分类与组织

职业知识分类理论多种多样。国际上比较典型的职教课程模式有：CBE 能力本位课程(美国、加拿大)、双元制课程(德国)、MES 课程(瑞士)、美国 SCANS (基本技能开发委员会)课程分类、费雷分类、温森堤分类、德维瑞斯分类等。具体在第三章中详述。根据课程模式，我国将职业教育课程分为两大类：项目课程和非项目课程。

1. 项目课程

项目课程是职业教育课程的主要形式。“项目”是基于工作任务的有结构的项目，即具有相对独立性的、客观存在的活动模块，可以是真实的，也可以是模拟的、仿真的，只要能达到提高课程质量的目的即可。在项目活动中，要求学生通过完成任务，制作符合特定标准的产品。因此，项目课程就是以工作任务为课程内容选择的参照点，以项目为单元组织课程内容，并以项目活动为主要学习方式的课程。

2. 非项目课程

非项目课程包括普通文化课程和类学科课程。

普通文化课程包括工具类课程（语文、数学、外语、信息技术等）、德体美劳课程、公民生活类课程、专业准备类课程和职业生涯规划类课程等。

类学科课程源于原学科类课程，但却是根据实用论理念重构的不完整的学科课程，故称为类学科课程。从学习性质上看，核心知识与技能集中学习的效果远优于分散学习，且有利于推动项目课程的学习，可仿照学科课程编制独立的理论课程和技能训练课程。

常见的职业教育课堂教学组织形式如表 2-11 所示：

表 2-11　**职业教育课堂教学组织形式**

类型	形式	内　涵
理论教学	课堂教学	把一定数量的学生按年龄、文化程度组成教学班
实践教学	实验实训	学生在教师的指导下，利用一定设备，在一定条件控制下，通过技能训练促进理论与实践相结合
	认识实习	根据教学要求，在校内外对应行业场所进行参观，了解将来的工作环境、工作流程和素质能力要求，是学生心理结构定向的需要
	生产实习	通过生产劳动、亲自操作演练，使学生掌握岗位所需的现代职业知识和技能，全面提高素质
整合教学	毕业实习	让学生综合运用所学专业知识、技能分析和解决实际问题的教学环节
	毕业设计	对学生专业素质尤其是能力类素质的全面考核

2.3.2 教学内容分析的内涵

教学内容有一定的结构体系，在日常的教学工作中，因为教材中目录章节的设定就是建立在严谨的教学内容分析基础之上的，所以一般也用教材分析来替代教学内容分析。

职业教育教材常见的内容结构如图 2-6 所示：

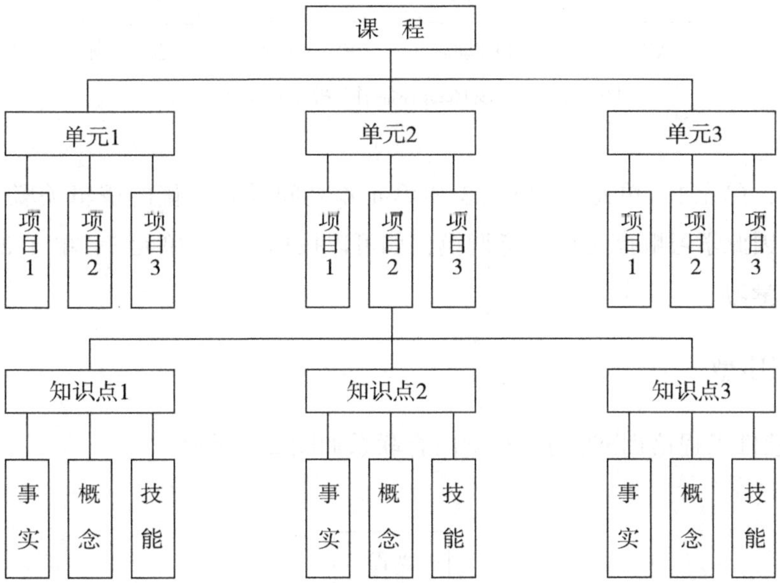

图 2-6 职教教材内容结构层次

职业教育课程是一个系统的知识体系，一般分为三个层次：类学科课程是章、节以及知识点，项目课程则是单元、项目以及技能点。每一个知识单元对应教材上的一章或一个专题，每一个项目或小节对应一个或若干个课时，知识点与技能点则对应课堂上某一个具体环节或者某一个具体时间段。

教学内容的各组成部分不是孤立存在的，它们相互之间具有一定的联系，一般有三种联系类型：

1. 并列型

以《新媒体动画制作》为例，教学内容联系如图 2-7 所示：

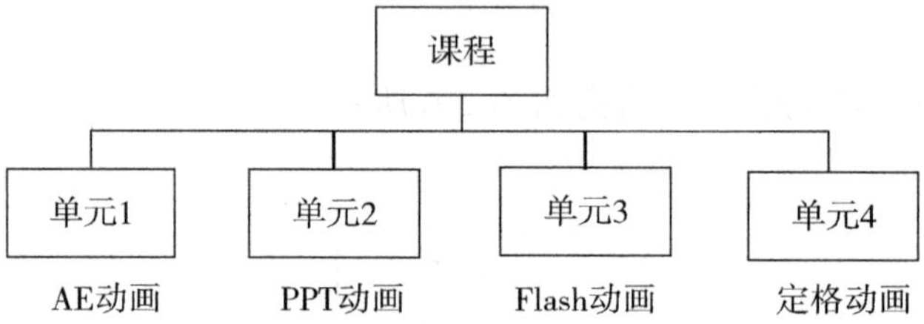

图 2-7 《新媒体动画制作》教学内容联系图

其中，单元 1、单元 2、单元 3 和单元 4 之间没有直接的逻辑关联，彼此是并列的，因此学习顺序可以任意调换，如可以按单元 4、单元 3、单元 2、单元 1 的顺序来学习。

2. 顺序型

以《软件工程培训》为例，教学内容联系如图 2-8 所示：

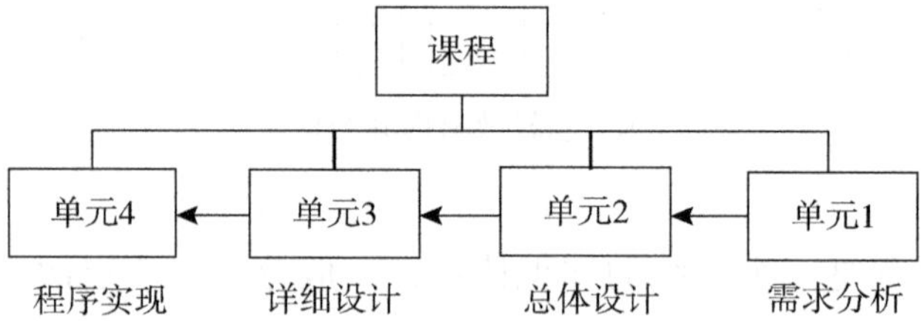

图 2-8 《软件工程培训》教学内容联系图

单元 1、单元 2、单元 3、单元 4 存在序列关系，前者是后者的基础，要搞懂单元 2，必须先掌握单元 1，一次次向前递进，这就是顺序型。

3. 综合型

以《金属加工技能培训》为例，教学内容联系如图 2-9 所示：

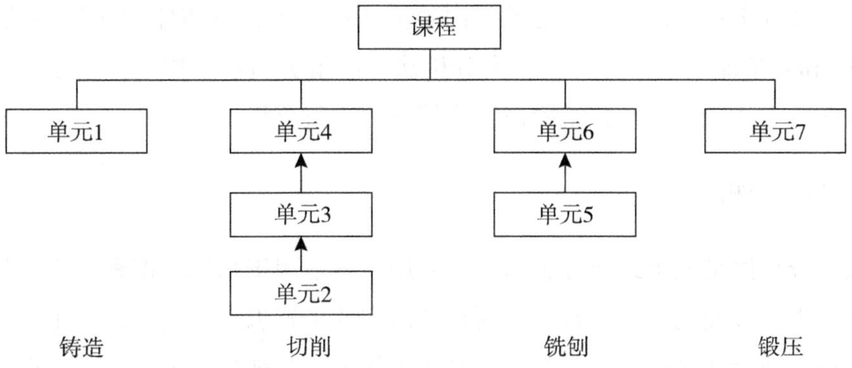

图 2-9 《金属加工技能培训》教学内容联系图

综合型教学内容既包括并列型结构教学内容，也包括顺序型结构教学内容。

教材上的教学内容如何编排，就是教学内容分析的目标。教学内容分析可分为两个步骤：①客体对象分析：知识或技能内在逻辑规律分析；②主体选择分析：教师对知识或技能的内容进行选择与编排。

2.3.3 教学内容分析方法

教学内容分析中的客体对象指的是知识与技能。知识与技能有如下几个分析目标：

第一个目标是要分析师生在这一节课上互相交流的内容，即教师要教什么，学生要学什么。

第二个目标是确定教学内容的广度以及深度。内容的广度就是教学内容分为多少知识点或技能点，内容的深度就是要学到什么程度，分为多少层，哪些内容应该详细学，哪些内容可以略学。

第三个目标是建立这些知识点与技能点之间的逻辑结构图，即了解知识点与技能点彼此之间的次序关系。基本关系有两种，一种是序列关系，如哪个知识点先讲、哪个知识点后讲；另一种是部分与整体的关系，如一个技能点下面包含 5 个子技能点。只有分析清楚了知识和技能的内在逻辑关系，才能有效安排它们的教学次序，即先教什么后教什么。

第一个目标在课程设计层次已经做了大致的规定，具体体现在教学计划、教学大纲等文件中；后两个目标是教学内容分析的重点，具体体现在教学设计(俗称教案)和教学课件中，可借助归类分析法、图解分析法、层级分析法、信息加工分析法、卡片法以及解释结构模型法等方法进行分析。

1. 归类分析法

归类分析法是人类经典分类思维的应用，常适用于知识类课程，主要研究对有关信息进行分类的方法，旨在鉴别教学内容的子知识点。例如，一个国家的省市名称可按地理区域的划分来归类；又如人体外表各部位的名称可由上向下，按头、颈、躯干、上肢、下肢分类等。确定分类方法后，或用图示、或列提纲，把实现目标所需学习的知识或技能归纳成若干方面，从而确定教学内容的范围。

2. 图解分析法

图解分析法是归类分析法的进阶版本，它在归类分析法的基础上，强调用图形这种直观形式揭示教学内容要素及其相互联系，它不但能够与归类分析法一样将所有的知识点分类列举，而且能够直观显示知识点结构及知识点之间的关系，以方便人们查漏补缺，初步了解知识点的次序关系。归类分析法只是简单地分类，而图解分析法的分类之间存在逻辑关系。图解分析法的一个典型代表就是思维导图，它既是发散思维工具，也是概括工具，常用于对认知教学内容的分析。

图2-10是一个图解分析法的应用实例。

3. 层次分析法

AHP(Analytic Hierarchy Process)层次分析法是美国运筹学家Saaty教授于20世纪80年代提出的一种实用的多方案或多目标的决策方法。其主要特征是合理地将定性与定量的决策结合起来，按照思维、心理的规律把决策过程层次化、数量化。该方法自1982年被介绍到我国以来，以其定性与定量相结合地处理各种决策因素的特点，以及系统灵活简洁的优点，迅速地在我国社会经济各个领域内(如能源系统分析、城市规划、经济管理、科研评价等)得到了广泛的重视和应用。

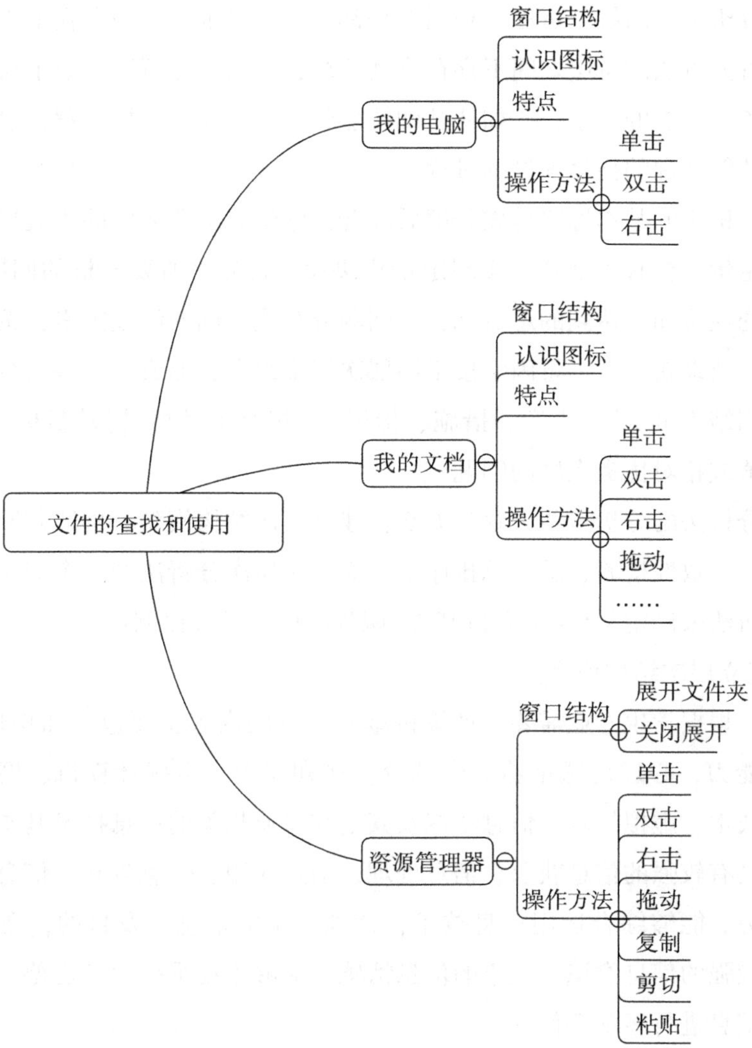

图 2-10 《文件的查找和使用》教学内容分析

层次分析法在技术类课程内容分析中应用非常广泛，尤其多用于技能评价环节，是用来揭示教学目标所要求掌握的从属技能的一种逆向分析方法。从属技能也称为下位前驱技能，即分析当我们要求学习者获得某种预期的能力时，他们必须具有哪些次一级的从属能力，而要培养这些次一级的从属能力，又需具备哪些再次一级的从属能力……依次类推，最终实现技能内容的细化，最后一定会梳理出若干基础技能。通过以上步骤的分解，教学内容就清晰可见了。

层次分析法与图解分析法的相同点是都需要逐级推导，即存在上下分层。不同点是图解分析法的每层之间不存在难度等级，而层次分析法的上下层之间存在难度等级依次递进的关系，比如从基础技能到综合技能的掌握过程，它揭示了思维认知或技能掌握的循序渐进的过程。

层次分析法的基本思路是先分解后综合，整理和综合人们的主观判断，使定性分析与定量分析有机结合，实现定量化决策。首先将所要分析的问题层次化，根据问题的性质和要达到的总目标，将问题分解成不同的组成因素，按照因素间的相互关系及隶属关系，将因素按不同层次聚集组合，形成一个多层分析结构模型，最终归结为最低层(方案、措施、指标等)相对于最高层(总目标)相对重要程度的权值或相对优劣次序的问题。

层次分析法的分析步骤大致为五步：建立层次结构模型、构造判断矩阵、层次单排序、一致性检验、层次总排序。下面介绍层次分析法的一个应用实例，采用层次分析法来确定某校《计算机基础》课程的内容设置比例：

(1)建立层次结构模型。

首先，根据学生专业需要，计算机基础教育的内容主要包含知识理论学习、实践动手能力、心理情感培养三个部分：在知识上，掌握计算机、网络、机器人、通信技术、虚拟技术、信息法规及其他与专业相关的信息技术基本理论；在能力上，具有较强的信息获取、信息处理、信息应用、信息创新、信息传播、信息经济能力，能够综合运用信息技术，达到一定的信息开发目的；在价值情感上，具有较强的信息意识、健康的信息情感，能够主动维护信息道德，构建信息文化，对信息进行客观评价等。

根据以上分析，经讨论总结后，确定以下7个要素：计算机、网络、其他信息技术、信息法规、信息处理、专业信息化、信息道德，其层次关系模型结构图如图2-11所示。

(2)构造判断矩阵。

下面根据层次分析模型，引入矩阵标度构造判断矩阵，计算矩阵的最大特征值，进行层次单排序和层次总排序，并进行一致性检验。其中求矩阵的最大特征值有方根法和和积法两种方法，这里采用方根法计算。权重的确定是在查找资

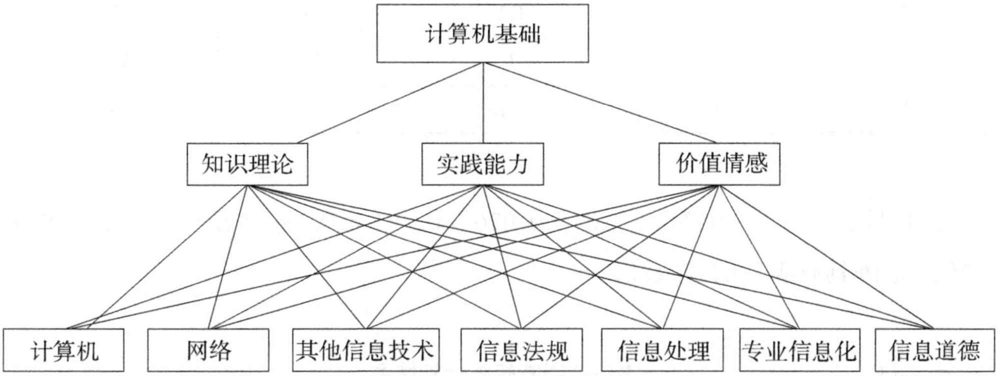

图 2-11 《计算机基础》教学内容设置层次分析模型

料、与经验丰富的信息技术教师进行访谈、对内容的分析判断三者结合的基础上形成的。形成的判断矩阵如图 2-12 所示：

$$A = \begin{bmatrix} C_{11} & C_{12} & \cdots & C_{1n} \\ C_{21} & C_{22} & \cdots & C_{2n} \\ \vdots & \vdots & & \vdots \\ C_{n1} & C_{n2} & \cdots & C_{nn} \end{bmatrix}$$

图 2-12 《计算机基础》教学内容设置判断矩阵结构

(3)层次单排序。

矩阵中各元素是由两两要素间的相对重要性对比确定的，这里采用 1—9 标度法标出相对的重要程度，构造出判断矩阵，进行层次排序和特征向量值的计算，至最终达到一致性为止，从而确定信息技术基础的教学内容的设置比例。

层次分析过程见表 2-12 至表 2-16。

表 2-12 **A-B 判断矩阵计算结果**

A	B1	B2	B3	W
B1	1	2	5	0. 559065

续表

A	B1	B2	B3	W
B2	0.5	1	5	0.352189
B3	0.2	0.2	1	0.088746

经检验，λ_{max} = 3.053622，CI = 0.026811，RI = 0.58，CR = 0.046，CR < 0.10，矩阵具有满意的一致性。

表 2-13 **B1-C 判断矩阵计算结果**

B1	C1	C2	C3	C4	C5	C6	W
C1	1	3	5	6	1/3	4	0.255172
C2	1/3	1	4	5	1/4	3	0.150244
C3	1/5	1/4	1	3	1/6	1/3	0.051734
C4	1/6	1/5	1/3	1	1/7	1/4	0.031146
C5	3	4	6	7	1	5	0.423841
C6	1/4	1/3	3	4	1/5	1	0.087863

经检验，λ_{max} = 6.469826，CI = 0.093965，RI = 1.24，CR = 0.076，CR < 0.10，矩阵具有满意的一致性。

表 2-14 **B2-C 判断矩阵计算结果**

B2	C1	C2	C3	C4	C5	C6	C7	W
C1	1	1	2	3	1/3	1/2	3	0.133846
C2	1	1	2	3	1/3	1/2	3	0.133846
C3	1/2	1/2	1	2	1/4	1/3	2	0.080219
C4	1/3	1/3	1/2	1	1/5	1/4	1	0.049347
C5	3	3	4	5	1	2	5	0.333798

续表

B2	C1	C2	C3	C4	C5	C6	C7	W
C6	2	2	3	4	1/2	1	4	0.219597
C7	1/3	1/3	1/2	1	1/5	1/4	1	0.049347

经检验，$\lambda_{max}=7.466552$，$CI=0.0778$，$RI=1.32$，$CR=0.0589$，$CR<0.10$，矩阵具有满意的一致性。

表 2-15　**B3-C 判断矩阵计算结果**

B3	C1	C2	C3	C4	C7	W
C1	1	1	1	1/2	1/3	0.12398
C2	1	1	1	1/2	1/3	0.12398
C3	1	1	1	1/2	1/3	0.12398
C4	2	2	2	1	1/2	0.234095
C7	3	3	3	2	1	0.393966

经检验，$\lambda_{max}=5.009947$，$CI=0.00249$，$RI=1.12$，$CR=0.002$，$CR<0.10$，矩阵具有满意的一致性。

表 2-16　**信息技术基础内容层次总排序**

层次 B / 层次 C	B1	B2	B3	层次 C 总排序权值 W
	0.559065	0.352189	0.088746	公式：$w=\sum_{i=1}^{n}B_iC_1^i$
C1	0.255172	0.133846	0.12398	0.2008
C2	0.150244	0.133846	0.12398	0.1421
C3	0.051734	0.080219	0.12398	0.0682
C4	0.031146	0.049347	0.234095	0.0556

续表

层次B / 层次C	B1	B2	B3	层次C总排序权值W
	0.559065	0.352189	0.088746	公式：$w = \sum_{i=1}^{n} B_i C_1^i$
C5	0.423841	0.0333798	0	0.3546
C6	0.087863	0.219597	0	0.1265
C7	0	0.049347	0.393966	0.0524

(4)一致性检验。

层次总排序一致性检验计算过程如下：

$$CI = \sum_{i=1}^{n} B_i CI_i = 0.080154$$

$$RI = \sum_{i=1}^{n} B_i RI_i = 1.080154$$

$$CR = \frac{CI}{RI} = 0.064$$

随机一致性比率 $CR<0.10$，满足一致性检验。

(5)层次总排序。

最后得出结论：应用层次分析法测定非信息技术专业的信息技术基础课程教学内容，按照相应的权值排序为C5，C1，C2，C6，C3，C4，C7，内容比例由多到少的顺序应为：信息处理、计算机、网络、专业信息化、其他信息技术、信息法规、信息道德。

在职业教育课程中应用层次分析法，对于每个技能点还需要明晰两个问题：

(1)掌握这些技能需要具备什么知识吗？如何表示？

(2)学生需要知道做什么才能学会这个技能，也就是说具备什么思维，拥有什么经验，了解什么概念。

第一个问题是分析教学内容中的知识内容模块，第二个问题则是分析教学内容中的过程与方法、情感与价值观的模块。

第一个问题的推理逻辑如下：要掌握技能，首先需要运用规则，要学会运用规则，首先要知道概念。认知类课程也适用层次分析法，要解决问题，需要知道规则；要会用规则，需要理解概念，而理解概念需要先学会辨识概念。因此教学技能到教学知识点的转化就达成了。运用层次分析法得出的教学内容通用框架如图 2-13 所示：

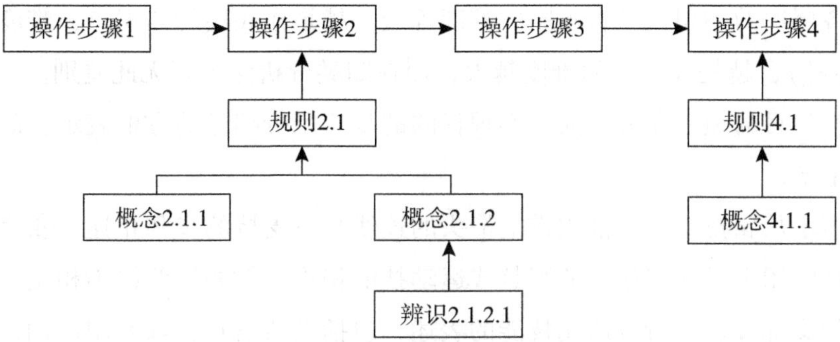

图 2-13　教学技能与教学知识之间的层次结构

由图 2-13 可见，教学次序是自下而上的，首先让学习者辨识概念，然后掌握规则，进而掌握技能。

第二个问题可以转换成以下问题：①怎么训练（检验）以达到较难量化的认知或技能目标？②怎么实现情感与价值观的目标？

在层次分析法中，采用图 2-14 中的转换公式解决以上问题：

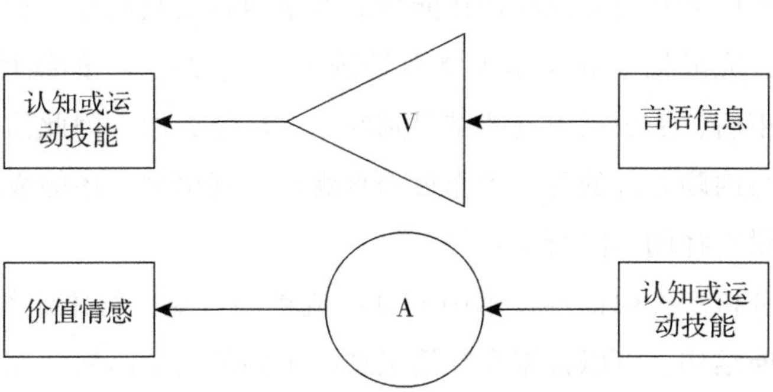

图 2-14　层次分析法对认知目标与价值情感的支撑

由图 2-14 可见，对于技能与知识认知，可以通过语言文字信息表达来检验效果，如果能够清晰地表达相关概念、规则或程序，则可间接认为学习者达到了这个目标；对于情感与价值观的目标，则建立在技能与知识认知的基础上，当学习者能表达相关知识，运用相关技能时，则可间接判断其达到了情感与价值观的目标。

使用层次分析法的图示对教学内容进行分析时要注意以下几点：①在层级分析中，各层次的知识点具有不同的难度等级：越是在底层的知识点，难度等级越低(越容易)，越是在上层的难度越大；而在归类分析法中则无此差别。

②教学目的须放在最上面。实现目的的步骤用带编号的方框表示，放在层次流图的上部。

③表示从属技能的方框用带上箭头的连线与所支持的步骤相连。④言语信息和态度技能用水平线与相关的智慧或运动技能相连。⑤如果两线不相交，用弓线绘制其相交部分。⑥所有从属技能的表述，包括判断语句，都要用动词，指明学生必须能做什么，不允许出现只有名词的方框。⑦层次表示不要求对称，反映客观现实即可，没有唯一表示。⑧对于判断步骤，同样要找出其决策所需要的从属技能。

4. 信息加工分析法

信息加工分析法由美国教学设计专家罗伯特·M. 加涅(Robert Mills Gagne)提出，是将教学目标要求的心理操作过程揭示出来的一种内容分析方法，这种心理操作过程及其所涉及的外显动作技能构成教学内容及其次序。加涅认为，在许多学习内容中，完成任务的操作步骤不是按“1、2、3……”的线性程序进行的，当某一步骤结束后，需根据出现的结果判断下一步怎么做，因此信息加工分析法的特点是可以将内隐心理的整个操作过程直观地表现出来，还能表现其中一系列的决策点及可供选择的不同行动路线。

信息加工分析法类似信息技术中的算法流程图，偏向思维组织与具体组织，同时增加了判断结构，可以根据实际情况选择不同的教学路线，完成动作技能的操作步骤，其步骤如下：①阅读、收集和熟悉教学总目标所包含的内容与任务信息。②将教学目标转换为教学步骤：请专家或教师将教学目标转换为代表性任务或测试题，然后描述完成任务的思维过程，最后记录思维步骤。③检查步骤，确定最短、最简便的路径。④画出目标的信息加工分析结果。

例如，计算一个算术平均数的心理加工过程如图 2-15 所示。与前述层次分析法相比较，会发现信息加工分析法增加了心理推导组织过程，类似于算法流程图，非常细致。

列出每个数的值：$x_1, x_2, x_3, \cdots, x_n$	计算所有数值总和：$\sum_{i=1}^{n} x = x_1+x_2+x_3+\cdots+x_n$	计算个体数 n	数值总和除以个体数 n 得算术平均数 x
（第 1 步）	（第 2 步）	（第 3 步）	（第 4 步）

图 2-15 信息加工分析法分析算术平均数的计算过程

5. 卡片法

卡片法的具体做法是将教学目标和各项内容要点分别写在各张卡片上，对它们的关系进行安排，经讨论修改后，再转抄到纸上。它的特点是灵活，便于修改及调整各项内容之间的关系；形象直观，便于讨论时交流思想。其常用于人文社会科学课程，同时也适用于各类课程学生活动的组织。

下面是卡片法的使用技巧：①在每张卡片上写一个要点，便于增删内容、调整位置；②使用彩色卡片，同一层次或同类的内容用相同色彩的卡片，有助于分类；③制作一种专用的展示板，用于辅助分析并展示分析结果，使参加讨论者对教学内容分析的结果一目了然。磁性白板就是一种有用的展示工具；④建立一套卡片编号系统，便于理顺各张卡片之间的关系。

6. 解释结构模型法

回顾教学内容分析的目标，前面介绍的方法足以确定教学内容的广度和深度，并明晰其关系。解释结构模型法（Interpretative Structural Modeling Method，简称 ISM 分析法）最大的优势在于可以用计算机算法实现自动分析教学内容的先后次序，是用于分析和揭示复杂关系结构的有效方法，可将系统中各要素之间的复杂、零乱关系分解成清晰的多级递阶结构形式。

解释结构模型法的基本步骤如下：①抽取知识元素，确定教学子目标；②确定各个子目标之间的直接关系，生成目标矩阵；③利用目标矩阵求出教学目标，形成关系图。

以上算法的精髓在于对目标矩阵的处理，思路类似于计算机领域中的拓扑排序算法，下面以“不同分母的分数加减”的实例介绍 ISM 分析法的过程：

(1)抽取知识元素，确定教学子目标。

由有经验的教师或该学科的教学专家通过主题分析和技能分析把实现给定教学目标的教学内容分解为众多的知识元素(即“知识点”)。这些知识元素可以是某个概念或原理，也可以是某项技能的基本组成部分。

“不同分母的分数加减”的子目标如表 2-17 所示：

表 2-17 **“不同分母的分数加减”的子目标表**

教学目标 G：“不同分母的分数加减”			
	知识元素(教学子目标)		知识元素(教学子目标)
(1)	分数的概念(理解)	(9)	同分母真分数的加减(掌握)
(2)	真分数(了解)	(10)	同分母分数的加减(掌握)
(3)	分数线(了解)	(11)	约数(了解)
(4)	带分数(了解)	(12)	倍数(了解)
(5)	假分数(了解)	(13)	最大公约数和最小公倍数(了解)
(6)	同分母分数的大小(辨识)	(14)	通分(掌握)
(7)	大小相等的分数(理解)	(15)	约分(掌握)
(8)	约分和通分的概念(理解)	(16)	不同分母分数的加减(掌握)

(2)确定各个子目标之间的直接关系，生成目标矩阵。

这一步同样由有经验的教师或学科教学专家来完成。如果教师认为学生在对目标 G_i 进行学习之前必须先掌握目标 G_j，则称 G_i 与 G_j 之间具有“直接关系”，并称 G_j 为教学目标 G_i 的直接子目标，如图 2-16 所示：

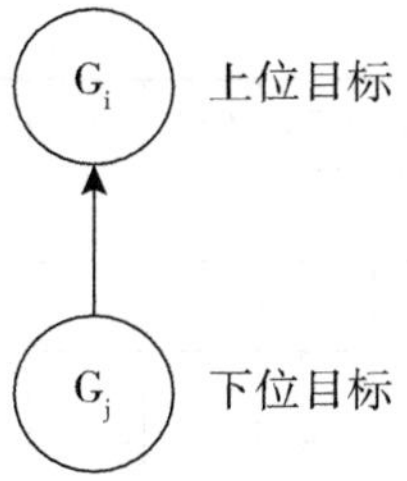

图 2-16 子目标直接关系示意图

根据表 2-17，形成各个子目标之间的直接关系图，如图 2-17 所示：

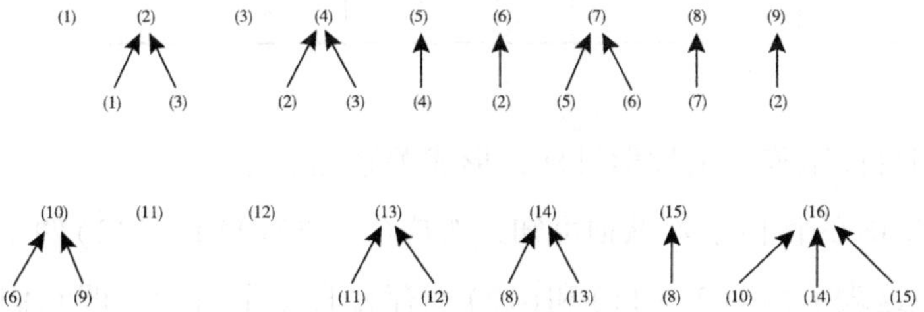

图 2-17 “不同分母的分数加减”的子目标直接关系示意图

基于各个子目标之间的直接关系图，构建目标矩阵，其中横轴表示某级教学目标，纵轴表示各级的直接子目标，令某级目标与其直接子目标的对应位置值为1，得出直接关系矩阵，如表 2-18 所示：

表 2-18 **“不同分母的分数加减”的子目标直接关系矩阵**

	(1)	(2)	(3)	(4)	(5)	(6)	(7)	(8)	(9)	(10)	(11)	(12)	(13)	(14)	(15)	(16)
(1)		1														
(2)				1		1			1							
(3)		1		1												
(4)					1											
(5)							1									
(6)							1			1						
(7)								1								

续表

	(1)	(2)	(3)	(4)	(5)	(6)	(7)	(8)	(9)	(10)	(11)	(12)	(13)	(14)	(15)	(16)
(8)														1	1	
(9)										1						
(10)																1
(11)													1			
(12)													1			
(13)														1		
(14)																1
(15)																1
(16)																

(3)利用目标矩阵求出教学目标，形成关系图。

观察表 2-18 的目标矩阵纵轴可知，对应(1)(3)(11)和(12)四个目标的列均无“1”出现，这表示(1)(3)(11)和(12)不存在直接子目标，即它们处于目标形成关系图的最底层(预备知识)，我们把这类预备知识称作第 1 层目标。

将目标矩阵横轴上(1)(3)(11)和(12)所在行上的“1”全部置为空白，由此可得到剩余目标矩阵，如表 2-19 所示：

表 2-19 **“不同分母的分数加减”的剩余目标矩阵-1**

	(1)	(2)	(3)	(4)	(5)	(6)	(7)	(8)	(9)	(10)	(11)	(12)	(13)	(14)	(15)	(16)
(1)																
(2)				1		1			1							
(3)																
(4)					1											
(5)							1									
(6)							1			1						
(7)								1								
(8)														1	1	
(9)										1						

续表

	(1)	(2)	(3)	(4)	(5)	(6)	(7)	(8)	(9)	(10)	(11)	(12)	(13)	(14)	(15)	(16)
(10)																1
(11)																
(12)																
(13)														1		
(14)																1
(15)																1
(16)																

观察表 2-19 中剩余目标矩阵的纵轴可知，除(1)(3)(11)和(12)以外，目标(2)和(13)所在列也无“1”出现，我们就把(2)和(13)称作第 2 层目标。将纵轴上目标(2)和(13)所在行上的“1”全部置为空白，由此可得到一个新的剩余目标矩阵。

观察这个新的剩余目标矩阵的纵轴可知，除目标(1)(3)(11)(12)以及(2)和(13)以外，目标(4)(6)和(9)所在列也无“1”出现，我们就把(4)(6)和(9)称作第 3 层目标。

如此继续下去，可以得到关于“不同分母的分数加减”的教学目标(内容)层次分类，如表 2-20 所示：

表 2-20　**“不同分母的分数加减”的教学目标层次**

层次	教学目标(内容)
1	(1)(3)(11)(12)
2	(2)(13)
3	(4)(6)(9)
4	(5)(10)
5	(7)
6	(8)
7	(14)(15)
8	(16)(给定的教学目标 G)

其中层次较低的知识点即是前驱知识点，需要先行教授，根据表 2-20 即可得出教学内容的逻辑次序。

不同类型的学习内容适用不同的分析方法，选用的基本框架如图 2-18 所示：

- 学习内容
  - 认知学习
    - 言语信息——归类法、图解法
    - 智力技能——层级、信息加工、图解
    - 认知策略——层级分析法
  - 动作技能学习——层级分析法、信息加工分析法
  - 情感学习——层级分析法、信息加工分析法

图 2-18　不同类型学习内容常用的分析法

通过以上方法，可以得出支持教学目标所需的教学内容及其逻辑顺序。此后，还需要进一步对学习任务分析的结果——已确定的知识与技能及其相互的联系进行评价，删除与实现单元目标无关的部分，补充所需要的内容，对所选内容进行再评价，最终确定要选择和编排的教学内容及次序。

2.3.4 教学内容选择与编排

确定教学内容及其次序后，教学者还需要对教学内容进行选择与编排，使其具有一定的系统性或整体性，更契合教学双方的实际情况，以更好地达到教学目标。

由于教学目标、教学时间、教学资源等因素限制，不是所有的教学内容都需要或适合被选择。

1. 制约教学内容选择的因素

一是逻辑制约因素：前驱知识条件不具备，缺乏学习工具等实质限制。

二是社会制约因素：行业、家庭、社会资源等方面的客观限制。

三是心理制约因素：伦理、学生认知、心理上的限制。比如学生的认知能力是否符合要求、学生的心理是否适合、实验是否符合伦理，等等。

2. 教学内容的编排原则

确定教学内容框架后，在组织教学内容时，可根据以下基本规则做具体安排：

(1)由整体到部分，由一般到个别，不断分化。

如果学习内容是属于类学科课程的，则基本的原理和概念应放在中心地位。根据这个特点，应先陈述学科中最一般、最概括的观念，然后按具体内容不断进行分化，这是因为当人们在接触一个完全不熟悉的知识领域时，只有阐明了理论框架，才能借助这种框架进行分类和系统化。也就是说，在类学科课程中，教学内容编排往往从知识结构中那些具有更大包容性的上层知识或概念入手，再逐步往下层学习。

(2)由已知到未知，由具体到抽象。

在技能类课程中，尤其是职教的项目课程，则应采取由已知到未知、由具体到抽象、由前驱简单技能到上层复杂技能的学习序列，这有助于学习者由浅入深、由易到难逐步掌握。

(3)遵循客观规律或认知规律。

类学科课程一般按照知识或技能发展的客观规律编排，而项目课程主要根据学习者的认知规律来编排内容。如果学习内容是线性的，可以通过向前的、进化的、按年代发展的顺序来编排，这样的组织方式与知识发展的客观规律是相一致的，能够使学习者对知识发展过程有比较全面的认识。而在项目课程中，则可以根据学习者现状，先选择学生最容易接受并掌握的技能点，再到比较难掌握的技能点，这样的编排更符合学习者的认知规律。

(4)注意学习内容之间的横向联系。

在安排学习内容时，不仅要注意知识技能的上下位纵向关系(即前驱关系)，还要适当注意从横向方面加强概念原理、单元课题之间的联系以及各独立单元之间知识、技能、情感的协调衔接，以促进学习者融会贯通地学习。对于相邻的较独立单元，需要增加一些知识或技能的横向联系内容，使学习者的学习记忆较自然地从一个结构迁移到另一个结构，而不会因逻辑割裂导致遗忘或对两个内容记忆混淆。

3. 教学内容的编排方法

在教学内容组织编排的各种主张中较有影响的有以下几种观点：

(1)直线式编排(美国教学设计专家加涅)。

直线式编排是最基础的编排方式。根据学习内容的繁简水平不同，加涅把学习分为六类：连锁学习、辨别学习、具体概念学习、定义概念学习、规则学习和解决问题学习。这六类学习依次按“简单—复杂”这一维度组成一个层级系统，每一高层次的学习必须以低层次的学习为基础。

加涅在对学习结果进行分类的基础上，提出了智慧技能的分层分析方法。他认为，可以将智慧技能划分为更加简单的成分，每划分一次就可以形成一个学习层次。然后，按照从简单到复杂、从部分到整体的顺序进行教学。整个序列的顺序是“自下而上”，首先教授在序列底部最初层次的部分，接下来是较复杂的部分。换句话说，每一个简单的部分都是复杂部分的先决条件，复杂部分的教学都是以简单的教学为基础的。

(2)螺旋式编排(美国心理学家布鲁纳)。

美国教育心理学家杰罗姆・布鲁纳(Jerome・S. Bruner)认为任何学科都有内在的规律性，理解了学科的基本结构会给学习带来非常大的帮助，课程编制者就要寻找到这种规律，并且按照一定的形式来编制课程。布鲁纳提出，儿童的认知是由三个阶段构成的：动作掌握阶段、映象掌握阶段、符号掌握阶段。如果一个概念对于学习者十分重要且必须掌握，那这个概念可以在认知的三个水平阶段尽可能介绍给学习者，而且这个概念随着认知的发展也在逐渐深化。布鲁纳认为，对于某些学科领域中非常重要的知识，应该让学生尽早开始接触，并且多番学习，随年龄增长和智力发展不断加深内容。

传统课程的编排形式除了直线式编排，还有同心圆式编排。布鲁纳所说的螺旋式课程则是两者的结合(见图2-19)，其相比于以前的直线式课程和同心圆式课程，更有利于学生对知识的掌握。它既保留了直线式课程的后一内容比前一内容深入、分化的逻辑次序，又体现了同心圆式课程一波又一波、一圈又一圈扩散的组织方式，使教学内容既有深度又有广度。当我们第一次学习某个知识点时，可能只是学到了其中的很少一部分，甚至对这个知识点还有一些曲解，但当我们第二次、第三次地学习这个知识点时，可能会感觉豁然开朗，所以这种反复回到基础的“螺旋式”课程不仅更有利于我们了解、掌握知识，而且体现了从观察到推理、从简单到复杂的教学原则，适合于教原理性的内容。

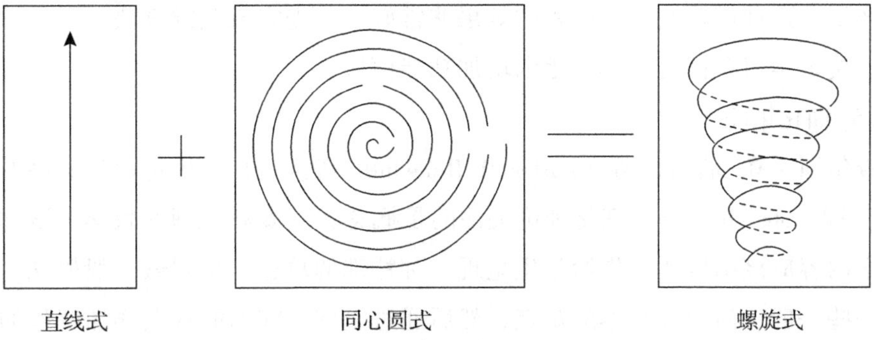

图 2-19　直线式、同心圆式、螺旋式编排的关系

(3)逐渐分化和综合贯通式编排(美国心理学家奥苏贝尔)。

逐渐分化是指将该学科的最一般和最概括的观念首先呈现，然后按细节和具体性逐渐分化；综合贯通是强调学科的整体性，包括将教材内容按纵向序列的形式和横向系列的形式组织起来，强调学习新内容之前必须掌握刚学过的内容，确保前面出现的内容能为后面的内容提供准备和奠定基础。

戴维·奥苏贝尔根据他的同化学习理论提出，学习者的认知结构是分层次组织的，且高层次的、包容性的概念包含了低层次的、较少包容性的次级概念。另外，如前面章节所述，奥苏贝尔还在他的教学理论中提出了先行组织者的概念，就是教师在教授内容前提供引导材料，学生利用这个材料“脚手架”去定锚并同化新知识，这材料就是先行组织者。

根据奥苏贝尔的学习和教学理论，教学应该是一个从一般到具体的序列，并以抽象性、概括性、包容性更强的概念为先导，将其作为下一级细节性和具体性概念的先行组织者；而下一级的概念又成为其他更低水平概念的先行组织者。如此下去，直到达到预期的细节水平。

(4)最短路径序列。

序列策略是由戴维·梅瑞尔(David Merrill)等人提出的，它借鉴了计算机程序编制和信号管理的基本思想，采用路径分析的方法，确定一个程序中所有可能的学习路径。路径分析方法也是一种由简到繁的序列，在这类序列中，首先可教授构成最短路径的运算过程，其余部分由越来越长的路径所构成，即在每种路径中的运算步骤都越来越长。因此，随着教学过程的进行，序列和规则变得更加复杂和详尽。这种策略在项目课程中效果非常好——先完成关键算法，激发学习者热情，奠定学习者信心，然后逐渐增加功能模块。

(5)细化策略。

查尔斯·M. 瑞格鲁斯(Charles M. Reigeluth)等人提出了确定教学顺序的细化理论(Elaborate Theory)。细化理论关注的是概念、步骤和原理的教学。该理论主张教学内容应该结构化，先给学生呈现一种特殊的总述，也叫做一般概念，其中包含一些一般、简单和基本的观点，然后通过呈现对前面的观点详加解释的方式来进行教学。

细化理论对于不同类型的内容提出了不同的具体编列方法，但都遵循由简到繁的原则，类似变焦镜头视角，先给出框架，再逐步细化功能，同样在项目课程中有很好的应用效果。

(6)正向链/反向链编列。

许多课程可采取链式编列方式，分为正向链与反向链两种不同的策略。正向链过程应该是后面步骤依赖于前面步骤的完成，一般适合于实验技能训练。与此相反，按反向链的编列方法，要求学生先练习离目标最近的步骤，然后练习倒数第二步、第三步，以此类推，直到掌握全部步骤，属于发现法的学习路径。以教小孩系鞋带为例，用正向链方法练习的效果往往不理想，于是改用反向链方法，让大人先做完系鞋带的大多数步骤，只留下最后一个步骤让孩子去做；待这步掌握后，再按倒序的方法一步步地教，直到孩子最后掌握。许多飞机驾驶训练项目用反向链方法练习的效果比正向链方法好，某些数学解题技能的训练也可用反向链方法。

在各单元目标确定以后，为保证所选择的学习内容与学习需要相符合，教学设计者应重视对学习内容的选择与编排进行评价(结合学情与教学目标综合检查教学内容)：①所选择的学习内容是否为实现课程目标所必需，还需补充什么？哪些内容与目标无关，应该删除？②各单元的顺序排列与本学科逻辑结构的关系如何？在这种关系的处理上体现了什么样的学习理论或教学理论？③各单元的顺序排列是否符合学生的心理发展规律？④各单元的顺序排列是否符合教学或培训的实际情况？⑤学习者已掌握了哪些内容？教学(培训)从哪里开始？

2.4 教学目标设计

教学目标是指在一定的教育教学活动中，对学生获得发展的预期，是对学习者经过学习后应该表现出来的可见行为的具体的、明确的表述。

教学目标与教学活动对应，教学活动有层次，教学目标也有层次，一般分为四个层次。第一层是课程目标，是把握学科教学发展总趋势和总方向的概括性总体要求，课程目标以下逐层分解为模块教学目标、单元教学目标和课时教学目标，这四层教学目标共同构成学科教学目标的完整体系。

教学目标是教学活动的出发点和最终归宿，是全面、具体和可测量的，为教师进行教材分析、课时确定、教学活动设计和实施提供了科学依据。教学目标可以帮助教师修正教学过程，还可以让学习者了解预期学习成果，提升认知内驱力、自我提高内驱力和附属内驱力，从而激发学习动机。

2.4.1 教学目标确立依据

教学设计者制定教学目标需要有所依据，明确教学目标的制定依据是设计好教学目标的前提。在教学活动中，由教师设计的教学目标主要是课时教学目标，制定课时教学目标主要依据三方面的内容：课程标准、教材和学习者特征。

1. 课程标准的内容要求、学业要求和质量标准

课程标准是规范和衡量课程计划、目标、内容等课程要素的准则和尺度。基于课程标准制定教学目标是教学设计的要求，也是切实把握时代教育的方向、有效促进师生发展的有效途径。教学设计者在制定教学目标时需要深刻理解课程标准，清晰地认识课程标准的内涵和特点，在此基础上，对课程标准进行解构，把握课程标准对学生的总体期望，将课程标准逐层具体化为模块教学目标、单元教学目标和课时教学目标。

职业教育课程方案与课程标准一般由教育部职业教育与成人教育司给出指导，具体如图 2-20 所示：

图 2-20 职业教育国家教学标准体系

以中等职业学校的计算机应用专业为例，其课程结构如图 2-21 所示。

同时，职教司给出了相应的教学大纲，如《中等职业学校计算机应用基础教学大纲》对该课程的性质与任务、课程教学目标、教学内容结构、教学内容与要求、教学实施、考核与评价都做出了清晰明确的规定。对于专业课程标准，各省教育厅或相关行业部门也会组织专家制定课程标准。因此，教学目标的设计需要遵从总体指导框架，不能与之冲突。

2. 教材和教师用书

教材是课堂教学时使用的主要教学资源，教师进行教学目标设计时可以依据教材内容以及教材各章节已经设计好的教学目标进行调整。由于实际的教学环境和情况与教材编写者所设想的并不完全一致，因此对于教材列出的各类目标，授课教师不能盲目地完全采用。依据教材内容调整教学目标时，教师首先要分析本

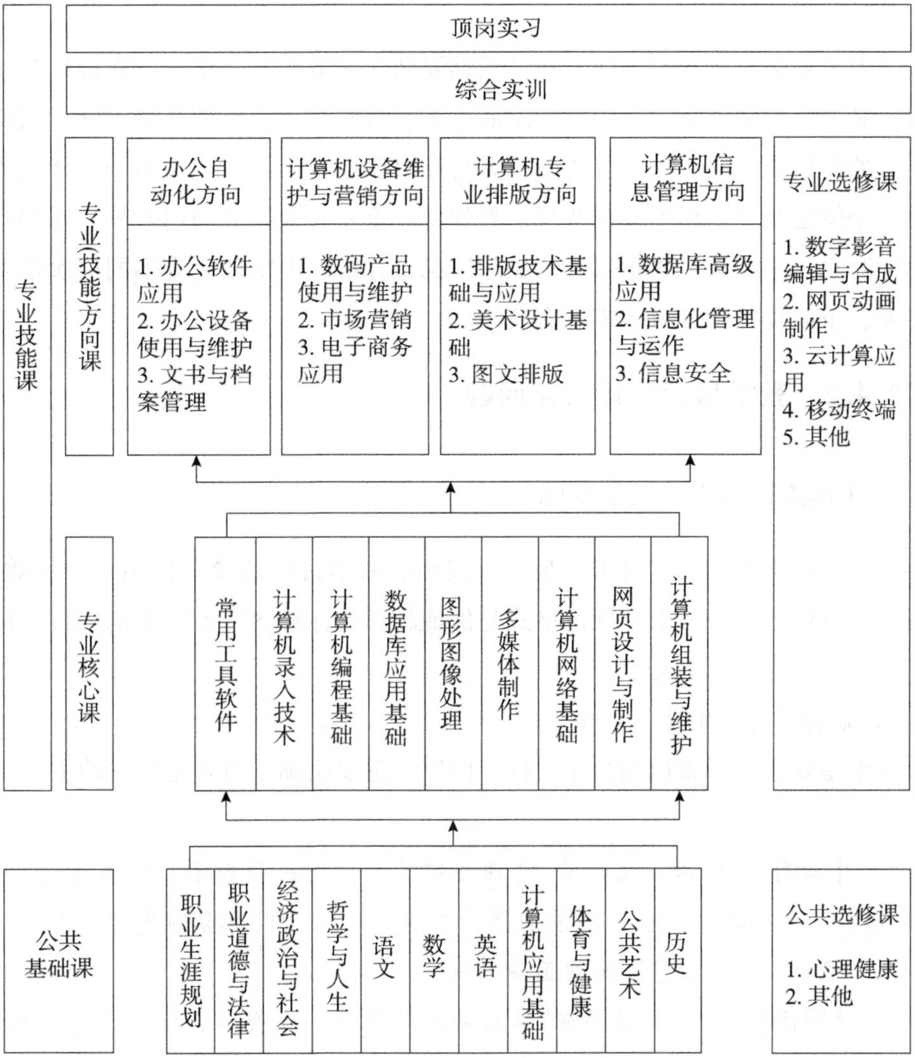

图 2-21　中等职业学校计算机应用专业课程结构

专业独特的育人价值，在此基础上对教学目标进行整体规划和设计，其次要根据学校育人目标对教学目标做调整，此外还需要考虑教研组的统一要求、学校资源限制以及自身教学理念等因素。

3. 学习者特征

学习者是学习活动的主体，教学活动要从学习者的实际出发。在设计教学目标时，必须要考虑到学习者的心智发展水平、情感需求、兴趣爱好、学习风格以及已有的知识技能储备。在分析学习者特征时要注意学习者是由不同个体构成的群体，个体之间的差异不能被忽视。教师要尊重差异并能够利用差异，在编写教学目标时立足于绝大多数学习者的实际情况，并最大限度地适应不同层次学习者的需要，争取让每个学习者都学有所成。

2.4.2 教学目标设计常见问题

1. 正确陈述和表达教学目标

教学目标陈述和表达是否清晰，直接影响教学目标的导向作用和教学效果。遵守教学目标的编写要求和规范格式是保证教学目标陈述清晰明了的前提。编写教学目标的规范有如下几点：

(1)确保学习者的主体地位。

教学是要让学习者达到某个目标，所以一定要明确学习者是学习的主体。

【案例】《C语言程序设计》课程中某节课的一项教学目标表述为“能够使用C语言编制系统”，这里虽然没有说明主体，但隐含的学习者为主体的意义很清晰，是教学目标的正确表达。

【案例】《信息及其特征》课程中某节课的一项教学目标表述为“培养学生从日常生活、学习中发现或归纳出新知识的能力”，这是从教师角度表述教学目标，忽视了学习者的主体地位，是不适当的陈述与表达。

(2)陈述和表达简洁明确。

使用正确的行为动词和程度词精准表达学习目标和掌握水平。

(3)根据特定的教学任务和情景需要灵活表述目标。

很多情况下，单独靠行为动词和程度词不能清晰完整地表述目标，此时可以附加一些描述学习情境、时间、空间和工具的限定条件表达。

2. 区分输入型教学目标和输出型教学目标

所谓的输入型能力观指的就是基于个人心理的一些知识、技能、素质等，本质是能力形成的条件，如“熟悉办公软件”“具有一定的数据分析能力”等。从输入型能力观的角度来表达教学目标往往指向不明显，不清晰。

输出型能力观是基于结果导向，说明工作角色的具体能力本身，如“能制作客户信息列表并填写各基本数据”“能整理分析投诉处理等反馈表并将其可视化”等。从输出型能力观的角度来表达教学目标是比较合适的。

3. 区分教学过程与教学目标

【案例】 以下几种是教学过程，并非教学目标：

(1)让学生谈一谈自己对电脑的认识，了解他们的水平基础；

(2)通过举例，与学生一起讨论信息时代的新特点；

(3)与学生一起讨论信息的特征；

(4)与学生一起体验信息交流。

在描述教学目标时，切勿与教学过程混淆。

2.4.3 三维教学目标设计

一个好的教学目标结构需要表达三个方面的信息：第一是内容要求，即学什么，具体表现为对知识、方法、能力、态度或素养的要求。第二是层次要求，即学到什么程度，比如学习三角函数，对初中生与高中生要求的掌握程度是不一样的。具体包括政治水平的要求、能力任务的要求、素养水平的要求、质量标准等级等。第三是教学途径的要求，即通过什么来学，包括通过什么样的教学方式、什么样的活动形式来达到教学目标。

在教学目标设计实践中，常采用三维教学目标模型。这一模型的理论基础源自美国芝加哥大学教授本杰明·布卢姆(Benjamin Bloom)于1956年出版的《教学目标分类》，该著作详细地论述了他对于教学目标分类中的认知领域教学目标。

随后，在布卢姆本人和他的学生以及众多赞同其思想的其他专家的共同努力下，形成了相对完整的教学目标分类体系，成为“布卢姆教学目标分类学”。这种分类方法将教学目标分为三类：认知领域、技能领域、情感领域。

三维教学目标的表达应该符合行为目标描述句式，简称ABCD目标陈述法，是由阿姆斯特朗和塞维吉提出来的一种教学目标陈述技术。ABCD目标陈述法包括以下四个因素：①对象(Audience)：阐明教学对象(可隐藏)；②行为(Behavior)：说明通过学习以后，学习者能做什么(行为的变化)；③条件(Condition)：说明上述行为在什么条件下产生；④标准(Degree)：规定达到上述行为的最低标准(即达到所要求行为的程度)。

【案例】 教学目标是“每一个学生都将能够对单元测验的阅读材料中给出的10个项目中的8个下定义”，在这个目标中，A(听众)指“每一个学生”，B(行为)指“能够下定义”，C(条件)指“在单元测验的阅读材料中”，D(水平)指“10个项目中的8个或80%”。

表2-21 **信息技术课程常用行为动词及对应的学习目标和掌握水平**

		各水平的要求	内容标准中使用的行为动词
知识性目标	低↓高	了解水平 再认或回忆事实性知识；识别、辨认事实或证据；列举属于某一概念的例子；描述对象的基本特征等	描述、列举、列出、了解、熟悉
		理解水平 把握事物之间的内在逻辑联系；在新旧知识之间建立联系；进行解释、推断、区分、扩展；提供证据；收集、整理信息等	解释、比较、检索、知道、识别、理解、调查
		迁移应用水平 归纳、总结规律和原理；将学到的概念、原理和方法应用到新的问题情境中；建立不同情境之间的合理联系等	分析、设计、制订、评价、探讨、总结、研究、选用、选择、学会、画出、适应、自学、发现、归纳、确定、判断

续表

		各水平的要求	内容标准中使用的行为动词
技能性目标	低 ↓ 高	模仿水平 在原型示范和他人指导下完成操作	尝试、模仿、访问、解剖、使用、运行、演示、调试
		独立操作水平 独立完成操作；在评价和鉴别基础上的调整与改进；与已有技能建立联系等	获取、加工、管理、表达、发布、交流、运用、使用、制作、操作、搭建、安装、开发、实现
		熟练操作水平 根据需要评价、选择并熟练操作技术和工具	熟练操作、熟练使用、有效使用、合乎规范地使用、创作
情感性目标	低 ↓ 高	经历(感受)水平 从事并经历一项活动的全过程，获得感性认识	亲历、体验、感受、交流、讨论、观察、(实地)考察、参观
		反应(认同)水平 在经历基础上获得并表达感受、态度和价值判断；做出相应的反应等	关注、借鉴、欣赏
		领悟(内化)水平 建立稳定的态度、一贯的行为习惯和个性化的价值观等	形成、养成、确立、树立、构建、增强、提升、保持

用 ABCD 目标陈述法陈述教学目标时，这四个因素的前后顺序并不重要，重要的是在一个教学目标中这四个因素要同时具备，其中对于行为动词和程度词的使用要简洁精准，表 2-21 为信息技术课程常使用的行为动词及对应的学习目标和掌握水平。除了该表，信息技术还有很多独有名词，如编写、测试等，规范的行为动词一般是在行业技术文档中广泛使用的。

【案例】 下面介绍一个使用 ABCD 目标陈述法对《计算机应用基础》课程的某章节教学重难点进行优化的例子：

1. 原表述

(1)教学重点。

- 体验通过编程实现计算机加工信息的整个过程；
- 知道利用计算机解决问题的步骤和基本思想方法；
- 能描述计算机信息加工的内在机制。

(2)教学难点

- 能解释人的思维在计算机工作中发挥的作用；
- 能用算法描述实际问题。

2. 使用 ABCD 目标陈述法修改后更简洁精确的表述

(1)教学重点。

- 编程实现计算机加工信息的整个过程；
- 知道利用计算机解决问题的步骤和基本思想方法；
- 描述计算机信息加工的内在机制。

(2)教学难点

- 能解释人的思维在计算机工作中发挥的作用；
- 用算法描述实际问题。

下面对认知领域、技能领域、情感领域三类教学目标分别进行介绍。

1. 认知领域目标设计

(1)认知领域目标分类。

布卢姆把认知领域的教学目标分为六级，从低级到高级分别是知道、领会、运用、分析、综合、评价，后五个层次属于理智能力和智慧技能，下面以数据结构中二叉树的相关知识为例逐一解读信息技术学科中这六个层次的知识目标。

第一，“知道”涉及的目标包括学科基本知识、术语概念、方法原则、理论标准等，这一层次的内容主要需要学习者加以理解记忆，属于认知水平较低的学习结果。例如“说出二叉树的基本特征”，需要学习者在理解的基础上进行记忆，并用言语进行表达。

第二，“领会”是指学习者能够把握材料的意义，需要学习者将知识层次的内容加以转换、解释和推断。这一层次不再是对内容的单纯记忆，而是理解的较低层次。例如“指出某二叉树中的叶子节点”，需要学习者在识记“叶子节点”这一概念的基础上准确找出叶子节点，推断的过程蕴含在其中。

第三，“运用”是指学习者能将习得的知识应用于新的具体情境，它是较高层次的理解。例如“推测出二叉树的第 N 层结点的最大个数”这个命题中的要求显然较领会层次中的例子难度要大，学习者首先要明确“第 N 层结点”的概念，还需要清楚“第 N 层结点的最大个数”的计算公式，并能够计算正确。

第四，“分析”是指学习者能够将所学知识进行解构并理解每个组成部分，需要学习者既能理解知识内容又能理解知识结构，是比“运用”更高层次的智能水平。例如“推测二叉树中度为 2 的结点个数与度为 0 的结点个数的关系”，这个例子是在学习者能够完成上一例子的基础上提出的更高级要求。

第五，“综合”是指学习者能将所学知识的部分组成新的整体，学习者需要有创造能力来构造新的结构，能将所学综合运用。例如“求二叉树总结点个数：某二叉树中度为 1 的结点个数为 5，度为 2 的结点个数为 4”，该例子将二叉树中的多个知识点合并考察，学习者需要将所学的知识点进行综合运用才能解决问题。

第六，“评价”是指学习者能够根据标准对材料做出价值判断，这是最高水平知识学习的结果。

上述认知领域目标体现出非常明显的层次性，比如领会的先决条件是知道。在设计知识目标时需要额外注意这一特点。

(2)认知领域目标设计步骤。

第一步：分析学习者特征。认知领域教学目标设计应适合学习者的年龄和认知特点。学习者的认知水平涉及其在知觉、记忆、思维、语言等多种功能方面的发展变化。要在清楚学习者的现有认知发展水平的基础上制定教学目标。

第二步：依据课程标准编写小范围目标。设计时应在单元教学目标和课时教学目标的层次上聚焦。

第三步：确定认知目标的水平和行为。教师要预判学习者在学习活动之后应该达到的程度，体现在达到的新水平和行为两方面。

第四步：清晰陈述知识目标。对于知识目标的陈述和表达要符合规范。

(3)认知领域目标设计应注意的问题。

一是不局限于教材。信息技术发展很快，教材往往滞后，因此在设计时不能盲目追随教材的认知目标，应在分析教材内容、了解学生情况、跟进技术动态和结合教学经验的基础上，对认知目标进行扩展或改进。

二是注意突出知识的重难点。要求学习者掌握基础性知识，如将概念、原理等作为教学内容的重点，通常体现为认知目标的前四个层次：知道、领会、运用、分析。而教学难点则常体现为较高层次的认知目标。例如程序设计课程中的“循环结构语句”，教学重点是“掌握选择结构程序设计的格式”，而教学难点应是更高级的认知目标“学会运用选择语句编写简单的程序”。

三是关注知识目标的顺序性和层次性。知道、领会、运用、分析、综合、评价这六个层次是从简单到复杂，循序渐进的，不能跳过低级目标直接进行高级目标的教学活动。

四是区分“知识”与教学内容的差别。教学内容不等于知识，如《计算机网络》教学中，知识点包括计算机网络的分类、组成、功能等基本概念，教师为了使学习者更深刻地理解这些概念，会在教学活动中列举出若干实例。此时教学目标只需表述为“掌握计算机网络的组成与分类”，不应该包括相关实例。

2. 动作技能领域目标设计

(1)动作技能领域目标分类。

辛普森(E·J. Simpson)于1966年提出动作技能的层次结构，包括知觉、准备状态、引导的反应、机械练习、复杂的反应、创造。下面以机器人实验教学为例逐一介绍这六个层次的动作技能目标。

“知觉”是指学习者对所处环境和刺激做出的观察和反应。例如学习者来到机器人教学实验室，对于实验设备所做出的观察和感知。

“准备状态”是指学习者为某一动作所做的准备，包括心理、身体和情绪三方面。例如学习者在观摩教师进行电路原件连接操作时，会在心理、身体和情绪三方面为自己稍后的实践做准备。

“引导的反应”是指学习者在教师的指导下表现出来的外显行为，还有学习者根据自我评价表现出的行为，包括模仿和尝试。例如学习者在模仿教师操作的基础上，尝试完成稍复杂的实验设备连接。

“机械练习”是指学习者由反复练习所养成的习惯和动作。例如学习者反复练习正确连接电源和电路原件的正负极。

“复杂的反应”是指学习者表现出的复杂的动作和行为。例如学习者完成完整的机器人原件组装实验操作，包括原件检验、原件连接、通电、拆卸等。

“创造”是指学习者能创造新的动作和行为。

(2)动作技能领域目标设计步骤与应注意的问题。

动作技能领域的教学目标设计步骤和认知领域相似，首先，设计者要了解学习者原有的技能水平；其次，确定动作技能目标的水平和行为；最后依据教学目标陈述规范简要清晰地表述出动作技能教学目标。

设计动作技能领域目标需要注意的问题包括：

一是建立差异技能目标。技能目标需有层次差异性，以实现因材施教，提升教学质量。例如建立集体目标和具有层次的个人目标，集体目标是教学大纲要求达到的基本目标，全体学习者都应当达到；个人目标是在集体目标的基础上，根据学习者个体原有的知识基础、兴趣、能力等因素而确定的技能目标。这样的差异目标体系使每一个学习者都能不断地由现有水平发展到“最近发展区”，都能在自己的努力下获得成功的情感体验。以 Word 软件操作实践教学为例，教师可设计“制作一张某主题海报”的集体技能目标，并在此基础上设计“能够围绕某主题制作一组电子小报”的较高层次的个人技能目标。

二是动作技能目标与认知目标不能割裂。应确保动作技能目标得到认知目标的支撑。

3. 情感领域目标设计

(1)情感领域目标分类。

克拉斯沃尔(Krathwohl, D. R.)等人于 1964 年提出情感教学目标分类，包括接受或注意、反应、价值判断、价值组织和价值个性化。下面以学习上网为例介绍相关层次目标。

“接受或注意”是指学习者感受到某些现象和刺激，留心并且注意这些现象，愿意接受它们。例如学习者在了解和观察之后接受上网检索信息。

“反应”是指学习者积极地回应刺激，是主动的注意，隐含着学习者自愿的态度并能够使其从中得到满足。例如学习者在作为消遣娱乐的上网活动中得到满足。

“价值判断”是指学习者感受到事物和现象是有价值的，因而对其价值采取重视的态度。例如学习者认识到用互联网进行学习活动的价值并主动上网学习。

“价值组织”是指学习者将价值内化。当对某事物评判的多种价值形成了一个价值体系时，学习者需要确定各种价值间的关系并明确其中的主导价值。例如学习者明确健康上网的规范并自觉遵守。

“价值个性化”是指各种价值的地位在学习者内在价值体系的层次结构中已经固定，长期控制学习者的行为并使其形成稳定的性格特征。

(2)情感领域目标设计步骤与应注意的问题。

设计信息技术学科情感领域教学目标的一般步骤如下：

第一步：依据教学内容和情感领域总体教学目标挖掘情感教育因素。教师钻研教材和扩展教学内容，分析每个章节教学内容的基础知识、需要使用的工具软件以及其使用方法等。在此基础上，把握知识、工具、方法、活动等要素中蕴含的情感教育因素。

第二步，确定情感教学目标的水平和层次。情感目标内容找出来后，需要确定各情感目标达到的水平和层次以及用何种动词表述。

第三步，依据教学目标陈述规范简要清晰地表述出情感教学目标。

以信息技术课程为例，信息技术学科教学中的情感教育因素并不如人文学科那样明显，关键在于设计者要先深刻理解情感与价值观的内涵。情感不仅指学习兴趣、学习责任，还包括学习者对科学、生活和人生的态度；价值观不只是个人的价值，还包括社会的价值、科学的价值、自然的价值和人类的价值等。因此，信息技术课程可以重点挖掘学科要求的相关态度、精神与价值观，如求真务实严谨的态度，合作的精神意识，虚心求教的态度等。信息技术课程教学包含的价值观，既是个体价值与社会价值的统一，也是自然科学价值与人文价值的统一。

课 后 习 题

一、单项选择题

1. 对于教学内容的分析方法，以下说法错误的是(　　)。

A. 归类分析法只适用于知识类课程

B. 思维导图也属于一种归类分析法

C. 逆向倒推学生应掌握的基础技能时可使用层级分析法

D. 使用解释结构模型法需要设计目标矩阵

2. 关于教学目标的设计，以下说法正确的是(　　)。

A. 学习主体是学生和教师

B. 输入型教学目标基于结果导向

C. 三维教学目标模型是常用的教学目标结构

D. 识记和领会属于高层次知识目标

二、论述题

游戏化学习模式在教育中的运用越来越广泛，游戏化学习模式能够快速地吸引学生，使学生能够更有效地学习。请使用 ARCS 动机模型，简析游戏化学习模式背后的理论支撑和具体作用。

三、实践任务题

将学员分组(6—8 人一组)，以中职学校教研室教师团队的角色，使用本章所介绍的量表，对学生开展学习风格分析。

要求：

(1)测试对象要有一定规模(>20 人)；

(2)汇报时长：10—15 分钟/组；

(3)汇报结束后需提交相关记录/文档。

参考文献

[1]Harless, J. H.. An Analysis of Front-end Analysis [J]. Improving Human Performance: A Research Quarterly, 1973, 02(04): 229-244.

[2]陈梅芳，朱丹．学习风格研究概况及其在护理领域的应用[J]．护理研究，2009，23(001)：8-10.

[3]刘海燕．学习类型的理论研究简介[J]．心理学动态，1998(02)：65-66.

[4][英]R. 赖丁，S. 雷纳. 认知风格与学习策略：理解学习和行为中的风格差异[M]. 庞维国，译. 上海：华东师范大学出版社，2003.

[5]杨韶刚，吴慧红．确定问题测验与道德评价研究——科尔伯格理论的最新发展[J]．当代教育科学，2003(17)：10-13.

[6]问卷星. 所罗门学习风格量表[EB/OL]. https://www.wjx.cn/jq/31057918.aspx.

[7]田密娟．浅谈ARCS动机模型在物理教学中的应用[J]．物理教师，2008，29(008)：1.

[8]韩丽艳，安立奎，王秀敏．层次分析方法在信息技术教育内容设置上的研究[J]．中国现代教育装备，2008(02)：142-143.

[9]Hendricks C. B.. The Process of Education (Bruner, Jerome) [J]. Journal of Chemical Education, 1961, 38(04): 23-36.

[10]何克抗. 教学系统设计[M]. 北京：北京师范大学出版社，2002.

第3章　教学过程设计

教学过程设计的核心内容是形成有效教学过程的步骤和操作方法，教学环节设计、教学线索设计是其重要内容。一次成功的课堂教学活动，其教学设计的所有教学环节都必须为教学目标服务；确定核心教学环节之后，还要考虑环节内部的活动逻辑顺序，良好的教学过程线索设计，能够显著增强教学效果和学习效果。

本章将对教学环节设计和教学过程线索设计展开介绍。

3.1　教学环节设计

在教育史上，J. F. 赫尔巴特(Johann Friedrich Herbart)提出的四阶段教学过程模型是最早的教学过程模型。四阶段分别是：①明了：给学生明确地讲授新知识；②联想：新知识要与旧知识形成联系；③系统：形成概括和结论；④方法：把所学知识用于实际。

赫尔巴特认为上述这四阶段决定着各种课堂活动的顺序。后来，其学生在此模型基础上改进为"赫尔巴特五阶段教学模型(预备—提示—比较—概况—应用)"。赫尔巴特五阶段教学模型一度成为欧美教学实践中的标准格式。

我国在吸收了伊·安·凯洛夫(N. A. Kaiipob)的教学论思想以及结合自身教学实践经验的基础上，形成了教学的五个基本步骤，这五个步骤对我国的教学理论和实践都产生了深远的影响：

一是组织教学。目的在于促使学生对上课做好心理准备，集中注意，积极自觉进入学习情境。

二是检查复习。温故而知新，目的在于复习已学知识，检查学习质量，弥补知识上的缺陷，为接受新知识做好准备。

三是讲授新课。目的在于使学生在已有知识的基础上掌握新知识。这符合建构主义学习理论所主张的“学习是引导学生从原有经验出发，生长(建构)起新的经验”。

四是巩固知识。目的在于检查学生对新知识的掌握情况，并及时解决存在的问题，使学生巩固和消化所学的新内容。

五是布置作业。目的在于培养学生应用知识分析问题、解决问题的能力和自主学习能力。

随后，邵瑞珍、皮连生等学者又提出了“六步三阶段教学模型”，这六步分别是：①引起注意与告知目标；②提示学生回忆原有知识；③呈现有组织的信息；④阐明新旧知识的关系，促进理解；⑤引出学生的反应，提供反馈与纠正；⑥提供技能应用的情境，促进迁移。

步骤1—4为学与教的第一阶段，步骤5为第二阶段，步骤6为第三阶段。一个完整的教学过程必须具备“六步三阶段”，缺少任何一步都将会导致学习不能持久保持。

随着实践发展，信息技术学科逐渐形成符合学科特点的主流五段教学模式：新课导入—新授教学—巩固训练—总结强化—作业拓展。此教学模式更符合信息技术学科教学的实际。下面结合实例简要介绍该模式的各个环节。

3.1.1 新课导入设计及案例

课堂教学的导入环节，是指教师在上课之初为使学生尽快适应新的教学活动而进行的一定的教学组织引导工作过程。

俗话说：“好的开始就是成功的一半。”导入新课是课堂教学活动的第一步，能够有效吸引学生的注意力，激发学生的学习兴趣与动机。教育家瓦·阿·苏霍姆林斯基(B. A. Cyxomjnhcknn)曾说过：“教师如果不想方设法使学生产生高昂的情绪，达到智力振奋的内心状态，就急于传授知识，那么这种知识只能使人产生冷漠的态度，而给不动感情的脑力劳动带来疲劳。”因此，精彩的新课导入可以起到安定学习情绪、吸引学生注意、激发学习兴趣、沟通师生情感、明确教学目的、启迪学生思维和确定全课基调的作用。

课堂教学是目的性很强的活动，导入环节起着引课的作用，因此时间不宜过长。导课方式应遵从启发性、趣味性原则，要依据教学的任务和内容、学生的年龄特征和心理需求来灵活运用。为有效提高课堂教学效果，导入环节主要采用创设情境、巧设悬疑、温故知新等多种方式设计，下面介绍几种信息技术学科常用的新课导入方法。

1. 直接引入法

这种方法又称“开门见山法”。在上课开始时，教师就直接明了地点明本节课要讲述的课题，明确学习目标，进而开始新课的讲授。

【案例】 如在《新媒体运营》课上，讲课课题是“今日‘头条内容’的推荐机制”，教师可以这样导入：“同学们，今天我们一起来学习‘今日头条’内容的推荐机制，同学们要掌握‘今日头条’内容推荐的原理，从而在头条号上获得高的推荐量。”

直接引入法使用简单，但是导入效果一般，因为学生对所提出的新课题是陌生的，所以会感到茫然，不能集中注意力，缺乏学习的动机。如果使用此法导入，会使学生感到枯燥乏味，不会产生兴趣。因此，非在不得已的情况下，不建议采用此法。

2. 问题引入法

提问法是激发学生思维的一种有效方法。思维永远是从问题开始的，问题也会产生悬念，使学生不断思索，寻求解决问题的方法。问题引入法就是教师针对所要讲述的内容，根据学生的认知水平，提出形式多样、富有启发性的问题让学生思考，通过对问题的分析、解答或造成的悬念来引入新课。教师还可以通过课前与学生随意交谈，让学生在不知不觉中进入课堂情境，亦可利用教材中的插图或标题，精心设计问题，启发学生思维，或者利用社会热点、焦点问题，让学生讨论、思考，使其增强参与意识，进而进入课堂学习。

问题引入法用比较积极的形式提出了与所要学习课题有关的问题，点出了学习的重点，明确了学习的目标，而且往往可通过问题的提出造成悬念，从而使学生的思维指向更为集中，积极地期待着问题的解决。这种引入法能强烈地吸引学生的注意，比直接引入法的效果要好得多。

【案例】下面通过《搜索引擎工作原理》课程概论章节的教学设计，来分析问题引入法在信息技术教学中的应用，具体如下：

(1)教师提问，引导学生。

教师："搜索引擎的工作原理和工厂的运行机制是十分相似的，你能找到它们的对应关系吗？"同时用PPT呈现表格(见表3-1)。

表3-1　**搜索引擎与工厂的运行架构对比**

搜索引擎结构	工厂结构
服务器	采购员
爬虫程序	加工工人
用户接口程序	厂房
索引数据库	产品仓库
网页索引编辑程序	订单处理员
检索程序	订单接收及送货员

(2)教师进一步引导，学生完成任务。

教师："在工厂，采购员首先将材料采购进来，放入厂房。然后加工工人将厂房中的材料进行加工，形成产品，存入产品仓库。订单处理员负责对订单进行接收处理。而在搜索引擎的工作过程中也有一股信息流在流动，你能比较一下，再将双方的运行架构做一个连线配对吗？"

学生：通过教师的提示，完成两者之间的连线配对。

(3)教师与学生进一步互动。

教师："同学们已经将题目完成。现在我请同学们说说搜索引擎的工作原理。"

学生："将机器人程序存入电脑中，然后通过网页索引编辑程序，对机器人程序进行加工，形成索引程序，放入索引数据库中。用户检索程序，通过用户接口程序将数据库中的程序发送给用户。"

(4)教师引入本节课的主题。

教师："同学们回答得不错。具体搜索引擎是怎样完成的呢？这就是我们今天所要学习的内容。"

这个例子是典型的巧设悬疑法导入，教师将搜索引擎的工作原理与工厂的运行机制相关联，对其中的各个环节进行类比，让学生将学习内容与其已有知识联系起来，进而缩短新旧知识的距离，减少学习的难度。问题引入法的关键是教师抛出的问题要在学生的学习能力范围内，不能将问题设置得太难，以免学生产生畏难情绪，进而失去学习动力；问题也不宜设置得太简单，否则学生会轻松解决问题，产生骄傲情绪。因此，使用问题引入法需要教师对学生的能力进行认真分析。

3. 温故知新法

这也是传统的导入法，常用于技能类课程或知识结构严密课程的导入，它利用教材知识结构循序渐进的逻辑关系，在学生复习旧知识的基础上引出新知识，以加强知识结构的纵横联系。

巴甫洛夫(Ivan Petrovich Pavlov)指出："任何一个新问题的解决都是利用学习者原有经验中已有的旧工具实现的。"也就是说各种新知识都是从旧知识中发展而来的。这种导入新课的方式有利于新旧知识之间的衔接，符合"由浅入深，由易到难，由已知到未知，循序渐进"的教学原则。同时，它启发了学生的思维，使学生积极开动脑筋，主动探求问题的本质，并把新旧知识很自然地联系在一起。

【案例】 下面以《办公软件应用基础》课程中的“Excel 表格操作”实例说明温故知新法的使用：

“分类汇总”是在“排序与筛选”的基础上而学习的内容，可做以下导入：

(1)课前准备。

教师：准备好有数据的“表格1”，内含一个班级学生的各科成绩表；“表格2”是多个班级学生的各科成绩表。

(2)课中导入。

教师：“上节课我们一起学习了Excel中数据的排序与筛选的方法，已经学了sum和average函数的基本应用，下面，我想请同学们运用所学的知识在5分钟内完成三道小题：①给表格1的数据加标题和内外框线；②给表格1中的语、数、外三科添加“总分”字段，计算出三科各自的总分后，根据总分将成绩按降序排列；③在表格1中求平均分，并显示在表格最后一行。”

学生：在各自的计算机上完成任务。

教师：巡视、观察学生的完成过程，对部分学生给予个别指导。

教师：“请用表格2里面的数据来完成以上任务。”

学生：在思考的同时，使用表格2完成任务。

教师：观察、交流、积极评价、反馈。

教师(正式导入)：“其实Excel还有个分类汇总的功能，这就是我们这节课所要学习的内容。等我们学习了Excel的这个功能后处理以上问题只要2分钟。”

如上所述，在学习“分类汇总”前让学生复习“排序与筛选”是给新课内容做足准备，缩小了新旧知识的距离，同时减少了学生的畏难情绪。学生在解决问题时，认识到这个功能的强大，带着这种动力，学习这节内容也会更加积极认真。在问题设置过程中，教师遵循学生的认知规律——由易到难、由已知到未知，学生能积极配合，也能充分发挥自身的能动性。因此，本案例既达成了导课的效果，同时也实现了复习的目的。

4. 创设情境法

这种方法尤其适合职教课堂的新课导入。教师通过语言描绘、实物演示和音乐渲染等方式，或利用教学环境中的有利因素，为学生创设一个生动形象的场景，激起学生的兴趣；也可通过设计故事情节，让学生通过扮演角色，进入情境，在兴趣的驱动下，进入课堂学习。

> **【案例】** 例如，教师在讲"今日头条"推荐内容的推荐机制时，可以创设一个自媒体从业者在"今日头条"发表文章后获得推荐量不佳的情境，然后设问：为什么文章在"今日头条"上的推荐量如此低？从而引出"今日头条"的内容推荐机制是怎样的。又如，在讲解"信息技术及其影响"这节内容时，教师可以通过讲述身边生活环境的变化(如网络视频、网络购物的兴起等)，令学生感受信息技术带来的喜人变化，激发学生的好奇和兴趣，进一步思考信息技术的发展，从而顺利进入课堂教学内容的学习。

此种导入方法有利于为情感领域目标的学习打下基础，教师设计时注意既要选择学生感兴趣的事物，又要引导学生把注意力集中于即将进入的教学内容上。

除以上几种导入方法外，还可以通过关注学生感兴趣的话题或事件，激发学生的学习动机，进而引导学生带着热情进入学习主题；通过游戏法，让学生在参与游戏的过程中，增强主体意识，进而提升其学习的主动性，进入新课学习。

3.1.2 新授教学设计及案例

新授教学是课堂教学的关键环节，它直接关系到教学目标的落实情况。此环节的设计应注意与导入环节的连贯性。信息技术学科的新授教学环节设计应有一定的递进性和层次性，让学生尽可能在生动形象的情境中进行学习，做到学以致用。在新课讲授的教学设计中，重点在于教学方法的选择。基础教学方法有讲授法、演示法、练习法等，下面介绍几种信息技术课程新授教学环节的设计方法。

1. 演示讲解，实践操作

演示教学法通常指学生无前期知识储备，教师把实物或直观教具展示给学生看，或者做示范性的实验，让学生通过实际观察获得感性知识以说明和印证所传授的知识，在演示、讲解后，组织学生实践操作，以获取新知。演示教学法能使学生获得生动而直观的感性知识，加深对学习对象的印象，把书本上的理论知识和实际事物联系起来，形成正确而深刻的概念，发展观察力、想象力和思维能力。

演示教学法可分为以下几种：

(1)基于多媒体的演示。

这是目前信息化教学中较常采用的方式，教师在教学过程中，把相关教学的内容和操作步骤，通过课件或多媒体的形式进行展示，这是以教师为主体的演示方式。

(2)基于教师实际操作的演示。

教师先讲授相关的教学内容，再将操作内容和步骤展现出来，让学生产生直观记忆，熟悉相应的教学内容，课堂教学效果较好。不过在这种方式下，学生仍是被动吸收，而且这种演示方式对时效性有要求。

(3)基于学生操作的演示。

大部分演示法以教师活动为主，在学生的配合下完成教学，条理清晰，教师易于监控整个课堂。但这种方法的缺点是学生可参与的活动较少。在教师讲解或演示之后，让学生来演示操作，可强化学习效果，充分发挥学生在教学过程中的主观能动性。

2. 任务驱动，自主探究

信息技术课程在教学中更强调培养学生的动手能力和对知识的熟练运用能力。自主探究法是指学生在任务的驱动下，根据教师的提示或提供的资源，自主完成任务。该方法常在学习进阶技能的新课时使用，要求学生具有一定的技术基础和自主学习能力，具有一定的能动性。

实施自主探究法的基本步骤如下：

(1)前期课程完成基础知识和技能的学习。

在前期课程中，学生需要完成基础知识和技能的学习。

(2)任务的设计与下发。

教师围绕教学内容、学习目标、教学要求，创设和拟定学习任务并下发给学生。任务设计要求有明确的目标，且具有可操作性和合作性。

(3)小组分配与任务确定。

教师让学生根据自己的兴趣自由组成学习小组，再根据学生的学习能力、先备知识等做适当调整。

(4)任务实施阶段。

教师既要放手让学生摸索学习，也要发挥主导作用，及时监控课堂、答疑解惑、评价活动、注重反馈，引导学生自主完成探究学习过程。

(5)评价。

由教师或学生代表对学习小组完成的学习任务和作业作品进行评价，包括对完成任务过程的评价、完成任务过程中学生主体的行为评价和最终学习结果的评价。

【案例】 以《网页设计技术》某节课的教学设计为例，学生在课前已掌握制作简单网页的技能，本节课的教学目标是对网页进行美化修饰，如采用演示法也能完成教学任务，但对学生而言，只学会技能操作，信息素养并没得到提高，自主创新能力也未得到培养。因此可将教学设计改为任务驱动、自主探究的学习方式：

教师："谁能说说这两个网页哪一个更漂亮，它们的区别在哪儿?"(展示两个相同主题的网页作品以做对比，一个是没做美化的，一个是做了美化的)

学生："第二个更漂亮。"

教师："那么要想让网页更漂亮到底要对网页做哪些修饰呢?"

学生：开始讨论。有的说要加链接栏，也有的说要添加共享边框，还有的说要对网页进行底色的设置。

教师："请同学们打开上节课制作的网页，说说谁的网页最漂亮？为什么？”

学生：开始讨论。有的说某个同学的网页中的文字好看，也有的说某个同学的网页中的图片漂亮，还有的说某个同学的网页底色好看等。

教师：“刚才同学们都能说出某个网页的某一方面制作得好看，而没有一位同学认为自己制作的是最漂亮的，那么今天，就让我们用计算机做出自己心目中最漂亮的网页，好吗？”

学生：“好！”

教师：通过幻灯片展示任务目标以及技术要点。

学生：开始自主探究，完成任务。

教师：注意观察，引导学生完成自主探究。

3. 插入复习，自学新知

该方法是通过复习以前所学过的旧知识，用类比的方法学习新知识。这种方法的好处是能降低学生学习的难度，找到知识的共同点，进而可以让学生通过自学来掌握新知识。主要用于学生自主学习时教师对学生的引导。

【案例】 例如，在学习 Excel 的基础知识时，通常学生都已学习了 Word 的基础知识，教师可以让学生回忆 Word 窗口的组成、各个功能的作用，然后通过类比，学生即可自主建构对 Excel 软件的认识。具体设计如下：

教师：“首先请同学们在 Word 中写出 Word 窗口的基本组成，要求条理清晰。”（开门见山提出今天的学习目标，认识 Excel）

学生：通过查找笔记及教材等资源，完成要求。

教师：“同学们完成得都很好，现在请大家对比 Excel 窗口与 Word 窗口，然后分析 Excel 窗口的组成，并在 Word 中做好记录，要求条理清晰。”

学生：通过类比，完成任务，并有同学示范演示成果。

教师：“同学们列出来的有菜单栏、标题栏、工具栏，但是工作区及下面的任务栏都没有提到哦，现在由老师带领大家来全面地认识工作区里面的‘小框框’。”

这个例子通过提问 Word 窗口的基本组成，刺激学生回忆旧知识，然后利用新旧知识的联系，使学生自主学习新知识。这样就降低了学生自主学习的难度，而且还加强了新旧知识的联系。学生学习其他办公软件时也能运用此方法对知识进行迁移运用。

4. 小组讨论，探究新知

依据目标，围绕新课内容，抛出一系列与主题相关的问题或现象，学生根据这些现象进行讨论，说出自己的看法。教师在学生讨论的过程中，应及时启发学生，将讨论引导至教学内容上，并将学生的讨论结果做好记录，最后由师生共同总结，最终完成教学内容的学习任务。

【案例】 以《网络安全》课程的某节课的教学设计为例(见表 3-2)，介绍如何采用小组讨论和探究学习相结合的方式完成新授教学环节。

表 3-2 **《网络安全》新课小组讨论设计**

教师活动	学生活动	设计意图
播放“网游大盗”视频，提出问题，组织学生讨论，监督、引导每个小组正确评价： (1)你碰到过账号被盗吗？这时你该怎么办？ (2)谈谈你所知道的网络造成危害的案例。 (3)你觉得网络中存在哪些安全隐患？应该怎么防范？	(1)观看“网游大盗”视频。 (2)小组讨论，回答相关的问题。 (3)各小组分工合作收集、整理资料。 (4)各小组交流展示成果。 (5)各小组互评。	通过讨论，学生认识到网络安全的重要性及身边的网络安全隐患，从而对网络危害和防范措施有基本了解，调动学习主动性与积极性。

在以上案例中，问题设计起着至关重要的作用。教师选择的问题既要为教学目标服务，又要让学生能接受，并且在他们的兴趣范围内，才能成功开展讨论。教师主导作用的发挥及学生主体作用的体现很明显，在学习过程中，学生通过参

与讨论、探究等形式来建构自身的知识结构，而教师始终起着组织者、引导者的作用。由学生将讨论结果进行汇报的设计，既能有效监督讨论，使之不“跑题”，又能使学生在抛出自己观点的同时，证明自己的观点，进而加深学生对知识的认识。在这样的探究式学习中，学生能充分利用网络资源了解到更多关于网络安全防护方面的知识，增强学生的信息安全意识。

根据教学内容、教学目标的不同，新授教学环节的设计各不相同。除以上几种方法外，教师还可以利用示范模仿教学策略、随机进入教学策略、抛锚式教学策略、探究性学习设计等方法，进行信息技术学科新授教学环节的设计。通常情况下，每节新课教学过程中都会采用几种方法组合进行教学。提高课堂教学效果的方法和途径是多种多样的，在教学环节设计中，如果我们重视激发学生主动参与教学，并能充分发挥教学设计的有效作用，就能取得更好的教学效果。

3.1.3 巩固训练设计及案例

巩固训练环节是对新课教学目标的必要强化和训练，对新课知识内容的训练，有助于学生进一步深化对知识结构的理解，学生能在解决问题的过程中进一步加强对新知识的理解，教师对练习中出现的问题及时解决，使学生基本巩固和消化所学新知识，为继续学习和进行独立作业做准备。

常用的教学巩固训练环节设计类型有以下几种：

1. 基础训练

基础训练是指学生在学习新知识后，让其趁热打铁，进行的及时性训练。教师可以通过基础训练发现学生对新知识的掌握程度，并对其中的重难点进行重复讲解、演示。基础训练的题型不宜复杂，可选用选择题、填空题或者简单操作题；难度不宜过高，题量不易过大，前几题应是简单的知识记忆类型，帮助学生熟悉新知识。

【案例】例如，在“Excel 数据排序”的基础训练环节设计中，在完成新课讲授后，教师可分发模板文件“日本奥运会奖牌榜 .xlsx”，要求学生完成以下操作：

练习 1：以奖牌总数为关键字进行降序排序；

练习 2：分别以金银铜牌数为关键字进行降序排序；

练习 3：你还能想出可以用什么关键字单独或者组合排序吗？

教师在学生了解数据排序操作后，可提供趣味性较强的练习题，学生独立完成练习，教师答疑解惑，及时巩固新知，最后师生共同对课堂进行总结。此种方法的优点是可以提高学生独立解决问题、运用知识的能力以及实践操作能力。

【案例】 以下是“Java 程序设计：标识符、变量与表达式”在巩固训练环节的习题设计：

(1) 下列哪项字符序列可以作为标识符？(　　)

A. true　　B. default　　C. _int　　D. good-class

(2) 表达式(float)7.2/3.6*2 的值的类型为？(　　)

A. short　　B. int　　C. float　　D. double

(3) 下列哪个说法是正确的？(　　)

A. 5.0/2+10 的结果是 double 型数据。

B. (int)5.8+1.0 是 int 型数据。

C. ‘苹’+‘果’的结果是 char 型数据。

D. (short)10+‘a’的结果是 short 型数据。

学生在以上的练习与测试中，能够培养对程序的阅读与理解能力，并在教师对典型例题的分析、点评、讲解下，加深对程序语句的理解。

2. 综合训练

综合训练的作用是进一步巩固新知，提高学生运用新知解决问题的能力，通常用于基础巩固训练环节之后。常用的策略有：做练习题，以此来复习所学知识；小组讨论，以此来发现自己的不足及别人的优点，达到补充知识的目的；教师还可以设置生活困境，让学生尝试用知识解决生活难处，体会知识的力量，达到信息技术应用于实践的目的。在具体设计时，教师的引导作用至关重要。同时应利用教学媒体适当地将知识内容的内在联系脉络清晰地表述出来，以更为直观的形象呈现给学生。

综合训练可以与其他教学内容联系。教师在设计练习任务时，可利用知识点或技能点之间的关联性设计任务，让学生自主完成，并展示成果，最后教师梳理学习内容。若任务完成难度较大，可以以小组为单位进行练习。此种练习通常适合技能练习。

【案例】 在《C语言程序设计》的“循环结构”课堂上，教师可在巩固训练环节布置以下题目：为使电文保密，往往要按一定规律将其转换成密码，收报人再按约定的规律将其译回原文。例如，可以按以下规律将电文变成密码：将字母A变成字母E，a变成e(即变成字母序列中在其后的第4个字母)……最后，W变成A，X变成B，Y变成C，Z变成D。

学生可利用网络资源或教材资源完成任务，并在训练平台上提交。教师通过屏幕来展示部分学生的密码，并请这些学生简单描述自己的算法流程及编码心得。

上述任务包括了顺序结构、选择结构和循环结构三个技能点的练习，学生在练习过程中既复习了旧知识，也巩固了本堂课的新知识。学生学会用编程解决实际问题，也学会了利用网络来自主探究。小结过程还有效地提高了学生的归纳能力，进一步达到巩固新知的目的。

3. 拓展训练

当学生经历了对新知的基础训练及对新旧知识的综合训练后，教师可将学生的学习与生活经验紧密结合起来，进行拓展训练，培养学生的创新思维。学生运用新授知识内容，结合已有的知识，通过对多个知识点的综合训练，实现巩固新知、复习旧知的目的。例如在Word的图文排版课程中安排做一张节日贺卡，或者以小组为单位完成一幅班级运动会海报。

【案例】 在“人工智能概述”这节课上，教师可以布置一个拓展作业，要求学生检索相关文献，了解并撰写文档，介绍在某个领域与人工智能相关的一项新技术、一项新成果或解决的一个具体问题，并大概介绍其实现过程或原理，字数不限，可图文并茂，下节课以小组为单位提交。

小组合作完成创造性的任务，能培养学生在集体中参与、贡献的荣誉感和合作精神。在动手实践的过程中，对于某些问题，教师不要轻易给出答案，注重培养学生分析问题、解决问题的能力，让他们在小组合作的同时，体会自己动手的乐趣。在以上的案例中，学生能够培养对人工智能技术的兴趣，提高信息技术加工能力。小组成果发表、点评环节也能激发学生的竞争意识，提高他们的评价能力。

在做巩固训练环节设计时，除以上几种设计方法外，教师还可以利用竞争、游戏等教学策略，来激发学生的学习主动性，让学生进行参与式、体验式学习。亦可利用同伴、讨论等策略，进行小结与练习，增强学生的协作学习能力。

3.1.4 总结强化设计及案例

教学总结环节是新课知识内容的梳理，包括课中小结强化和课尾总结提升，这一环节有助于学生进一步理清知识脉络，深化对知识结构的理解，将新知识与原有知识进行整合。根据总结时间节点的不同，常用的教学总结环节设计方法主要有以下几种：

1. 学习新知识后师生小结

在学习新知识后，教师引导学生对知识、技能进行总结归纳，起到落实目标、突出重点的作用。尤其是对一些概念繁杂的课程，如操作系统、计算机网络等，又或者较繁杂的技能操作，如 Excel 分类汇总等，需要及时对新知识、技能进行总结梳理。

【案例】“Excel 分类汇总”一课新授后的小结设计如下：

教师：“怎样对数据进行分类汇总呢？”

教师（边操作边总结）：“选择区域中的某个单元格，执行对列排序，在

'数据'选项卡上的'分级显示'组中，单击'分类汇总'，在'分类字段'框中，单击要计算分类汇总的列，在'汇总方式'框中，单击要用来计算分类汇总的汇总函数。如果想按每个分类汇总自动分页，请选中'每组数据分页'复选框；若要指定汇总行位于明细行的上面，请清除'汇总结果显示在数据下方'复选框；若要指定汇总行位于明细行的下面，请选中'汇总结果显示在数据下方'复选框。"

教师："大家看明白了吗？谁能说一说，刚才老师是分哪几步操作的？"

学生汇报，教师板书："第一步：先排序，选中表格排序；第二步：再分类汇总，在排序的基础上，任意选中一个单元格，选择分类汇总。"

2. 巩固训练后教师小结

在学生进行巩固训练后，教师针对学生练习时出现的问题及时进行点拨，并对重点知识进行强化，引导学生掌握操作技能。

【案例】在"图层蒙版"一课中，巩固训练环节后的教师小结设计如下：

学生练习，教师巡视，发现问题。

教师小结："同学们在练习中出现了几个问题。问题一：图层蒙版不能正常工作。请检查以下三点：①确保正确选择图层蒙版；②不要让其他蒙版影响操作；③检查图层是否被锁定。问题二：不能在图层蒙版上使用笔刷。需要注意两点：①设置画笔为正常模式；②调整画笔的不透明度和流量。"

学生重新操作，解决操作问题。

3. 课程结束前师生总结

这是课堂教学的必需步骤，是在课堂结束前，学生在教师的引导下，对整节课知识学习的梳理、总结、归纳过程。

【案例】"Flash 制作动画"这节课的教学总结环节设计如下：

教师："我制作的'闪动的天使'完成了，同学们，你们学会了吗？现在你们可以自己动手制作动画图片了。要求每个小组的组员要相互配合、共同协作，最后每组交上来一份作品。在制作之前，同学们要先到网络上找一找合适的静态图片。现在开始吧！"

学生：上网寻找制作动画的图片素材，小组成员们对下载的图片进行筛选、评价以确定素材。要求素材是简笔画类色块比较集中的图片。

活动：学生以小组为单位动手制作闪烁动画。教师来到学生身边，针对教学中的重点和难点，为学生进行提示和指导。在操作过程中，教师可将学生的问题集中在多媒体投影上展示，为大家再次演示删除多余闪底的操作过程。

教师："刚刚同学们提到保存文件时选择格式的问题，同学们可以自己一个个地去实验，看看保存成不同格式的文件最终会有什么样的结果？其中哪一个结果是我们想要的？"

学生：每组组长负责督促本组学生按照任务要求完成作品。

教师：引导学生把每组的作品提交到教师机上，要求他们在命名文件时写上组员的名字。

学生：各组依次展示作品。当第一组展示时，其他小组经过讨论，分别为第一组同学的作品打分，并派代表说明原因；后续小组的作品展示和评分依次类推。最后计算每组总分，评出成绩最好的一组。

教师："同学们，今天我们亲自动手做了一幅动画，这幅动画是 Flash 软件最简单的应用，在以后的课堂里，我会带领大家继续学习这个软件的应用，好不好？"

学生："好！"

教师："通过今天的学习，请同学们思考以下几个问题：①什么是动画？我们学习的制作动画的软件是什么？②你学到了哪些新的动画制作技能？③在这次活动中，你最大的收获是什么？有什么益处？"

全班交流，教师总结。

这个案例就是首先让学生完成任务，对作品进行点评，然后通过教师指导来巩固新知，最后教师总结新知。

3.1.5 作业拓展设计及案例

课后布置作业是巩固教学效果的有力手段，也是反馈教学效果的重要途径之一，它不仅可以加深学生对课堂知识的理解，而且有助于学生形成熟练的技能和发展思维能力，是教学过程中不可缺少的重要环节，也是学生学习过程中重要组成部分。

布置作业应做到以下几个原则：第一，处理好数量与质量的关系，应重视作业的质量，切勿追求数量而忽视质量；第二，处理好普遍与特殊的关系，承认差异，分层布置作业；第三，处理好理论与实践的关系，设计实践性和探索性作业；第四，处理好单科与整体的关系，协调好各学科的作业量；第五，处理好作业与作业时间的关系，要站在学生的角度考虑作业时间。

职业教育的信息技术课程作业应更注重培养学生的思维能力、动手能力和解决实际问题的能力，还需注重作业的趣味性，让学生在做中学，在乐中学。作业按照完成阶段，可以分为期中作业、单元作业，还有针对新课教学内容的设计。在这里着重介绍新课教学的作业设计。以下是几种信息技术学科教学作业布置环节的设计方法：

1. 小组作业法

小组作业法是学生以小组为单位完成作业，而且任务的完成应围绕新旧知识的联系，使学生在完成过程中巩固、内化新旧知识。例如，在“信息技术的发展研究”的课后作业中，教师可提示学生参考书本并结合自身生活环境的变化，思考每一个阶段信息技术给生活带来的变化。教师可以给予一定的资源，如为学生提供作业模板，指导学生完成信息技术发展历程表格等，让学生利用资源，小组分工合作完成任务，并指明作业的提交方式及教师答疑解惑的平台。小组要有明确分工，如每一成员各搜集一个阶段信息技术的产生的资料，并归纳出这一阶段信息技术的影响。这种作业布置法可以提高学生的信息搜集能力、知识整理能力和概括问题能力。

【案例】《python 程序设计》课程的“pygame 游戏设计与开发”单元作业设计如下：

题目：基于课本范例“飞机大战”的基础，为范例增加以下特定功能：

①改变背景颜色、背景图案，改变实体(飞船、外星、子弹)的图像；

②增加游戏设置功能(飞船数量、外星人行数、速度、外星人分数等)；

③增加背景音乐音效，如击中敌机时的爆炸声、清屏音效、升级音效等；

④增加场景变换或天气变化的种类；

⑤飞船可以上下左右躲避；

⑥飞船子弹变化，副武器的加入；

⑦增加外星人种类以及出现位置、行动轨迹的变化；

⑧添加标题菜单功能“开始游戏、载入游戏、游戏设置、退出游戏”；

⑨可以使用用户名；

⑩存储历史得分榜；

⑪增加游戏中途暂停及返回标题菜单、返回桌面功能；

⑫增加关卡设计；

⑬加入存盘功能。

组织形式：以小组为单位完成，组员不得超过3人。

作品提交与评价：小组参加项目交流分享，并由其他小组打分评价。

2. 专题作业法

人的智力是多元的，向学生布置专题作业是实施个性化教学的一项好措施。专题作业是依据学生感兴趣的主题而设计的。

【案例1】在《电商概论》课程中，可安排学生根据自身实际情况制订网购计划。教师提出O2O电商平台的知识内容，要求学生搜集同种类型的电商平台资料，了解各个平台的商业模式，并运用所学知识，简要总结计划表中内容的搜集过程。

【案例2】在《网页设计》课程的教学设计中，教师可让学生分组，布置以下专题作业：

每组选择表3-3中的一类网站，对其做调研分析，从网页设计技术角度和网站宣传营销角度分析同类网站的共性与个性。

表3-3　　《网页设计》专题作业

网站类型	网页技术特点	宣传营销特点
教育类网站		
书籍类网站		
新闻类网站		
娱乐类网站		
电商类网站		
其他类型网站(自选)		

此种设计方法的关键是任务内容应贴合实际并能激发学生的学习热情，同时应注意提醒学生知识的迁移，用所学知识解决问题，感受信息技术的魅力。这个案例的不足之处在于作业设计没有指明作业提交方式，也没有设计交流分享的环节，另外评价体系缺乏标准，没有教师指导，给学生完成作业带来一定的困难，影响了作业总体完成度。感兴趣的读者可自行对该案例进行优化和完善。

3. 课外计划

教师可组织学生参观或安排短期实践，对各个工作进行评价，让学生在参与社会分工活动的过程中，完成课业项目，训练专业技能，提升对职业的认同感。这种作业设计主要以活动为主，课业为辅，比如组织学生参观行业公司，参加科研讲座、专业竞赛等。这样学生可以更深刻地了解学科相关工作，并加深对此工作的认识，从而更进一步提升学习积极性，还可学习到部分行业技能。

课外计划作业布置法的特点有：以学生为中心，作业布置讲究趣味性，作业类型多样、灵活，以一定的问题形式出现，给学生思考的余地和空间，能联系实际，不唯课本，把社会当成学习的大课堂；作业完成重过程，轻结果，学生在完成作业的过程中充满了探究、合作与自主精神，评价时不注重学生完成多少，注重的是学生是否掌握了完成作业的方式与作业的实用性。这摒弃了传统作业布置中的缺陷，较好地发挥了学生的主体作用。但是，课外计划作业布置法适合高年级学生，对于低年级学生不宜采用。

3.2 教学过程线索设计

确定了核心教学环节之后，还要考虑环节内部的活动逻辑顺序，比如在一个教学环节内可能涉及不同的知识点，需要不同的展示方式，这要如何设计呢？既要考虑知识的认知顺序，也必须符合学生的认知顺序和认知兴趣，这是职业教育课程教学设计中一条非常重要的原则。

在课堂上一味讲授，效果固然不好，而不断的启发式提问也不一定有好的效果，尤其是当这些问题的知识性很强且逻辑上存在跳跃时，学生会不清楚教师活动的目的，无法把握学习线索，最终导致教学双方陷入冷场。这种没有考虑学生认知顺序的启发式提问会使得教学效果大打折扣。

因此，职教课程应该按照学生的认知顺序去设计教学过程线索，按照从易到难、从近到远、从简单到复杂、从熟悉到陌生的顺序逐步推进学习过程，避免知识点的堆砌，避免纯粹的知识逻辑排序，这才能够更加有效地激发学生的学习兴趣和学习需要。

3.2.1 基于启发式讲授的设计

教学过程设计是一个系统的工程，在进行具体教学过程设计之前，首先必须明确要完成的教学过程是什么取向的教学设计，因为不同取向的教学过程设计的侧重点和思路是不一样的。

1. 启发式讲授概述

启发式教学法是指教师在教学过程中根据教学任务和学习的客观规律，从学生的实际出发，采用多种方式，以启发学生的思维为核心，调动学生学习的主动性和积极性，促使他们生动活泼地学习的一种教学指导思想。早在两千多年前，孔子就主张运用启发式教学法，提出了“不愤不启，不悱不发；举一隅不以三隅反，则不复也”的教育思想。他强调学思结合，认为“学而不思则罔，思而不学则殆”。在孔子以后，《学记》的作者乐正克提出“道而弗牵，强而弗抑，开而弗达”，进一步阐发了启发式教学的思想，主张启发学生，引导学生，但不硬牵着他们走；教学要“授之以渔，而非授之以鱼”，教师应为学生指明学习的方法与路径，但不直接告诉学生结论，而是让学生在教师的启发下寻找结论。

在欧洲，稍晚于孔子的古希腊思想家苏格拉底用“问答法”来启发学生独立思考以探求真理，这种方法又被称为“苏格拉底法”或“产婆术”，是在哲学研究和讲学中形成的由讥讽、助产术、归纳和定义四个步骤组成的独特方法。其中，讥讽指的是就对方的发言不断提出追问，迫使对方自陷矛盾，无辞以对，承认自己的无知，从而帮助对方得出问题的答案。

启发式教学法是相对于注入式教学法的。17世纪，捷克教育家扬·阿姆斯·夸美纽斯(Johann. Amos. Comenius)就批判当时流行的注入式教学法是迫使学生用别人的眼睛去看，用别人的脑筋去使自己变聪明，但结果是大多数人都没有获得知识。因此，他主张“凡是没有被悟性彻底领会的事项，都不可用熟记的方法去学习”。18世纪，瑞士教育家J. H. 裴斯泰洛齐(Johan Heinrich Pestalozzi)也反对注入式教学法，他强调教学必须“集中地提高智力，而不仅是泛泛地增加概念”。德国教育家赫尔巴特倡导启发儿童用已有的经验和知识作为学习的出发点，并称其为启发式教学法。

启发式教学法强调当学生处于积极的思维状态下，学生心求通而又未得其意，知其意而不能言时，教师进行启发、诱导、点拨最为适时，教育效果最佳。因此，启发式教学法并不是某个具体的教学方法，而是运用任何一种教学方法的指导思想。它贯穿于整个教学过程，不仅适用于课堂教学，而且也适用于课外作业的指导。在实际教学中，启发式方法是多种多样的，如讲授启发、问答启发、演示启发、练习启发、实验启发、讨论启发、情景启发、比喻启发、对比启发、学导启发、探究启发、教学媒体启发等。常言道“教学有法、教无定法、教有多法、贵在得法”。

尽管启发式教学法没有固定的模式可循，但其还是遵循着一定的规律，其大致的设计过程如下：首先是依据课标和教材确定知识内容的深广度，结合学生的具体情况，进而确定教学水平，进一步进行评价的设计；然后进行问题的设计，把教材中的知识点设计成问题，有了问题之后，进行情境素材的设计和选取，特别是设计具体的引入、展开等活动；最后还要进行重难点、讲解重点的设计，这是通过不断的精读、泛读教材而获得的。由此概括出启发式教学环节的五个核心要素：确定知识线索、设计核心问题、设计教学活动、选取素材、设计讲解的要点和思路。

2. 启发式教学核心要素具体分析

下面根据启发式讲授教学的特点，确定五个核心要素之间的关系。

(1)知识线。

首先要按照知识的逻辑顺序来确定知识点和组织结构。知识的逻辑顺序基本上决定了一节课核心的教学环节。

(2)问题线。

对启发式讲授教学来说，问题设计的实质是知识的具化，问题设计的方向是由核心知识决定的。对于核心问题，我们不但要有设计方向，还要有质量。要考虑学生能不能理解，学生是否感兴趣，还要尽可能地贴近学生的生活实际。

【案例】 对于《程序设计语言》课程中“面向对象技术的继承性”的知识，可能有如下问题：

问题 1：面向对象技术的继承性是怎样的？

问题 2：一个类如何产生子类？

问题 3：继承的关键字是哪一个？

这些问题背后的核心知识点都是面向对象技术的继承性。我们换位思考：学生愿意回答哪一个问题？对哪一个问题更感兴趣，更容易理解？不难发现，问题 1 比较抽象，对学生来说很难理解和回答；而问题 2 和问题 3 对学生来说较具体形象，而且贴近其学习经验。因此，设计问题时，应该首先选择这两个问题。

(3)活动线。

启发式讲授教学的主要活动是教师的讲解活动，而学生的活动类型主要是观察思考、交流研讨。所以活动设计主要考虑两个方面：活动的方式和活动的组织形式。教师可做以下思考：当提出问题之后，是让学生个体思考还是小组讨论？如果让学生个体思考，需要几个学生回答？需要什么样的学生回答？有没有代表性？如果让学生小组讨论，就更需要具体设计学生小组汇报的方式。是让每一个小组都汇报，还是只让一两个小组汇报，其他组做补充？是口头说，还是用PPT汇报，或是用纸笔做书面汇报？

(4)素材线。

对于具体素材的设计，就是要针对活动和问题选取素材。在启发式讲授的教学过程设计中，使用素材的主要目的是帮助学生形成感性认识，支持教师讲解的内容要点，促进学生的理解。教师讲解得越生动、形象、有趣，学生越愿意听，如选择多媒体素材或者贴近学生生活的实例素材。

(5)讲解线。

在启发式教学的过程中，最后要设计的就是讲解的内容。教师讲解的内容应该与教学环节对应，与教学的核心知识点对应，起到对教学活动的启动、展开、总结与提炼的作用。

从不同的线索横向看教学过程，可展现出不同的分析内容和角度：知识线表明知识的逻辑关系；问题线表明教学过程中问题驱动的取向，是知识逻辑取向还是探究活动取向；活动线和素材线分别展现了教学活动过程中活动的多样化和素材的多样化；讲解线是教学活动的落脚点。问题是服务于知识的，它要承载知识的落实，活动与素材服务于问题的解决，讲解是针对知识点，对教学环节进行总结和提升。知识和讲解是教学的核心目的，问题、活动、素材是为了落实教学目标，服务于知识与讲解。

将教学过程的五个核心要素与教学环节相结合，可形成如表3-4所示的二维表。核心要素在每一环节呈现的先后顺序如标号所示，数值小的会先行呈现。

表3-4　**基于启发式讲授的教学过程设计**

教学环节	问题线	讲解线	活动线	知识线	素材线
导入	2		1		

续表

教学环节	问题线	讲解线	活动线	知识线	素材线
新授		3		4	
训练		6	5		
总结	7			8	
拓展	9		10		

表3-4中展示了教学过程线索的一个参考顺序。在导入环节，先组织学生参与活动，再导入问题；在新授环节，教师先做重点讲解，再总结知识框架；在训练环节，通过学生活动巩固知识，再由教师及时反馈总结；在总结环节，与导入环节的问题呼应，给出问题的答案，并做课程总结；在拓展环节，让学生带着拓展问题完成课外作业，参加课外活动，实现知识技能的建构。其中素材按需使用，为各个环节做好支撑。

教学过程设计中除了以上五种核心要素外，还包括板书、学生学习效果评价等。

3.2.2 基于任务驱动的设计

传统教学方法下的信息技术课程教学存在着一些问题。例如，在课堂上一般都是先向学生讲授理论知识和相关概念，再介绍运用这些基本知识或技能。由于缺乏直观性和形象性，使得学生在学习的时候会觉得比较抽象、不直观、难理解，单调的教学方法也使得学生缺乏耐心，失去兴趣，不能将注意力集中到课堂中。当教师结合课件或相应的多媒体技术进行讲授的时候，虽然学生被屏幕上丰富多彩的图像和音频视频吸引，但是由于没有理解和掌握基本知识，还是难以完成后续教师所要求的上机操作。另外，学生在运用信息技术解决所遇到的问题时也是摸不到头绪。信息技术教师一般都会有这样的感受：在运用传统教学方法进行信息技术教学时，学生开始很兴奋，兴致很高，但是课堂中单调的教学方法和乏味的教学模式不断凸显，学生就会对信息技术课渐渐失去了兴趣，使得信息技术课处于尴尬局面，即学生变得对玩电脑感兴趣，却对信息技术课没有兴趣。显然，单调乏味的传统教学方法不能适应新兴的信息技术课程教学，严重影响学生学习兴趣的提高和能力的培养以及教学目标的实现。这就要求信息技术教学要有独特性，要正确理解和处理以教师为主导、学生为主体的辩证关系，改革传统的教学方法，提高学习效果和教学质量。

任务驱动法是信息技术课程教学的有效教学方法，它是以各种各样的主题任务驱动教学，让学生在完成任务的过程中学习新知识、掌握新技能，培养创新精神和主动学习的习惯。具体而言，在课堂教学中，学生在教师的引导下，紧紧围绕一个共同感兴趣的任务或主题活动，在强烈想要完成任务这一动机的驱动下，通过对诸如教材、网络、教师、学案等相关学习资源的主动应用，进行自主探索和互动协作的学习，在完成既定任务的同时，学会相应的信息技术基本技能，完成教学目标，培养开拓进取、勇于探索和自主学习的能力。此外，学生在完成任务的过程中，还会不断地获得成就感，可以更大程度地激发他们的求知欲望，形成学习的良性循环。

1. 任务驱动法过程设计

(1)设计任务。

要完成一节课的教学目标，任务的设计是关键。教师首先要根据信息技术课的教学目标，把教学内容精心设计为一个个的实际任务，让学生在完成这些任务的过程中掌握知识、方法与技能。这就需要教师认真地分析教材和指导纲要，确定教学目标和教学重难点，并注重根据学生的学情特点、心理特征和兴趣爱好来确立能够吸引学生共同参与的相应任务。

(2)导入任务。

教师在课堂上要注意角色的转变，一定要担当好“引导者”的角色，用最佳的方式引入该节课的教学内容，让学生对教学内容先有简单易懂的直观认识，了解学习本节课的目的和作用，引发学习兴趣和求知欲。好的引入方式往往是激发学生积极完成课堂任务的关键。然后教师再把自己课前精心设计的任务向学生讲清楚，任务的要求要具体、详细。

(3)分析任务。

在信息技术课堂教学中，教师除了告诉学生要做什么，还要让学生知道该怎么做。教师不要“填鸭式”地把教学内容灌输给学生，如果能够通过设问或创设情境，环环相扣地引导和启发学生深入学习和探索，让学生自己探究并找到解决问题的办法，教学效果会更佳。

(4)自主探究协作完成。

完成任务阶段是信息技术知识熟练运用、巩固学习的重要环节，学生懂得如何使用信息技术知识后，便可以运用信息技术知识顺利地开展、完成任务。这时教师要注意对学生，特别是学困生进行适当指引和帮助，当学生对新知识的掌握有困难时，必要时可给予手把手的教导，避免使学生游离于任务之外并失去学习的积极性，最后的理想状态是使每个学生都能顺利地完成任务。另外，教师要给予学生充分的时间去完成任务，使学生得到充分的创作空间。如果任务的工作量和难度大，可指导学生采用分组合作的形式去讨论、分工并完成任务，从而培养学生协作学习的能力。

(5)效果评价。

小组合作或者个体完成学习任务之后，要展示他们的作品，进行总结评比，将本节课的知识点加以强化，进一步激励学生的学习兴趣。可以采用的做法是：在教师的指导下，首先下发一个评价标准，让每个学生都明确这个标准；然后将比较好的作品和有代表性的作品通过大屏幕投影和网络传播的方式让全班学生观赏到，并由制作这个作品的学生或者小组选出的代表来介绍作品的设想和运用的知识点；在介绍的同时，引导其他学生结合评价标准仔细看；在介绍完成后引导其他学生进行评价，谈谈作品的优缺点以及自己的想法和体会。通过这个交流过程，无论是评价方还是被评价方，都能够取长补短，重新认识自己的作品。同时，教师也要对学生的作品进行点评，在点评的时候要运用激励的方法，多鼓励，多肯定。最后教师还应让学生小结本节课所学的内容和知识，对于学生总结不全的地方，教师要及时补充。

(6)感悟提升。

在学习完一节课的教学内容后，一部分知识掌握扎实、学习兴趣浓厚、学习效率高的学生对于扩展性的知识会产生好奇和兴趣，有继续深入了解的意愿，教师应把握好这个时机，向学生进一步激趣设疑，提出课后思考或者是将要开展的任务，引导其发展性思维。这不仅是培养学生能力和素质的好办法，还能为接下来的教学任务做好铺垫。

2. 使用任务驱动法应注意的问题

以上通过设计任务、导入任务、分析任务、自主探究协作完成、效果评价和感悟提升六个关键步骤对应用任务驱动法的过程进行了详细分析。任务驱动法的教学特点是“以教师为主导，学生为主体，任务为主线”，要使任务驱动法能够在信息技术教学中进一步应用推广，教师需要注意三个问题：首先，要驱动学生主动参与到学习中来，任务设计是重中之重；其次，任务设计具有很大的开放性，因此对采用该方法进行教学的课堂组织，应使学生能够充分体验任务驱动教学所带来的成就与愉悦；再次，规范合理的学习评价则是学生能从任务完成中获得持续发展的根本保障。

(1)任务设计。

第一，任务要能够激发学生的学习兴趣。当学生对任务感兴趣的时候，就会激发他们学习知识和完成任务的潜在欲望。

第二，任务要成一个系统整体。比如 Flash 动画制作单元、网页制作单元等，在每个单元下，所有的课程都是一个个小任务，一个个小任务结合起来就形成一个大任务，每单元下的小任务都呈现了知识的顺序和递进性，学生完成了以单元为单位的大任务也就达到了单元的教学目标。

第三，任务的设计要真实且合理。不能强行将知识点加入任务中。

第四，要注意学生的个体差异。最好能设计基础型和提高型两种任务，其中基础任务是大部分学生可以完成的，而提高任务则为学有余力的学生提供学习选择。

(2)课堂组织。

第一，需要创设激发学习兴趣的情境。兴趣是最好的老师，只有学生对一个任务感兴趣了，有积极完成的想法和态度，并且想方设法地去努力完成，这样的任务才是有效的、成功的。教师在设计任务的时候要以教学内容为依据，从学生感兴趣的话题和热点问题入手，创设情境。

第二，确保以教师为主导、学生为主体的角色定位。任务驱动法的重要特点就是学生自己在目标的驱动下自主探索学习完成任务所需的知识和技能，从而完成目标任务。因此要使该教学方法获得成效，以教师为主导、学生为主体是关键所在。

第三，提倡合作学习弥补个体差异。任务驱动法多采用分组合作、协作学习的方法来组织课堂。由于学生的个体差异和基础不同，分组时可采取“组间同质、组内异质”的分组原则，引导学生以小组为单位共同去完成任务；也可以由一些基础扎实、掌握知识快、完成任务效率高的学生担任组长，在他们先完成任务后，再去辅导和帮助学习困难的同学。

(3)学习评价。

第一，评价方式要全面。评价方式要根据任务完成的情况、新知识掌握的情况和情感态度价值观体现的情况灵活使用。常用的评价方式有教师点评、学生自评、学生互评。无论哪种评价方式都要实施激励式、明理式评价，要以肯定、表扬、鼓励为主，让学生在学习中体会成功，在学习中享受快乐。

第二，评价方法兼顾过程观察法和作品评价法。过程观察法是指对学生在完成任务的过程中所表现出来的诸如发言、讨论、协作学习、质疑等行为进行仔细观察后做出阶段性的过程评价；作品评价法是指当学生完成任务，并得到学习成果或者是作品的时候，教师组织学生进行作品展示，并且指导学生阐述作品的创意、运用的知识与技能、感悟到的情感态度和价值观，引导其他学生对其作品进行评价。教师要把握评价的方向，使评价者和被评价者都能从对方的作品和点评中获益，最后教师要进行点评，因为教师的点评更具科学性、公正性、发展性，学生能从教师的点评中获益，同时加深对知识的理解。

任务驱动法在信息技术课程教学中发挥着巨大作用，然而教师也应该清醒地认识到，教学目标的实现远不能靠单一的教学方法所完成，而任务驱动法也并非适用于所有的教学内容、所有的课节。信息技术教师需要辩证地看待任务驱动法，善于扬其长，避其短，学会根据教学对象、教学环境、教学内容和教学目标因地制宜，灵活地采用合适的教学方法，避免唯“任务驱动”是从的思想。

3. 学习任务单模式范例

在任务驱动教学模式下，如何更准确有效地向学生交代学习任务是一个关键问题，因为学生的信息技术能力差异很大，只是口头交代任务，或者布置板书任务难以照顾到全体学生，而学习任务单是一种更好的方式。学习任务单是教师对教学内容和教学活动进行综合设计，用以辅助学生明确学习目标和内容、高效利用学习资源进行自主学习及与同伴交流的工具，其不只是对教材的编撰或知识点测评，且使用的主体是学生。

(1)实践操作课的学习任务单：任务分解，循序渐进。

表3-5是《Flash动画设计》课程中“引导运动”实践操作课的学习任务单示例。

表3-5 **实践操作课学习任务单示例**

Flash——“引导运动”学习任务单

班级：__________ 姓名：__________ 学号：__________

一、基本任务(要求每个人都要完成)

任 务	自我评价(满分5分)
任务1：建立文件 打开Flash软件，新建文档，设置背景色。	
任务2：设置被引导图层 1. 画出一个演员(也可以导入)，选定演员，点右键转化为元件； 2. 在50帧处点右键插入关键帧； 3. 在1—50帧之间点右键创建传统补间动画； 4. 把图层一上锁(为什么)。	
任务3：设置运动引导层 1. 右键单击图层一，添加传统运动引导层； 2. 在引导层的第1帧，画出一条连续的运动路径； 3. 把引导层上锁。	
任务4：设置运动对象的起点和终点 1. 打开图层一的锁，在第1帧把演员中心对准引导线的起点； 2. 在第50帧处把演员中心对准引导线的终点。	
任务5：播放动画 控制—测试影片(或Ctrl+Enter)	
如果你对你的作品非常满意，请提交给老师。	

二、扩展任务

在基本任务的指导下，精心设计你的背景、被引导对象及引导路径，制作出一个有意义、漂亮的引导动画。

实践课侧重学生动手操作，当学生第一次接触一个新内容时，会感到非常陌生，这时候教师的演示是必要的，但教师也不可能一遍又一遍重复做演示，需要预留足够的时间让学生自己做练习和思考，这时候可以利用学习任务单把比较复杂的任务进行分解，让学生每一步都有成就感，减少畏难情绪，通过逐一完成学习任务，达成学习目标。

(2)小组协作课的学习任务单：设立情境，指导分工，成果明确，交流评价

表3-6是《办公软件应用》课程中“电子报刊制作”小组协作课的学习任务单示例。

表3-6　**小组协作课学习任务单示例**

办公软件应用——“电子报刊制作”学习任务单

任务日标：收集整理各类素材，用 Word 制作一份电子报刊，并对电子报刊进行美化。

分工表：本次任务采用小组合作形式，请根据下面的分工填写分工表：

组长	组员 1	组员 2	组员 3

统一任务(必做，每个小组成员都要逐条完成)

1. 提出一个主题供全组讨论，并确定主题；

2. 根据主题每人搜集一篇相关文章，字数在400字以内，字体为宋体，字号为5号，并确定标题名称。

独立分工：

成员	分工内容	评价
组长	1. 组织组员讨论，并确定一个主题； 2. 分工协调，当组员出现困难时，适当重新分配任务； 3. 确定并设计报刊名称(用艺术字)； 4. 设置报刊相关信息(参考课本)； 5. 检查组员1搜集的内容(有无错别字等)。	
组员 1	1. 检查组长搜集的内容(有无错别字等)； 2. 设计版面布局，使4篇文章的编排合理美观。	
组员 2	1. 检查组员3搜集的内容(有无错别字等)； 2. 用艺术字设计栏目名称。	
组员 3	1. 检查组员2搜集的内容(有无错别字等)； 2. 美化电子报刊，适当配图。	

作品提交：课程平台

小组协作是常见形式，但学生可能还不会分工，或者说没有合适的人选去主持分工合作。所以，小组活动的课堂学习任务单更需要教师在活动需求、设计情境、任务分工、成果上交、活动评价等几个阶段做更细致的铺垫与设计，特别是任务的分割和分工要具体到每个组员，组员拿到任务对号入座即可。学生熟悉这种合作方式以后，再允许小组自行调整分工，增强任务分配的自主性，直至他们学会自己组织分工。

(3)项目任务课的学习任务单：标准清晰，任务分割，时间计划，资源支撑，节点考查

表 3-7 是《办公软件应用》课程中“演示文稿设计制作”项目任务课的学习任务单示例。

表 3-7 **项目任务课学习任务单示例**

办公软件应用——“演示文稿设计制作”学习任务单

目标：以“多彩的动物”为主题，设计一份图文并茂，含有音频、视频和动画的多媒体演示文稿。

制作时间：大约 2 周时间。

制作地点：尽可能在家使用自有电脑，机房每周二下午兴趣活动时间开放。

请同学们按照下面的计划表实施作品制作：

	计划内容	所需课时	时间要求	实施时间
前期规划	1. 选定要介绍的四种动物：(　　)(　　)(　　)(　　)； 2. 规划作品的内容范围、色彩风格、作品形式等。	1 课时	周二前	
素材准备	收集上面四种动物相关的文字、图片、声音、视频、Flash 动画等素材，存放到素材文件夹中，注意分类。 参考网址：www. baidu. com	4 课时	周五前	
作品框架设计	参考：标题页—目录页——二级目录(老虎、海豚……)——具体页	1 课时	周六前	
制作	1. 制作标题页、目录页； 2. 制作老虎相关页面：插入相关的图片、声音、视频、动画等； 3. 其他动物相关页面； 4. 设置链接。	4 课时	下周二前	
美化	1. 设计统一的母版； 2. 选定配色方案； 3. 设定播放方式。	2 课时	下周四前	
提交作品	课程平台	下周五前		

项目任务对学生要求较高，部分学生可能无法顺利完成任务，最关键的是学生可能不懂得如何分析任务，不知从何处下手，有很大的畏难情绪。因此，项目任务单的设计应该着重把任务进行分割，帮助学生做出详细的计划表，学生按照计划逐一完成小任务，并定时汇报进度。当学生进行了足够的训练以后，自然会对怎样做计划有初步的了解。

课后习题

一、论述题

1. 在新课的教学过程中，设计习题时要注意些什么？
2. 在当前信息化发展的大背景下，教学设计者需要具备什么能力？

二、实践任务题

将学员分组(6—8 人一组)，以中职学校教研室教师团队的角色，每组选择一门中职信息技术类课程，选定一种教学方法，将其应用在该课程的教学中。并参照表 3-8 的模板，完成其中一个知识点的教学设计。

要求：

(1)使用第三章或第四章中所介绍的任一教学方法；

(2)开展课堂活动前需做必要的资料收集准备；

(3)汇报形式：说课；

(4)汇报时长：10—15 分钟/组；

(5)汇报结束后需提交相关记录/文档。

表 3-8 《商品拍摄与图片处理——化妆品瓶子拍摄》教学设计

授课单元	综合实训五——饰品商品拍摄	授课班级	19 级电商 2 班
课程名称	《商品拍摄与图片处理——化妆品瓶子拍摄》	授课学时	30min
授课地点	摄影实训室	授课类型	新授课

续表

一、教材及教学内容分析

1. 参考教材：庄标英 . 商品拍摄与图片处理[M]. 北京：中国人民大学出版社 . 2015.（教育部中等职业教育专业技能课立项教材）

2. 教学内容：综合实训五——化妆品瓶子拍摄。

3. 教材分析及处理：被拍摄物体的材质主要分为吸光体、反光体和透明体三类，本次拍摄的化妆品瓶子是反光与透明材质相结合的混合体。所以本课内容是对前面所学的相机基本操作，反光体、透明体材质布光方法的综合运用。按照教学进度，本课对化妆品瓶子进行前期拍摄，后期处理则是在后面课时讲授。

二、教学对象分析

教学对象：电子商务专业一年级的学生。

1. 认知基础：已掌握对商品卖点进行提炼的知识，掌握了相机、闪光灯及道具的使用方法，前面已学习反光体、透明体材质的特点及布光方法。

2. 学生特征：思维敏捷，动手实践能力强，学习的自觉性一般，喜欢从手机网络获取信息，因为前段时间采用网络学习方式，所以学生的学习水平存在一定差距。

3. 心理特征：具有很强的自尊心，渴望拍出精美的图片以获得他人的认可。

三、教学目标

1. 知识目标：掌握反光与透明混合材质构成的商品(如化妆品瓶子)拍摄的布光及调整方法。

2. 能力目标：能够拍摄反光与透明混合材质构成的商品(如化妆品瓶子)布光合理、对焦清晰的照片，能够准确点评作品。

3. 情感目标：锻炼学生的观察力，培养美感意识，培养小组之间的信任感。

四、教学重点、难点

1. 重点：掌握反光与透明混合材质构成的商品(如化妆品瓶子)拍摄的布光及调整方法。

2. 难点：掌握反光与透明混合材质构成的商品(如化妆品瓶子)拍摄中的卖点展示内容，通过调整硫酸纸显示瓶身反光体的光泽感，调整后面闪光灯显示瓶身透明体的通透感。

五、教法与学法

1. 教法：任务驱动教学法。

2. 学法：自主探究法、小组合作探究法。

六、教学环境及资源准备

1. 学习平台：i 博导平台、希沃教学平台。

2. 学习资源：化妆品瓶子拍摄微课、《化妆品瓶子拍摄任务书》、《化妆品瓶子拍摄常见问题解答》、PPT 课件。

3. 教学软件：lightroom 软件。

续表

七、教学过程

教学环节	教学内容	教师活动	学生活动	信息化手段	设计意图
课前准备	布置课前自主学习任务：观看微课视频。	1. 让学生分析、挖掘和整理化妆品的卖点。 2. 在i博导平台上传化妆品瓶子拍摄微课视频等资源。 3. 了解学生的学习预习情况。	1. 小组挖掘和整理化妆品卖点，将其上传到i博导平台的“头脑风暴”中。 2. 学生自主学习视频内容。	i博导平台	1. 拓展学习的时间和空间，为课堂教学打下坚实的基础。 2. 培养学生核心素养中的学会学习能力。
师生互动（5min）	展示化妆品瓶子，对比拍摄图片，分析拍摄时的要点。	1. 指出要想展示化妆品，需要准备一张商品正面立体的照片。 2. 展示本课所要拍摄的化妆品瓶子，点明商品的卖点和材质。 3. 展示两张商品对比图片，引导学生思考、分析并在“头脑风暴”里作答。  	1. 学生听讲及思考。 2. 在i博导平台的“头脑风暴”中回答问题。	PPT演示	直观展示商品对比图片，吸引学生的兴趣，引发思考。

续表

教学环节	教学内容	教师活动	学生活动	信息化手段	设计意图
布置任务（2min）	布置拍摄任务。	发布《化妆品瓶子拍摄任务书》，本次拍摄要体现化妆品瓶子： 1. 整体的立体感。 2. 上面反光体的光泽感。 3. 下面透明体的通透感。	学生明确拍摄任务要求。	PPT演示	明确拍摄任务要求。
实施任务（5min）	布置和调整设备，进行初步拍摄。	发布《化妆品瓶子拍摄常见问题解答》，巡视答疑。	小组合作，调整布光、相机参数等，进行拍摄。	i博导平台中的微课、任务书、问题解答文档	学生课前已观看微课，极大提高了课堂效率，遇到问题时，也可以随时查看视频、问题解答文档，解决了本课重点问题。
问题解疑（2min）	对拍摄过程中出现的错误进行点拨。	根据学生常遇到的难题，鼓励其他小组回答并归纳。 如提问：如果反光体中间的黑色线条太粗了，该怎么办？	学生回答。	PPT演示	学生在拍摄过程中遇到问题，教师及时给予帮助，有利于学生对知识的掌握，突破本课难点。
完善拍摄（8min）	继续完善作品，上交作品。	巡视答疑，督促学生上交作业。	1. 小组合作，完善拍摄。 2. 完成快的小组可以进行简单的后期调色。	i博导平台，lightroom软件	解决了难点问题，学生更有信心，拍摄的作品更完美。
成果展示（6min）	展示作品	1. 鼓励小组代表分享经验和进行成果展示。 2. 教师点评作品。 3. 发布投票活动。	1. 小组代表分享经验。 2. 学生进行投票。	i博导平台的投票功能	1. 锻炼学生的口才。 2. 学生观看其他小组的作业时，可以取长补短，培养学生的竞争意识。

续表

教学环节	教学内容	教师活动	学生活动	信息化手段	设计意图
小结及作业（2min）	总结化妆品瓶子的拍摄要点，并布置作业。	1. 肯定学生的拍摄成果，小结要点。 2. 布置化妆品瓶子后期处理作业。	学生听讲及思考。	i 博导平台	1. 鼓励学生，激发学习兴趣。 2. 巩固本课所学的知识。
课后拓展	“头脑风暴”分享	在 i 博导平台的“头脑风暴”中发布对本课化妆瓶子的拍摄感想。	完成“头脑风暴”并给认同的感想点赞。	i 博导平台	巩固知识，实现相互学习。
八、教学效果的反思					
1. 本次摄影课是基于 i 博导平台的线上线下混合式教学模式，因为 2020 年上半年疫情的原因，学生居家学习期间的摄影课一直通过 i 博导平台上课，所以返校后，继续使用该平台。本课采用翻转课堂模式，充分发挥线上和线下优势，线上有利于培养学生核心素养中的学会学习能力，线下有利于有效教学。 2. 因为摄影器材数量有限，所以采取小组合作方式，在一定程度上缩小了学生在网络学习中存在的差距，互相学习，取长补短。					

参考文献

[1] 李方. 教育知识与能力[M]. 北京：高等教育出版社，2011：11.

[2] 张大均. 教育心理学[M]. 北京：人民教育出版社，2002：50-55.

[3] 杨艳蕾. 课堂教学导入环节的功能[J]. 辽宁教育，1997(Z2)：37.

[4] [苏]瓦·阿·苏霍姆林斯基. 给教师的建议[M]. 杜殿坤，译. 教育科学出版社，1984：362.

[5] 陈屹. 诱惑与困惑[M]. 北京：中国社会出版社，2002.

[6] 余建国，刘双红. 基于任务驱动的协同教学模式在程序设计类课程中的研究与实践[J]. 科技信息，2009(27)：104.

[7] 汪琳. 学习任务单在信息技术课中的应用[J]. 作文教学研究，2015(06)：91.

第 4 章　教学环境与教学媒体

环境是直接或间接影响人类生活和发展的周围因素，教学因素是与教学有关、影响教学并通过教学影响人的因素，教学环境就是指这些教学因素构成的总体，是一个复杂系统。

媒体是指载有信息的物体，是连接信息发送者和接收者双方的中介物，是用以完成传递信息的工具。当媒体用于传递以教育、教学为目的的信息时，便成为教学媒体。教学媒体是教学环境中的重要部分。

教学环境和教学媒体是随着人类社会的进步和科学技术的发展而不断变化的。本章首先介绍了教学环境的概念、发展现状以及信息化的教学环境，再对教学媒体进行分类、比较，着重讲解了信息化教学软件和在线教学平台的各项技术，最后以基于开源框架的在线教学平台建设作为课程设计实例。

4.1　教学环境

4.1.1　教学环境概述

教学环境有广义和狭义之分：广义的教学环境是指影响学校教学活动的全部条件(包括物质的和精神的)，可以是物理环境和心理环境。而这两类环境又可以作为相对独立的子系统存在，并具有各自不同的构成要素。狭义的教学环境特指班级内影响教学的全部条件，包括班级规模、座位模式、班级气氛、师生关系等。

教学的物理环境是由学校内部的各种物质、物理因素构成的，如校舍建筑、教学工具、时间、空间等。教学的物理环境又可以再划分为设施环境、自然环境、时空环境。社会文化心理环境是由学校内部许多无形的社会、文化、心理因素构成的一个复杂的环境系统，它与物理环境共同构成了教学环境的整体。与物理环境不同的是，社会文化心理环境是一个看不见、摸不着的无形环境，但它对师生的心理活动和社会行为，乃至整个学校的教育、教学活动都有着重要的影响，有时其影响力甚至会超过物理环境。

4.1.2 信息化教学环境

1. 信息化教学环境的概念

信息化教学环境就是运用现代教育理论和现代信息技术所创建的教学环境，是信息化教学活动展开的过程中赖以持续的情况与条件。这种教学环境包含在信息技术条件下，直接或间接影响教师“教”和学生“学”的所有条件和因素，是硬件环境、软件环境、时空环境、文化心理环境等条件和因素的集合。

2. 信息化教学环境的类型

信息化教学环境包括物理教学环境、信息资源环境、人力资源环境及人际关系环境等。从技术和活动方式的角度看，信息化教学环境可以分为课堂教学环境、视听传播环境和网络教学环境等类型。从教育传播的角度看，教学环境的构成要素有三类：一是时空结构，二是空间容量，三是媒体装备。信息化教学环境在本地教学和远程教学的应用如表 4-1 所示：

表 4-1 信息化教学环境的应用类型

教学场景		同步	异步
本地	个人	PC-CAI、放像机、虚拟现实等	教科书、电子笔记本、电子词典等
	小组	讲授、讨论、录像放映等	录音、录像、练习等
	群体	多媒体课堂、网络教室等	电子阅览室、教学局域网等
	众体	影院、会堂、报告厅等	图书馆、学习资源中心等

续表

教学场景		同步	异步
异地	个人	电话、网络视频电话等	E-mail、电子查询、网络信息检索等
	小组	聊天室、电子论坛等	E-mail、网络课件等
	群体	视频会议、虚拟教室等	BBS、校园网、网络课程、虚拟学堂等
	众体	广播电视、视频会议系统等	互联网、数字图书馆、电讯新闻组等

3. 信息化教学环境的特点

信息化教学环境主要有这样几个特点：①教学信息多媒体化；②学习资源共享化；③学习活动合作化；④自主学习个性化；⑤教育管理自动化。

4. 信息技术支持教学理论的发展

信息技术支持教学这一理论的发展历史其实并不是非常的久远。最早是美国提出要将信息技术整合到各个学科教学中去，致力于将新技术融入教育行业中，打破传统教学的局限性和狭隘性。当时，美国的科学技术在世界遥遥领先，同时十分注重教育的发展与改革，因此，美国在“信息技术与课程资源融合”的研究上具有重大影响力。这一研究的途径和发展历程可分为以下三个阶段：

(1)第一阶段：基于网络的探究。

这一阶段大致从20世纪90年代中期至2003年，其典型代表是基于网络的探究(WebQuest)。在这类模式下，首先向学生展现一个需要解决的问题或者一项需要完成的具体任务；然后为学生提供一些网络上的资源，学生获取网络资源后，结合实际问题或者任务的需要展开分析；最后得出一种创新式的解决方案。这种整合模式既能激发学生上网搜索资料的兴趣，又能在此基础之上提升学生自主探究学习的能力。为了便于教师快速掌握这种教学方法和顺利开展此类教学活动，WebQuest提前为教师提供了固定的教学设计模板和相关的指导说明。WebQuest具有以下三个方面的内涵特征：①WebQuest的主题是“一个生活中需要解决的实际问题或实际任务”。②WebQuest通过对网络信息资源的自主探究学习，极大地调动学生上网搜索信息的兴趣，提高其能力。③为了使教师更加容易掌握和利用，WebQuest 设计了一套教学模板和相关教学规定给教师使用，规范性较强。

(2)第二阶段：技术支持科学学习(TELS)。

这一阶段大致从 2003 年至 2008 年，其显著代表是 TELS，又称为技术支持科学学习，它强调将技术运用到理科教学课程中。第一阶段强调的是将基于课外的信息化技术与课程资源融合，这一阶段就强调把技术整合到课内，其特点如下：

①特别注重课程设计。TELS 项目设计了 18 个不同主题不同学科的课程设计模块(初中与高中各 9 个模块)，以便满足中学理科学科的教学要求，同时实现信息技术对学科教育的支持，这样有助于把基于网络的探究学习模式引入课堂教学中，更好地实现信息技术与课程资源从“课外整合”转向“课内整合”。

②特别注重数字化学习环境的创设与营造。这与 TELS 项目把 WebQuest 基于网络化的探究学习模式引入课堂教学，更好地实现信息技术和课程资源的“课内整合”想法是密切相关的。要想在课堂教学中开展这种探究性学习，就不能脱离以计算机软件为基础的多种学习工具和教育教学资源的资源支持，即“信息学习环境”。这就促使我们利用不断更新的开源框架去搭建“以学生为中心”的教学平台。

(3)第三阶段：整合形成一种新知识(TPACK)。

这一阶段大致从 2008 年至今。TPACK 是指由“课程内容、信息技术与教学法”这三者整合而成的一种新的理论知识基础。在前两个阶段中分别强调“技术”与“学生”，前者突出技术在课外的整合优势，学习者基于网络资源进行探究学习；后者强调利用技术优化课程学习的课内资源整合。从中可以发现，虽然在前两个阶段中技术都对教育行业发展产生促进作用，但是也暴露出一个很大的缺陷，即忽略了教学过程中教师的作用和教师所需要具备的能力与要求。教学过程中的双方是一种双边的关系，如果一味地只追求技术给学生学习带来的好处，而忽略了教师在教学中不可忽视的地位也是不可取的。因此，在第三发展阶段中，将“教学法”引入“信息技术和学科内容的整合”当中，由这三种要素形成一种新的知识框架，并且这三要素之间的关系并不是简单的交叉关系，具体如图 4-1 所示：

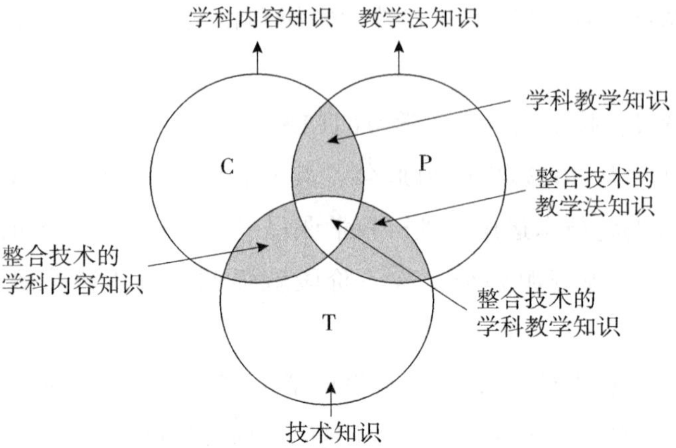

图 4-1 TPACK 框架及其知识要素

TPACK 具备以下几个特点：

第一，TPACK 作为新形成的一种知识，由三大要素整合而成，所以其知识结构、属性可能会涉及很广的领域，关系错综复杂。新知识的形成是为了解决我们在信息技术支持教学过程中的难题，而在教学过程中遇到的问题是不确定和未知的，所以新知识在这里并不能为解决教学过程中的问题产生一套固定的解决方法，而是需要教师在各自的教学过程中灵活地总结出解决方法。

第二，TPACK 的定义是强调三种要素整合，因此，在对 TPACK 的应用上，要把技术整合渗入教学法的学科教学中，而不仅仅是三种要素的叠加或者重新组合。因为在新知识理念下，不再是利用技术优势这么简单，而要更加关注在数字化教学环境下的“教与学”理论和教学法。

第三，教育者必须要掌握这种全新知识——TPACK，这对教师自身的发展和教育教学工作有重大指导作用。教师在教育改革中起着不可替代的作用，是改革的参与者和推动者，同时也是新知识指导下课程教学的设计者与实施者。

在对信息技术与课程整合进行探究时，需要思考两个问题：

一是信息技术是真正整合到课程中，还是加入课程中？这两者有莫大的区别。要做到整合，信息技术和课程应该是合二为一的关系，而不是主从关系。

二是信息技术有没有提供一个数字化的教学环境？有效的教学不仅仅是传授新的内容、知识的更迭这么简单，信息技术所打造的教学环境再先进，也需要融入合适的教学法，如循序渐进、因材施教或启发诱导，这也是传统教学所具备的优势。

4.2 教学媒体

4.2.1 教学媒体概述

以传递和存储以教学或学习为目的的信息的媒体被称为教学媒体。教学媒体用于教学信息从信息源到学习者之间的传递，具有明确的教学目的、教学内容和教学对象。

从本质上看，教与学活动是一种获取、加工、处理和利用事物信息的过程，因此作为储存事物信息的任何媒体，都能作为教学媒体。

在人类文明史上，技术的发展经历了三个大的时期，即以手工技术为基础的技术时期，以机械和电气技术为基础的技术时期，当代蓬勃发展的以信息技术为基础的技术时期。因为教育技术的发展起源于技术在教育中的运用，而教学工具是有形技术与无形技术的结合体，它随着教育技术的发展而发展，因此，教学媒体工具的发展也可分为以下三个时代，如表 4-2 所示：

表 4-2 **教学媒体工具发展模型**

发展阶段 / 工具特征	传统工具时代	视听媒体工具时代	信息网络工具时代
物化形态的技术（有形技术）	竹简、粉笔、黑板、印刷材料、实物、模型等	幻灯、投影、广播、电影、教学机器、卫星电视、录像、电视等	校园网、人工智能技术、虚拟现实、因特网、教育游戏、CAI 软件等
智能形态的技术（无形技术）	孔子的启发式教学、诡辩术、口耳相传、讲演术、直观教学法、苏格拉底的启发式教学等	教育目标分类学、经验之塔理论、程序教学、标准参照评价、先行组织者理论、基于行为主义的教学系统设计等	基于建构主义的以“学”为主的教学设计、网络课程开发理论、绩效技术、基于认知理论的教学设计、知识管理技术等

从媒体类型上看，教学媒体的发展经历了四个阶段：语言媒体阶段、文字媒体阶段、印刷媒体阶段和电子媒体阶段。

1. 语言媒体阶段

教育从一种个体的模仿和体验活动发展成为群体的信息传播与接收的活动，教育的内容也从具体的经验转变为抽象的知识，可以说，语言的产生是人类教育产生和发展的前提。

2. 文字媒体阶段

最初采用文字的时间大约在公元前 3000 年，直至现在，世界上的文字大约有 500 种。文字的产生使得语言可以保存，生产、生活经验可以记录下来，人们可以把信息传递得更远。

3. 印刷媒体阶段

公元 105 年，中国的蔡伦造出了一批良纸；公元 8 世纪，中国人发明了雕版印刷术；公元 1041—1048 年间，中国的毕昇发明了活字印刷术；公元 1456 年，德国人古腾堡发明了效率更高的铸字方法。印刷媒体的出现，使得信息可以大量复制、储存并广泛传播，学生不仅向教师学习，也向书本学习。教科书的大量印刷使得大规模的公共教育成为可能，班级授课制在此基础上产生和发展。

4. 电子媒体阶段

1844 年莫尔斯发明了电报，首次把电报讯号从华盛顿传到巴尔的摩；1876 年贝尔发明了电话；1941 年，加拿大设立了“农村广播专题节目”，直接对农民进行教育；电视时代始于 1936 年的法国和美国；1946 年，计算机问世；1957 年苏联发射第一颗人造卫星；1969 年，互联网诞生。电子媒体不仅仅为学校教育提供了强有力的信息展示手段，更改变了教育的社会面貌，函授教育、广播电视教育等远程教育形式的问世打破了教育的时空界限，学校不再是教育活动的唯一场地，教育的社会化开始成为现代教育发展的趋势之一。未来，教学媒体将呈现数字化、智能化、小型化、网络化、系统化的发展趋势。

4.2.2 信息化教学媒体的发展

信息化教学媒体是信息网络工具时代的产物，也是一种电子媒体。它是直接介入教学活动过程，并用来传递和再现教育信息的现代化信息传递工具，由硬件和软件两要素组成。下面介绍几种信息化教学媒体手段。

1. 计算机辅助教学

计算机辅助教学简称 CAI(Computer Aided Instruction)，是计算机辅助教育 CBE(Computer Based Education)的重要组成部分。CAI 是一项重要的新兴教育技术，从狭义的角度，CAI 可以理解为一种利用计算机强大、便捷的功能代替部分教师的作用，在课堂上从事教学活动的教学形态。随着 CAI 的深入发展，可在更加广泛的意义上来理解这一概念，涉及极为宽广的计算机应用领域。

特别是在极具个性的职校学生群体中，他们对常规式的教师在课堂上说教的教学模式不太感兴趣。恰恰是当下产生的一些信息化产品，对他们更具有吸引力。计算机辅助教学的加入促使学生对教学形式产生了更大的兴趣，学习效果更明显。

(1)调动学习积极性和激发学习兴趣。

兴趣是学生学习知识的重要内在因素。而 CAI 可以给学生带来丰富的动画、图片、音频、文字等课堂内容，极大地增强了课堂的生动性，从而激发学生对学习内容的兴趣和主动性。

(2)调动学生的视听感官，提高记忆效率。

CAI 的视听效果可以增强教学的直观性和生动性。利用其效果进行教学可以提高学生记忆学习内容的效率。比如，在物理教学中有许多公式和定理，可以利用 inspiration 软件制作思维导图，把知识条理化，便于学生记忆；同时，利用计算机的动画制作功能可以将物理中的一些实验变得更加形象，易于理解。

(3)扩大细节呈现，便于进一步探讨。

在一些理科课程的教学中，设计了很多重点实验，由于设备条件的局限，并不是每一个实验都可以开展。而此时，我们就可以利用计算机设计一个 3D 模式动画，突出展示一些实验的重点细节，在课堂中给学生观看后，再做进一步探究。

(4)跨越时空，开阔学生视野。

计算机通过连接网络，可以获得更多的电子图书数据和各种网上资源。这就打破了传统上受空间限制获得资源的局限性，让更多优质教学资源得到更加广阔的传播和利用。

2. 在线网络课程

网络课程指将学科的教学内容引入网络上，利用网络的跨时空特点，在同一时间给不同地区的学生进行教学活动。这是互联网与教育教学结合的一种新的课程形式。网络课程有其特定的教学组织资源、相应的软件和特有的形式支持。它利用信息化技术与课程结合，为学习者提供一个数字资源环境。

3. 在线教学平台

在线教学平台的产生给学生的学习带来了极大的方便，特别是在全球新冠肺炎疫情时期，在线教学平台充分展现了它的优势：不受时间、地点、空间的局限，同时可以实现教师与学员、学员与学员之间的互动。在线学习平台发展阶段可分为三个时期：

(1)封闭的网络化教学模式(2010—2012年)。

这一时期又称为E-Learning(Electronic Learning)时期，中文有三种译法，同时代表着三种不同的理解：第一种翻译为“电子化学习”，强调基于电子化的学习；第二种翻译为“数字化学习”，强调基于互联网的学习；第三种翻译为“网络化学习”，强调在E-Learning中要把数字化内容与网络课程资源结合起来。但是三个概念有着共同点：都是强调数字技术，强调用技术来对教育的实施过程发挥引导作用，进行改造。

美国E-learning专家罗森伯格提出E-learning要基于三大基本标准：

一是E-learning基于互联网，所以教师或者学生可以在有网络的地方实时储存、更新、利用和分享教学活动内容或教学要求。

二是E-learning关注的是最宏观的学习和学生自身学习的全程记录，是超越传统教学培训典范的重要学习解决方案。

三是 E-learning 利用标准、安全的计算机网络技术，将课程内容、要求和资源通过电脑传送到学生端。

这一时期的在线教学平台既有优势，也有其劣势：

一是学习内容具有局限性。由于在此阶段国内缺少质量高、互动性强的 E-Learning 课件和平台，导致了设计开发者不容易管理课程资源，同时增加了公司的成本；

二是缺少人性化的沟通方式。网络虽然打破空间局限将人们聚集在一个特定的网络环境中，但是却增加了人们情感交流的难度。少了面对面讨论激发灵感的重要环节和实践操作功能的缺乏，学习效果会有所下降。想要真正学好课程，就要在掌握知识的同时有自己的理解，并多加练习。

三是在课程内容传输上具有局限性。在 E-Learning 时期，信息技术结合课程其实并不是非常完善。区别于传统课堂上教师在教室里给学生上课，其最大劣势就是：学习者与教育者中间被虚拟网络给隔绝，因此如果在教学上发生什么意外，教师可能没有足够能力去控制处理。

这个时期的国内代表是由国家教育部创办的“国家精品课程资源网”，现如今该网站已经发展成中国 MOOC(慕课)网。国外代表是国外在线课程平台的三大巨头之一——Coursera，其致力于与世界顶级大学合作，提供最优质的在线课程。

(2)开放的在线教学模式(2012—2016 年)。

在线课程在此阶段的特点是大规模开放式课程 MOOC 平台的兴起(Massive Open Online Courses)。最早的 MOOC 平台是从国外产生的，最著名的是可汗学院。2012 年，MOOC 飞速发展，被称为 MOOC 元年。现如今 MOOC 平台越来越多，包括国外的三大巨头 Coursera、Edx、Udacity，国内的中国大学 MOOC、清华学堂在线、慕课网等，不仅有综合性的教学平台，而且有专业性的教学平台，如 IT 技术教学平台。

(3)“互联网+”课堂教学模式(2016 年至今)。

随着移动互联网的发展，在线课程进入一个新阶段。

第一，微课与 MOOC 互补。微课(Microlecture)是指运用信息技术，按照认知规律，呈现碎片化学习内容、过程及扩展素材的结构化数字资源(详见第六章)。微课的产生给传统课堂注入了活力，活跃了课堂气氛，提升了学生的积极性。虽然MOOC在国内外的发展已形成了自己的一套模式，但是其在主题分明的课堂应用上依然存在不足之处。微课的出现恰好可以弥补MOOC的不足。而微课的进一步发展也需要依托MOOC强大的平台。所以，两者的关系是互补的。目前国内主要采用“1(平台)+M(大学)+N(学生)”的慕课教学模式：在一个慕课平台上，大学(M)里的教师通过信息技术录制微课，将课程资源成体系地存储在平台上，在线下教学时利用翻转课堂，对学生(N)展开大规模在线课程教学。

第二，“MOOC+SPOC”的教学融合。在翻转课堂式的教学模式中，教师会设计一个课前任务让学生提前在翻转课程的平台上完成。课前任务一般为观看视频，并通过判断和填空题进行重要知识点的测试与巩固。在翻转课堂中，教师无须按照教学计划从头教起，而是在课堂中，从翻转课堂前期的知识基础出发，列举更多的案例进行分析，用贯穿发散思维的课程环节让学生将课前学到的知识真正内化于心，甚至能够对所学知识进行重构，将课堂效果翻倍提升。教师进行引导，慕课平台作为数字学习环境，这就是将大规模的MOOC在线课程变成小规模的在线SPOC(Small Private Online Course)课程进行班级授课。这种翻转课堂式的教学模式有利于学生提高自主探究、发散思维和高效学习的能力，将学生放在教学主体的位置上。

4.3 信息化教学软件

4.3.1 信息化教学软件的技术发展

信息化教学工具的发展与计算机技术、计算机网络及其相关技术的发展密切相关，从技术上来看，可分为以下几个阶段：

1. 单机教育教学软件阶段

这类型的教育教学软件多借助一些实用的计算机软件技术，为教育教学活动提供所需要的文本、图片、音频、视频及动画教学材料展示，以此来辅助教师教学与学生学习。单机类的教育教学软件因其强大的教育教学辅助功能曾为教育信息化的发展起到了巨大的推动作用。但是，随着网络技术的出现及发展，单机类教育教学软件开发与使用环境的封闭性、资源共享性的缺乏、即时互动性的不足已不能满足教育信息化的要求，它们已逐渐被融入了网络技术的网络教育教学软件所替代。当然，在网络技术与教育结合愈来愈紧密的今天，优秀的单机类教育教学软件因其种类齐全、教学易于使用、功能强大等特点仍然被广泛地使用。

2. 网络教育教学软件阶段

随着计算机网络技术的产生及发展，网络以其开放性教学环境的营造、跨时空的资源共享、即时性师生互动易于实现等优势在教育教学中被大量地运用，网络型教育教学软件也随着网络技术的发展在教育教学活动中越来越受到重视。网络教育教学软件摆脱了单机教育教学软件的技术缺陷，充分利用网络互联技术实现教育教学活动中的信息资源共享、师生互动交流，使教育教学活动日益实现了开放性、信息化的特征。网络教育教学软件在形态上改变了原有单机软件单一的程序处理方式，利用网络化的平台技术来提供海量的教育资源及线上教学活动。可以预见在未来的发展中，网络教育教学软件将在教育教学活动中发挥更加重要的作用。

3. 基于移动互联的教育教学 APP 阶段

计算机网络技术经历了 PC 网络发展阶段及移动网络发展阶段，近年来，基于移动互联网技术的智能学习设备开始大量地进入教育领域。智能手机、智能平板及各类智能学习设备在教育教学活动中得到广泛的应用，其中特别值得注意的是近几年来涌现出来的基于移动设备的各类教育教学应用程序 APP (Application)。在移动学习环境下，教师与学生可以利用不同类型的教育教学 APP 来实现学习资源的获取、学习材料的处理、学习资料的推送与发布、学习过程的实施与管理及学习效果的评价。移动互联的教育教学 APP 的出现及推广，使未来的教育教学形态呈现出了开放性、共享性、泛在化的特征。

4. 基于“互联网+”新技术的教育教学智慧软件阶段

随着“互联网+”行动计划的提出，教育教学软件的发展迈入了基于“互联网+”新技术的新阶段。以物联网、大数据、云计算、移动互联为代表的一批新技术不断融入教育教学软件的设计与开发中，基于AR增强现实技术(Augmented Reality)、VR虚拟现实技术(Virtual Reality)、AI人工智能技术(Artificial Intelligence)等新技术的教育教学软件开始出现，并已进入了课堂，为教育信息化的发展与智慧课堂的实现提供了必要的技术支撑。

4.3.2 信息化教学软件的主要形态

从使用功能上来划分，信息化教学软件可以分为两类主体：一类是信息化教育学习软件，另一类是信息化教学辅助工具软件。这两类都是利用信息技术为教育教学过程实现高效性与便捷性而设计的计算机程序产品，但前者是以方便学生学习课程和知识为主，其目的在于改变传统的学习方式，如墨墨背单词、学习强国等；而后者是以帮助教师更加方便和多样化地开展教学活动为主，其目的是增加教师课堂教学的生动性和精彩性，如利用幻灯片展示课件、利用Flash进行动画制作等。下面将分别对这两类软件进行介绍和对比。

1. 信息化教育学习软件

在"互联网+"时代，信息化教育学习软件的设计与开发呈现出了不同以往的发展趋势。首先，软件的外在形态更加多样化，基于计算机网络的程序型教育学习软件、基于网络平台的网页型教育学习软件、基于在线互动的互动型教育学习软件、基于大数据的分析型教育学习软件等不断涌现；其次，从教育教学资源的获取到学习过程的信息化推送，从教育教学过程的辅助、管理到教育教学过程结果的反馈与评价，这些软件在教育教学活动的应用上体现了全程介入的特征。我们将信息化教育学习软件分为以下几类：

(1)资源获取平台型。

资源获取平台型软件一般通过网络平台或者软件的形式为教师与学生提供大量的教育教学信息。教师与学生可以通过网页访问的形式访问教育教学资源平台，寻找并查看自己需要的教育教学信息，必要时还可以利用嵌入网页的工具或基于网页资源的下载工具下载资源。网络资源下载工具专门针对不同的网络资源类型做了特殊的设计，适用于文本、图片、音频、视频、动画等不同资源的下载，比较典型的有图片资源下载工具imagedown，音视频下载工具download、硕鼠等。表4-3中列举了一些比较典型的教育教学资源平台：

表4-3　　　　**教育教学资源平台示例**

平台名称及访问地址	平台首页示例
华师慕课 http：//home. c20. org. cn/mooc/cn/mooc/index. php	
国家教育资源公共服务平台 http：//www. eduyun. cn/	
教育资源网 http：//www. chinesejy. com/	
国家基础教育资源网 http：//so. eduyun. cn/national/index	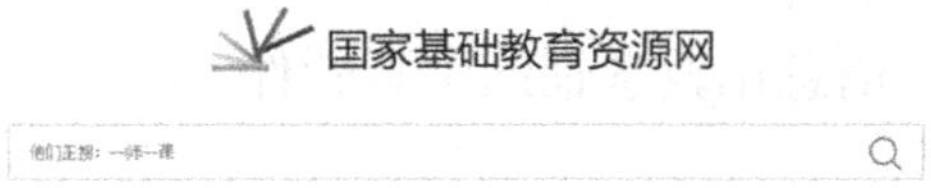

(2)移动学习APP型。

移动学习APP是针对手机、平板电脑和移动智能设备开发的应用教学软件。比较典型的是学科教学型APP，如表4-4所示：

表4-4　　　　**移动学习APP示例**

APP名称	APP页面示例
语文教学型 “语文100分”	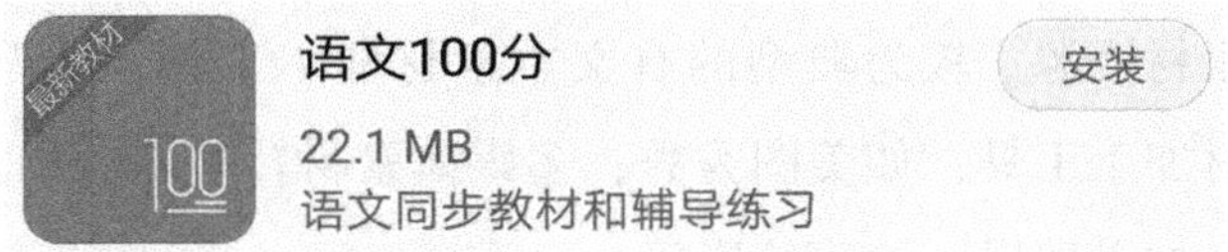
数学教学型 “洋葱数学”	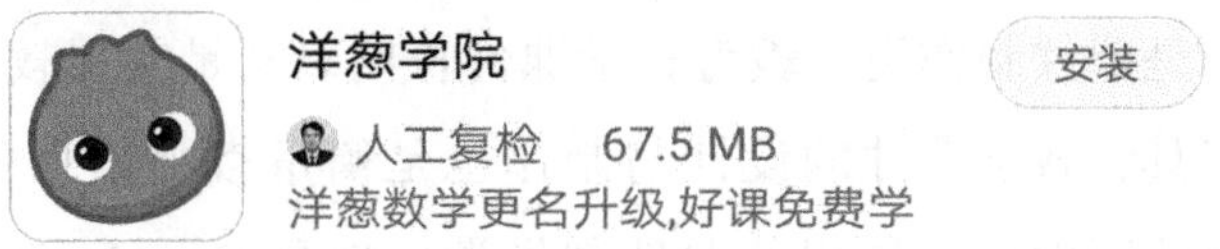

续表

APP 名称	APP 页面示例
英语教学型 “盒子鱼”	
通用型 “作业帮”	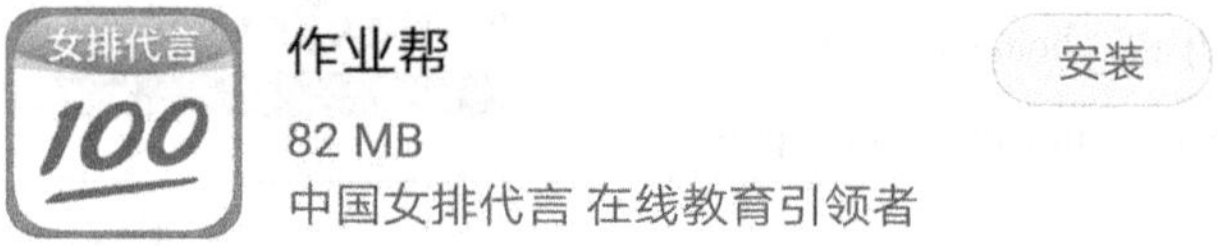
通用型 “猿题库”	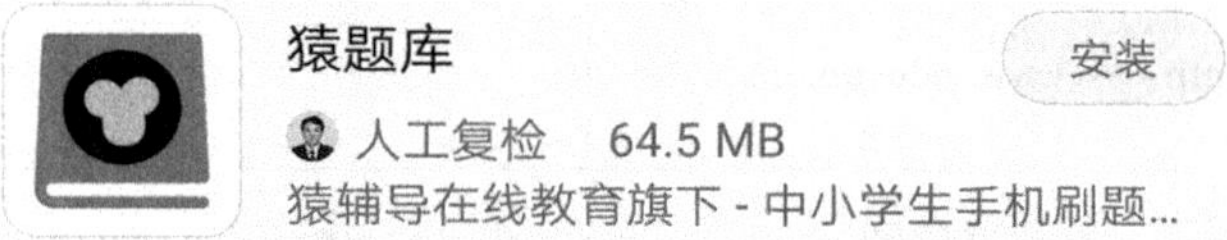

2. 信息化教学辅助工具软件

辅助工具软件就是为了能够顺利、轻松地完成一项操作或者任务所借助使用的工具或者软件。而信息化教学辅助工具软件就是为了能够轻松、高效、便捷地完成教育教学活动而借助的信息工具软件。我们把信息化教学辅助工具软件分为教学资源制作型、社交媒体通信型和信息资源共享型，选取实例进行对比分析。

(1)教学资源制作型。

一是素材加工类。对教学中的资源素材进行信息化加工是实现教学信息化的关键性基础工作。素材加工类工具主要是对教育教学活动中所需要的文本、图片、音频、视频、动画等不同类型的素材进行加工，使之形成能用于教学的有效课程素材资源。较为典型的有文本素材加工工具，如万能 PDF 文件转换器；图片素材加工工具，如美图秀秀；多媒体素材转换器，如格式工厂；高效视频剪辑工具，如爱剪辑、绘声绘影等。

二是课件制作类。教育教学课件长期以来是实现教育教学活动信息化的重要物态工具，教学课件的设计与制作也是衡量教师信息化教学技能高低的重要指标。目前国内流行使用的课件制作类软件是 Focusky 和 PowerPoint，下面对这两类工具从不同方面进行对比：

■ 编辑页面(见图 4-2a 和图 4-2b)。

从图 4-2a 和图 4-2b 可知，两者的编辑页面类似。

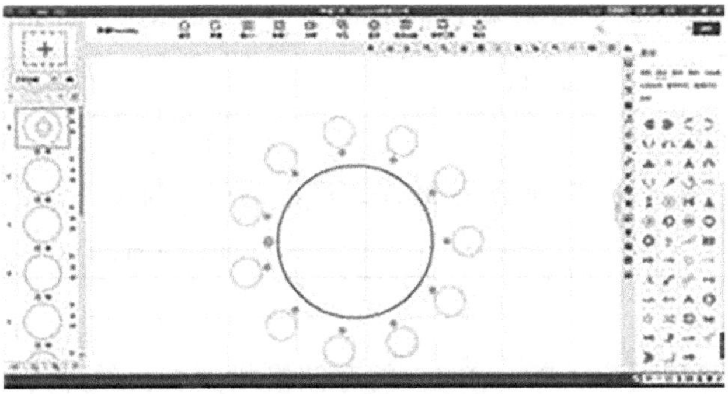

图 4-2a Focusky 编辑页面

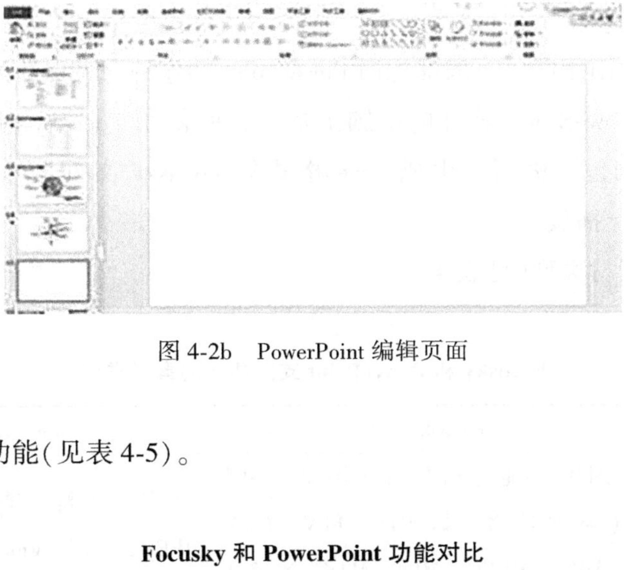

图 4-2b PowerPoint 编辑页面

■ 基本功能(见表 4-5)。

表 4-5 **Focusky 和 PowerPoint 功能对比**

基本功能	Focusky	PowerPoint
动画效果	动画效果单一，只有旋转、缩放、平移	菜单栏中有动画功能，效果多
绘画工具	有限几种(矩形、圆等)	类型丰富
模板主题	有限(10 种)	主题丰富
字体	有限(12 种)	无限类型

从表 4-5 中可以看出，PowerPoint 比 Focusky 的基本功能更全面。

■ 存储文件格式(见表 4-6)。

表 4-6 **Focusky 和 PowerPoint 文件存储的格式**

	Focusky	PowerPoint
存储格式	格式有限： . pez、. zip（zip 里面会生成 . exe 的 Focusky 文件）	格式较多： . ppt、. pptx、. pdf、. wmv、. gif、. bmp、. wmf、. rtf、. png 等

从表 4-6 中可以看出，PowerPoint 的存储格式更多，教师可以根据自己的需要，选择合适的文件保存格式，而 Focusky 的文件存储格式单一，只有有限的两种。例如，教师如果需要 pdf 格式的课件，就应该选择用 PowerPoint 来制作、存储。

在进行课件演示时，一般都把用 PowerPoint 制作的课件保存为 . ppt/. pptx 格式，在安装了 PowerPoint 软件的电脑上播放；而使用 Focusky 时，如果存储为 . zip 格式的压缩包，里面会生成 . exe 格式的 Focusky 文件，可以在没有安装 Focusky 的电脑上播放。

■ 支持素材类型(见表 4-7)。

表 4-7 **Focusky 和 PowerPoint 支持插入的素材类型**

	Focusky	PowerPoint
支持的多媒体格式	文字、图片(不能插入网页上的图片)、视频文件（类型较多，如 F4V、FLV、MOV、WMV、MPG、MPEG、MP4、M4V、YouTube 视频等)、声音文件(类型有限，Flash、swf 或 flv) 其他：PDF 文档，pptx、ppt 格式的 PowerPoint 文件	文字、动画、图表、图片（如 JPEG、PNG、wmf、jpg 等)、视频文件(类型有限，如 MPEG、AVI、WMV、ASF、MP4 等)、声音文件(类型较多，如 MP3、WAV、wma 等)

从表 4-7 中可看到两款软件的多媒体功能类似，能插入的素材包括文字、图片、动画、声音、影片等，又各有特点：PowerPoint 能支持的视频文件有限，没有 Focusky 多；PowerPoint 能插入表格，而 Focusky 不能；PowerPoint 能支持的声音文件类型也比 Focusky 多；另外，Focusky 还能插入 PDF 文档及 pptx、ppt 格式的 PowerPoint 文件。故而，当制作课件时，教师需要根据所需插入的视频、声音、表格等文件的特点，适当选用两款软件。

■　展示尺寸(见图 4-3a 和图 4-3b)。

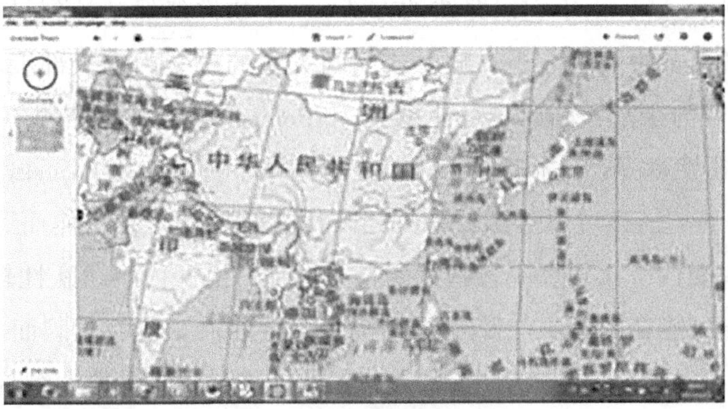

图 4-3a　Focusky 呈现效果

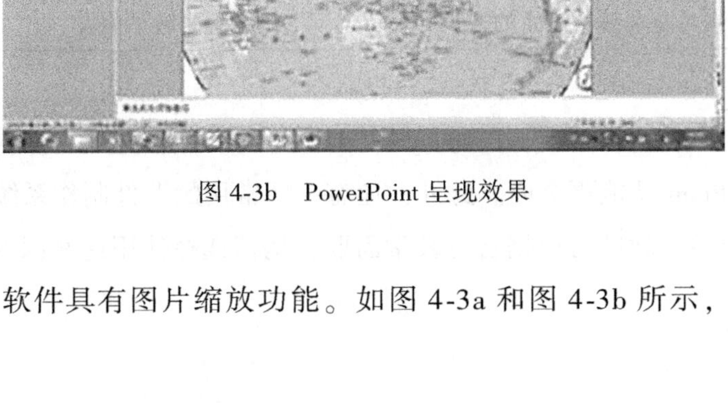

图 4-3b　PowerPoint 呈现效果

Focusky 软件具有图片缩放功能。如图 4-3a 和图 4-3b 所示，如果要呈现一幅世界地图，若使用 PowerPoint，就会占用整整一张幻灯片，并且细节表达不清晰；如果需要展示细节，就要将所需展示的细节放大，把它放在第二张幻灯片上。使用 Focusky 软件可以将图片无限放大，展现更多细节，而且不会模糊。

■ 课程内容展现(见表4-8)。

对于呈线性关系、较为简单的教学内容，应使用 PowerPoint。由于幻灯片是以页面的方式呈现，教师可以选择线性方式来呈现教学内容。换言之，演示者可以从首页幻灯片开始，依据直线形的方式一一演示教学中的内容，直到最后一页。而使用 Focusky，由于它以路线的方式(一个物件忽然被拉到另一个物件上)呈现，会将各部分没有明显逻辑顺序或空间关系的教学内容全部展示在一张"画布"上，显得较为杂乱，因此还是使用 PowerPoint 展示更加简洁明了。

对于非线性关系、内容复杂的教学内容，应使用 Focusky。虽然利用 PowerPoint 中的超链接可以达到页与页之间快速转换的效果，然而课堂教学中往往会产生一些变数，比如有些教师授课自主性强、上课内容跳跃性较大，如果使用 PowerPoint 可能会因为不能及时展现相应的页面而影响教学。而 Focusky 的所有内容能在一张"画布"中展示出来，在课前可以将本节课的大纲内容完整展现在屏幕上，如果教师想要展现具体内容可以点击放大功能，做详情呈现；或者当教师不想让学生看到某内容页时(如互动提问时)，可以即时点击缩小功能，将内容隐藏起来。

表4-8 **Focusky 和 PowerPoint 的课程内容展现**

	Focusky	PowerPoint
课程内容展现优势	更适合呈现具有时空逻辑顺序的教学内容、呈现具有非线性关系的教学内容	更适合呈现简单的、具有线性组织的教学内容

通过以上比较可以得出，Focusky 在"切换"效果上较为独特，但是在其他方面还是 PowerPoint 功能更全面。此外，还有一些常用的课件制作系统(见表4-9)，在这里不再赘述。教师可根据自身教学需要，酌情选择使用这些课件制作工具。

表 4-9 **课件制作型系统及工具示例**

课件制作型系统名称	下载地址
天柏多媒体课件制作系统	http：//www. xitongzhijia. net/soft/32198. html
多媒体课件制作器	http：//www. xitongzhijia. net/soft/44111. html
新启科技课件制作工具	http：//www. xitongzhijia. net/soft/33959. html
乐芝麻网络课件制作系统	http：//www. xitongzhijia. net/soft/37559. html
灵豚课件制作工具	http：//www. xitongzhijia. net/soft/72056. html
睿课课件制作软件	http：//www. xitongzhijia. net/soft/66214. html

(2)社交媒体通信型。

在社交媒体工具上，人们能够即时联系、分享作品、讨论热点等，从而拉近人际距离，聚集各种思想观点。应用于教学上时，这类工具可用于推送课堂教学资源，协助教师开展教学活动，进行教学管理和教学评价。

一是信息推送与发布类。此类工具基于信息发布与互动的社交类软件和二维码技术，能实现教育教学信息的推送，如微信、QQ、皮皮匠、草料二维码等。

二是教学管理类。此类工具能在教育教学活动中辅助教师利用数字化手段获取教学及学习过程中的信息并实施管理。其具体功能包括对教学和课堂学习状况做记录，随时掌握学生上课状况，通过数字化互动的方式对学生进行学习状况的调控等。比较典型的有希沃授课助手、班级优化大师等。

三是授课助手类。此类工具能辅助教师在课堂教学环节更好地操作与控制数字化教学设备，有效地完成课程信息展示。其具体功能包括对不同类别的课堂数字化教学设备进行管理，将教学信息顺利地在不同设备间进行传输，控制数字化教学设备对展示的教学材料进行放大、勾画重点等操作，向学生清晰地展示课堂教学材料。比较典型的有实现移动设备与投影设备互联的“一键投影”、实现投影桌面放大的“ZoomIt”、实现师生互动的“微弹幕”等。

四是教学评价及反馈类。此类工具主要能在教育教学中辅助教师及时地收集教育教学活动过程及结果的反馈信息，以对教育教学活动提供及时与科学的教学评价和调整。其具体功能包括完成过程性与学业结果性教学测评，利用数字化与专业的数据处理技术及时地把结果数据化，自动统计与分析结果，并以图表的形式把结果直观地表示出来供教师参考等。比较典型的有问卷星、调查派、易题库等。

下面以 QQ、微信和微博三种最常见的社交媒体工具为例，对比它们在教学辅助方面的作用：

● 资源提供。

■ 发送教学资源。

利用 QQ 的文件发送功能，教师可以及时地给学生发送一些相关的学习资料。微博可通过私信方式传输资料，但并不如使用 QQ 那么普遍、方便、及时。微信也具备文件传输功能。

■ 共享教学资源。

利用 QQ 的群共享功能，教师只需要把资料传到群共享空间，所有学生就可进行下载使用。除此之外，学习者可以建立一个共享社区，如果有好的学习资源可以上传到社区与大家共享资料，共同学习进步，从而实现了资源的共享。而微博、微信都难以实现该功能。

■ 拓展课外知识。

学生生活在社会中，不可能“两耳不闻窗外事”，只埋头读书、写作业，也要知晓社会生活动态。平时，可倡导学生通过关注一些官方的、可靠的微信公众号来了解时事热点。微博首页一般会有精彩微博、热点话题推荐，也可以关注一些微博公众号，了解最新的时事热点新闻。QQ 设置了腾讯网迷你版，提供娱乐、社会、要闻等最新消息，想了解哪一模块或哪一条新闻，就可点击链接进入网页观看。

■ 在线课堂教学。

QQ 提供了“腾讯课堂”在线课堂教学版块，里面包含职业技能、IT 培训、语言学习、中小学/大学、兴趣爱好、亲子课堂等几大模块的课程内容。在每一模块中，学生可选择自己所需要的课堂报名，直播课报名成功后，会通过 QQ 通知上课时间，实现在线互动上课。学生也可以选择录播课，直接观看教学内容。目前，微信、微博的类似功能还不成熟。

● 活动开展。

■ 对学生实施个别化辅导。

每个学生的知识吸收水平不同，课上不一定能够全部消化所有知识，因此，学生可以在课后利用 QQ、微信等即时通信工具，通过文字、语音、视频的方式和教师开展一对一交流。相比严肃的课堂，线上沟通方式更轻松自由，可以帮助学生进行个性化的学习。利用微博可以采用“私信”实现个别化辅导，通过文字的方式在线交流，但不如 QQ、微信应用那么普遍和及时有效。

■ 开展讨论式教学。

通过微信或者 QQ，教师可以依据教学内容的不同而创建不同主题的群或讨论组，并且邀请有兴趣的学生加入其中。在线讨论打破了现实中的时空限制，有利于学生在课后或假期对知识进行巩固和拓展。微博较难实现该功能。

■ 进行班级管理。

教师可以建立班级 QQ 群和微信群，让教学团队和班干部加入群，通过线上交流了解班级学生的情况，实现教师与学生之间的交流，并且可发布群公告让学生了解班级事务和相关通知。这种群组创设了 个民主融洽的交流氛围。

● 信息反馈。

■ 了解学生动态。

学生可在 QQ 空间发表说说、日记、照片，在微信朋友圈发帖，也可通过微博随时随地发布自己的所见所闻所想。通过这些途径既可以帮助教师了解学生的动态，也可以帮助学生之间相互了解。

■ 建立心理咨询热线。

由于学业压力、生活困扰等多方面的原因，目前大中小学生的心理问题层出不穷，并有逐年递增的趋势，对学生心理健康情况的关注不容忽视。出现心理问题的学生需要寻求帮助，想找人诉苦谈心，但往往不敢找老师、家长或朋友面对面直接谈。因此，学校可通过 QQ、微信建立心理咨询群，学生可匿名向心理老师咨询。而微博较难实现这个功能，只能通过微博公众号推送或发布一些心理问题的案例、心理疏导的方法，提供给订阅者参考。

■ 充分开展家校互动。

家长和教师可以通过 QQ、微信即时互通信息，使家校互动更加灵活便捷。而微博较难实现该功能。

■ 发起投票。

QQ 和微博可以设置匿名投票，可以让学生大胆地进行课程评价和教学评估，帮助教师更好地反思，从而改进教学方法。

通过以上三个方面的分析，可了解到QQ、微信作为即时通信工具，师生可以利用它们通过文字、语音、视频的方式进行在线交流，而微博只能通过输入文字交流。利用QQ可以传输、共享教学资源，管理班集体，开展讨论式教学，提供在线课堂教学，发起投票等。利用微信可以通过群聊天开展讨论式教学，还可以通过微信平台来获得信息资源，拓展知识。利用微博可以发起投票，还可以推荐一些时事热点新闻、精彩视频等，拓展学生的知识面。由此可见，三种工具各有优势，教师可以根据自己的需求，选择合适的工具开展教学。

(3)信息资源共享型。

在当今信息量暴涨的时代，人们的日常工作、学习和娱乐都少不了资源的共享，专门用于资源共享的工具也应运而生。目前以市面上使用最广泛、最受欢迎的两个信息资源共享软件——坚果云和百度网盘为例，对比这类工具的性能数据(见表4-10)。

表4-10 **坚果云和百度网盘性能对比**

性能	坚果云	百度网盘
免费容量 (个人版)	1G(上传/月) 3G(下载/月)	2T
下载速度	快速(非会员约4M/S)	慢速(非会员约100KB/S)
资源数量	少	多
安全性	高	低

其中，数据下载速度是使用资源共享软件的一个重要考量因素。图4-4a和图4-4b能够更加直观地展现这两款软件的下载速度。

通过以上对比，可以看到两种软件各占优势：百度网盘免费容量大、资源多，适合存放视频、照片，更侧重日常学习和娱乐方面。但由于其安全性低，不适合用于保存重要隐私文件或者用在重要工作上。坚果云更安全，可以支持同步工作文件和协作团队办公，更适合在工作中使用。两者搭配使用，可大大提升教师的生活和工作效率。

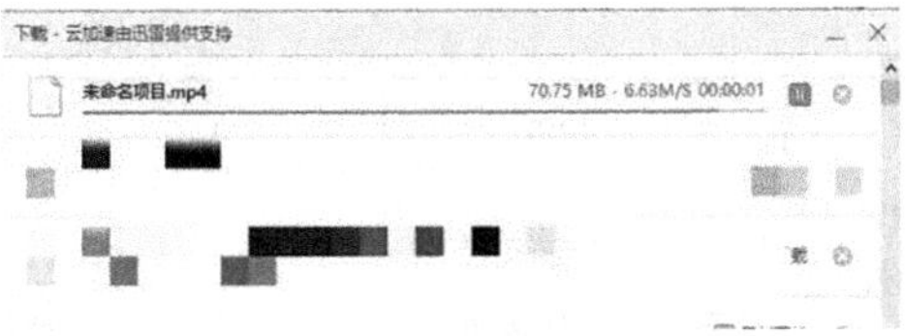

图 4-4a　坚果云下载速度图

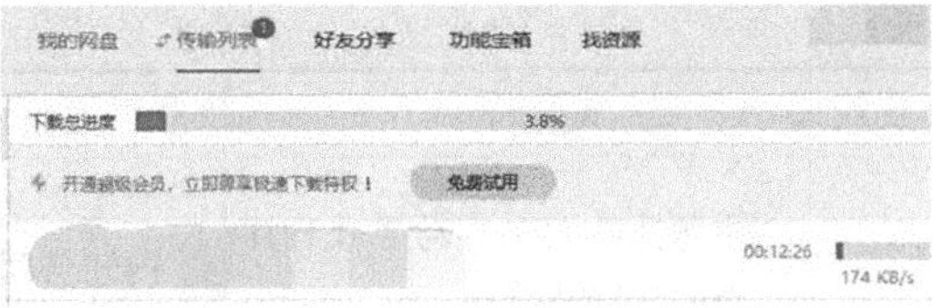

图 4-4b　百度网盘下载速度图

4.4　在线教学平台

4.4.1　基于 CMS 的在线教学平台

在线教学平台通过网络为教师与学生提供了大量的教育教学信息，可基于课程管理系统 CMS(Course Management System)进行开发。CMS 最大的特点是专注于课程的管理和组织，利用 CMS 技术打造的教学平台将教学资源聚集在一起，正符合 4.1.2 节中所讲述的信息技术支持教学理论第二阶段——技术支持科学学习(TELS)阶段。下面将对 CMS 代表产品进行类比分析。

1. 基于 PHP 语言的 CMS

基于 PHP 语言的 CMS 代表产品有 Wordpress、Drupal、Joomla 和 Typo3，其各自的优势和不足可见表 4-11：

表 4-11　　**基于 PHP 语言的 CMS 代表产品比较**

比较	Wordpress	Drupal	Joomla	Typo3
优势	1. 上手快，建站门槛低，成本低； 2. 软件一直在升级更新，安全可靠； 3. 拥有海量插件和主题，可以实现很多个性化功能； 4. 使用范围广，维护简单	1. 制作网站快，上手容易； 2. 架构具有灵活性和开放性	1. 发展历史久，用户基础强； 2. 建站技术先进； 3. 网站附件和设计布局丰富； 4. 方便管理和编辑网站文章内容	配置性脚本语言 TypoScript 是 Typo3 的核心，可以通过其进行更加高级的控制与管理

续表

比较	Wordpress	Drupal	Joomla	Typo3
不足	1. 主题插件太多容易导致程序臃肿，网站缓慢； 2. 不适合大型网站或安全性要求高的商城； 3. 仅适合个人或者小微企业建站	1. 产生历史短，国内知名度较低； 2. 中文支持性能差，缺少中文参考资料； 3. 网站 CMS 设计模板较少	1. 系统对中文支持较差，中文站点效果差； 2. 主题修改麻烦，其主题并非全部是 CSS 设计	1. 定位高端，用户群不够广泛； 2. 缺少中文教程

其中，Wordpress CMS 在全世界范围使用最广泛，是国外最流行的建站方式之一，全世界超过 30% 的网站在这里建站，全球诸多知名站点如白宫网站、TED、NBC、CNN、TechCrunch、People 杂志、NFL、Best Buy、CBS Radio 和 UPS 等均采用 Wordpress 架构搭建，非常适合新手在线学习网站的搭建和维护。

2. 基于 Java 语言的 CMS

基于 Java 语言的 CMS 代表产品有 OpenCms、Magnolia、dotCMS 和 Hippo CMS，其具体介绍可见表 4-12：

表 4-12 **基于 Java 语言的 CMS 代表产品介绍**

OpenCms	OpenCms 基于 J2EE，新版本支持 JSP，更新了引擎，并且改进了之前的不稳定性；支持多种 RDBMS(关系数据库)来保存内容
Magnolia	Magnolia 使用 Java 写的 Web 内容管理系统，支持本地搜索，也支持多种语言(大约有 14 种)；最大特点是可以有支持 XML 的导入/导出，实现跨浏览器的文本编辑器
dotCMS	dotCMS 是一个完全免费的 CMS，基于 J2EE 或 Portal；dotCMS 采用 Eclipse IDE 开发，并使用 Velocity+Struts 作为前端，扩展性强；dotCMS 中使用到的开源产品有 Apache Tomcat、Apache Struts、Velocity 模板语言、Hibernate ORM、Lucene 搜索引擎等
Hippo CMS	Hippo CMS 的目标是大中型企业。它易于使用且具有开放结构，遵循国际开放标准，便于共享；此外，它还能够与现有环境进行交互，是一个以信息为中心的 CMS 系统

3. 基于 C#语言的 CMS

基于 C#语言的 CMS 代表产品有 Orchard 和 DNN，其具体介绍可见表 4-13：

表 4-13 **基于 C#语言的 CMS 代表产品介绍**

Orchard	Orchard 是一个免费、开源、注重社区的项目，其目标是提供 ASP. NET 平台上重复可用的应用程序与组件。它将创建共享组件用来构建 ASP. NET 应用程序及扩展，特定的应用程序将利用这些组件来满足终端用户、脚本程序员、开发者的需要。此外，Orchard 可帮助现有的 . NET 应用程序成功地实现其目标
DNN	DNN 是一个成熟且成功的基于 . NET 的项目，也是微软的一个关键合作者，是 . NET 开源生态中一个重要的贡献者，提供了大量用于丰富产品的基础框架和组件

4. 国产 CMS 代表性产品

国内的 CMS 代表产品有 discuz、织梦、PHPCMS 和蝉知，其具体介绍可见表 4-14：

表 4-14 **国产 CMS 代表产品介绍**

比较	discuz	织梦	PHPCMS	蝉知
简介	discuz 是用 PHP 设计的产品，其个人建站可以部署在自己的服务器上，方便对网站的管理	它是由上海卓卓网络科技有限公司开发的一款开源网站程序，简单易用，在国内知名度很高，应用范围很广，使用人数最多	采用模块化方式开发，功能易用便于扩展。但其官网目前已经不提供网站定制、技术支持等服务，仅提供商业授权	它是 2013 年开发的一款全新的企业建站系统，与其他 CMS 系统相比，蝉知是目前国内少有的专注企业营销的门户系统

续表

比较	discuz	织梦	PHPCMS	蝉知
优势	1. 其算法的强大性和自身的扩展性，使其成为很多大型网站建站的首选； 2. 可选择的用户模块多，具有优秀的建站细节设计	1. 后台操作界面简洁明了，不繁琐，操作简单易上手； 2. 标签调用功能强大，建站快，相关资源丰富，模板丰富	1. 模块化开发，便于扩展，后台界面美观； 2. 安全性好	1. 功能齐全，扩展设计灵活，有利于 SEO 优化； 2. 支持多终端多语言
不足	1. 后台不能进行阶梯层次管理； 2. 操作较复杂，用户体验感较差，失去了一部分偏爱简易操作的用户	1. 安全性差，网站程序自身的漏洞太多，容易被黑客攻击； 2. 扩展性差，更新不及时	缺少技术支持文档，对不熟悉代码技术的学习者非常不友好	产品较新，主题、插件较少，资源社区相对较少

5. SCROM 标准

CMS 的核心是学习内容，而忽略了用户登记、对目录列表中课件的跟踪、对学习者数据的跟踪，不能向管理者提交反馈数据，因此不能对学习者提供全程的监控管理。为了进一步改进其不足，2001 年，美国国防部“高级分布式学习”组织 ADL(Advanced Distributed Learning)拟定了共享内容对象参考模型标准 SCORM (Sharable Content Object Reference Model)，对数字内容教材的制作和开发提供了一套共通的规范。

SCORM 的核心概念是“教材再用与共享”。支持 SCORM 标准的在线教学平台较为专业，通常具备以下特点：①学习内容的可重用性；②详细的学习记录跟踪；③丰富的学习路径设计；④多重目标的设定；⑤多种学习交互方式；⑥课件跨平台使用；⑦多种媒体资源的整合。

4.4.2 基于 LMS 的在线教学平台

构建主义理论提倡要"以学生为中心"，教学不仅仅是知识的灌输，而需要关注学生的学习行为，所以在线教学平台也从封闭式转为开放式。在这一时期，在线教学平台的构建基于在线学习管理系统 LMS(Learning Management System，又称为在线教育系统或网络培训平台)。LMS 是现代远程教育发展的产物之一，是实现基于网络进行教育活动的一套软件系统，其主要功能如图 4-5 所示。基于 LMS 搭建的在线教学平台支持 xAPI 标准，对在线课程制定了相应规范，也使得学生更愿意主动参与、积极思考，实现了知识内化，逐步培养学生解决问题、沟通交流等能力。此时信息技术支持教学理论阶段也对应由 TELS(技术支持科学学习)第二阶段转向"学科内容、教学法和技术"三者整合的 TPACK 第三阶段，形成一种新知识理念。

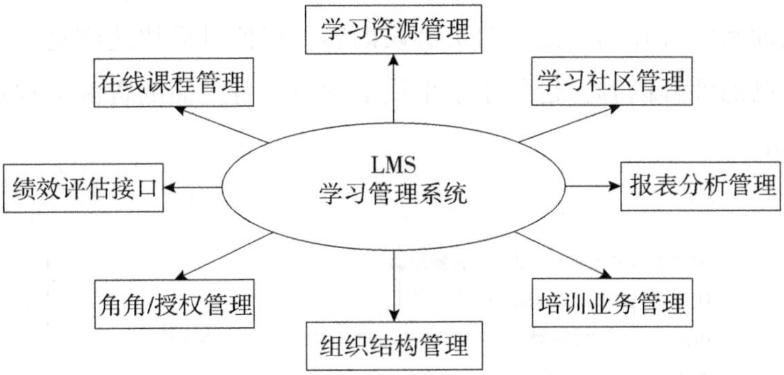

图 4-5 LMS 在线学习管理系统主要功能图

1. xAPI 标准

SCORM 标准在在线课程方面的应用存在着许多不足之处，例如，SCORM 只能追踪特定的"课程导向"的学习内容(浏览课程页面、完成课程作业、查看视频观看进度等)。2010 年，xAPI 标准被提出。它是 SCORM 标准的继承与改良的版本，不仅可以对特定的课程和测试评价做有效追踪，在离线学习或者连线学习时，还能预测未来可能发生的学习经验。因此，xAPI 新标准可以帮助用户设计新形态的学习计划。

2. LMS代表产品功能的比较分析

在线学习管理系统LMS以“学”为中心，能够对学生的学习过程做全程记录监控，弥补了课程管理系统CMS的缺点。目前主流的LMS系统可以同时管理多个用户的课件，但不能对课件进行编辑。这些系统具备强大的功能特性，能不断地优化其部署运行的效率和学生学习过程中的反馈效果。下面将选取LMS代表性产品Moodle、Sakai、Claroline、Desire2Learn、Atutor、eFront为实例，对其性能特点做对比分析。

(1)资源呈现要素对比。

在线教学平台的主要组成部分有教学资源、课程内容、学科重难点等，这部分资源必须有科学有效的呈现方式，因为它将直接影响到学生的第一感官。在支持PPT和图片、图表等资料上传和投票功能之外，系统还支持小组Web浏览、师生共享桌面和语音互动、记录白板会议内容，以便日后快速浏览。教师能够方便地发布自己的课程内容，也易于学生线下学习。各产品的资源呈现功能完成度如图4-6所示：

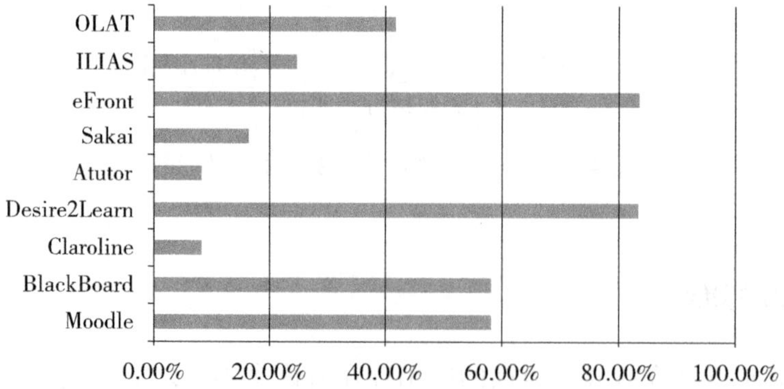

图4-6 课程资源呈现功能完成度对比

(2)交流互动要素对比。

教学是一个双边的过程，所以互动和交流显得非常重要。在在线教学课程中，教师可以在本门课程的学习群中，发送内容给全班学生讨论与学习。如果班级人数较多，可将学生分成几个不同的小组进行讨论。教师可以设置聊天的权限，随时发送讨论主题，并且系统会自动保留聊天记录。一个优秀的 LMS 系统应该提供丰富的交互功能，以方便师生在教学过程中实时交流互动，提供一个结构化的学生-教师问答模型。各产品的交流互动功能完成度如图 4-7 所示：

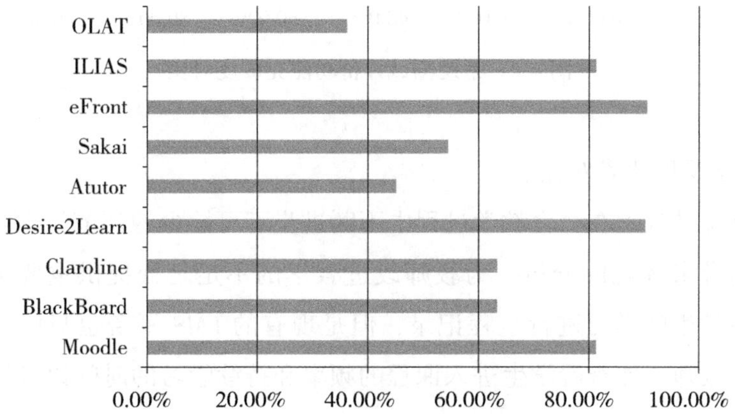

图 4-7 师生交流互动功能完成度对比

(3)测试评价要素对比。

测试评价功能是 LMS 的一个重点和亮点。经过多年研究和发展，大部分 LMS 都能提供比较多元化的测试方式和比较完整的评价体系，具体表现为以下功能：

①系统支持多项选择题、匹配题、计算题、填空题、简答题、描述题、句子排序题、问卷调查等多种题目类型，也支持用户自定义题目类型。

②系统能随机选择题目及答案顺序。答案可以包含其他媒体元素，如图片、视频、音频。当教师在课程中布置一次作业后，软件会将其自动添加到成绩数据中。

各产品的测试评价功能完成度如图 4-8 所示：

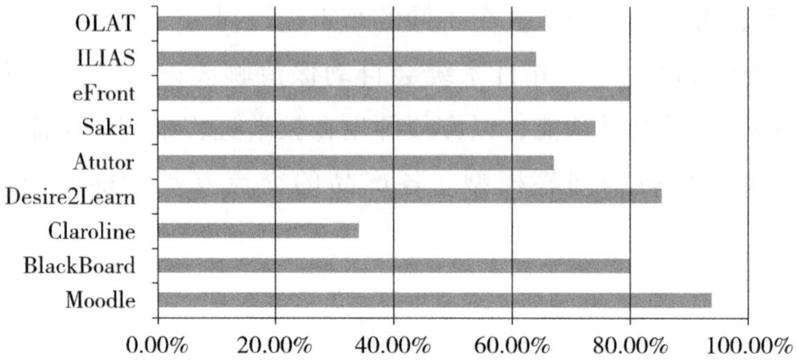

图 4-8 系统测试评价功能完成度对比

(4)教学反思要素对比。

教学反思是教师在教育教学过程中不断进步不可缺少的环节，学习轨迹数据能够给教师带来客观的分析，为教师改进教学的不足之处提供重要依据。虽然 LMS 系统对学生的学习进行全程记录，但是现有的 LMS 平台也只能提供一些基本的数据给教师，如查看学生进入课程的频率和持续学习的时间以及资源浏览记录。对进入课程、讨论区、课程测验和作业的学生，教师能分别就其进入的次数、时间、日期、频率和 IP 地址等进行记录和显示等。各产品的教学反思功能完成度如图 4-9 所示：

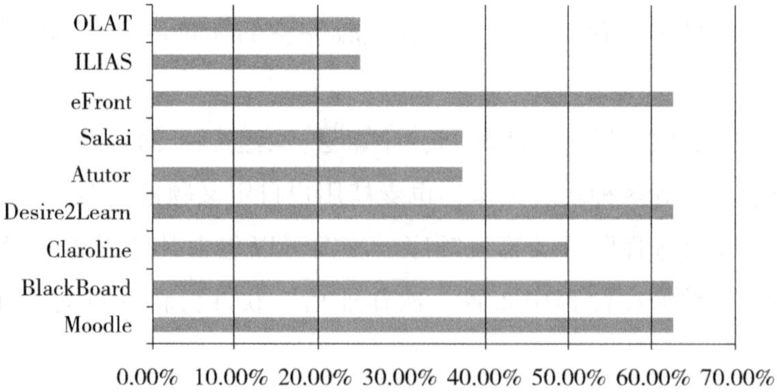

图 4-9 平台支持教学反思功能完成度对比

3. 大规模开放式课程 MOOC 平台的发展

在 5.2.2 节中我们已提到，MOOC 平台是一种开放的在线教学模式。MOOC 刚开始只有录播模式，在建构主义理论的要求下，对教师而言，教育并不仅仅是知识传递，对学生而言教育并非是知识的堆积，录播不可能关注到学生的情况。因此，近年来，MOOC 直播课程慢慢发展起来。特别是自 2020 年新冠肺炎疫情暴发以来，直播课程有力支撑了各大中小学校的网课教学。

国内外主流的 MOOC 平台如图 4-10 所示，下面对具有代表性的几个 MOOC 平台进行分析比较。

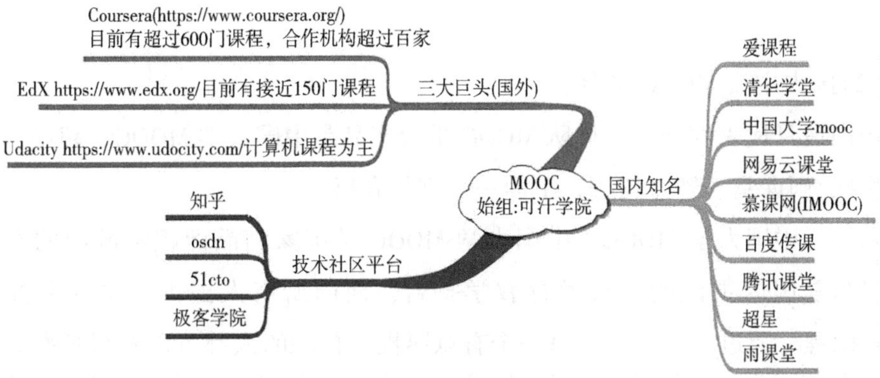

图 4-10 国内外主流 MOOC 平台

(1)国外主流 MOOC 平台。

国外主流的 MOOC 平台有可汗学院，以及三大巨头 Coursera、EdX 和 Udacity。它们的主要特点可见表 4-15：

表 4-15 **国外主流 MOOC 平台特点分析**

平台名称	平台特点
可汗学院 （https：//www. khanacademy. org/）	可汗学院是美国最知名的在线教育网站之一，涉及的学科有数学、物理、化学、生物、医学、EE、CS、艺术、音乐、历史、经济、SAT 等。

续表

平台名称	平台特点
Coursera （https：//www. coursera. org/）	Coursera 是著名的在线课程网站，国外三大在线教育平台之一。在上面学习还可以获得证书。目前有超过 600 门课程。
EdX （https：//www. edx. org/）	EdX 是一个由麻省理工学院和哈佛大学联合创办的 MOOC 平台，也是国外三大在线教育平台之一。虽然它免费提供大学教育相关课程，但是认证需要收费。目前有接近 150 门课程。
Udacity 优达学城 （https：//www. udacity. com/）	Udacity 同为国外三大在线教育平台之一，是一个自学编程的网站，内容以计算机课程为主。学生可以在平台上学习各类编程语言。

(2)国内主流 MOOC 平台。

国内最具代表性的第一梯队 MOOC 平台产品是中国大学 MOOC、超星、清华学堂在线/雨课堂、智慧树等，下面一一进行介绍。

第一，中国大学 MOOC。中国大学 MOOC 是国家精品课程资源网的发展产物，是目前国内主流的在线教育教学平台，面向所有人提供中国知名高校的 MOOC 课程。通过这个平台，每一个有意愿提升自己的人都可以获得免费又优质的高等教育课程。它具有以下优点：

一是面向受用对象更加广，对于大部分用户更实用(特别是对于大学生)。

二是所有课程都提供教学 PPT(可下载)。

三是手机端的 APP 体验更好，可一键下载视频和课程文档。

四是目前上线了每周学习时长计划，完成计划可以得到一些付费课程的优惠。

第二，超星。超星公司在数字资源方面具有非常强的实力，是国内规模最大的数字图书馆解决方案提供商和数字图书资源提供商。超星在数字资源方面的优势体现在两个方面：

一是数字资源与 MOOC 后台的无缝对接。主讲教师可以在后台将与知识点相关的资源直接作为课程资料，在 MOOC 课程页面内提供给学习者。

二是数字资源使用版权方面的优势。除了校内学生可以使用数字资源外，当面向社会学习者时，超星的MOOC平台在数字资源上的多样性和合理授权能为主讲教师在教学资源的组织上带来极大便利。

第三，清华学堂在线/雨课堂。这是现有MOOC平台公司中专业化程度最高的公司之一，其专业化体现在两个方面：

一是公司的业务很集中。除了MOOC之外没有其他业务。

二是公司的管理结构比较专业。虽然投资方主要是清华大学相关联的校办企业，但运营与管理有专业团队。

三是平台技术和内容领先。学堂的后台使用的是开源的OpenEdx知识库平台，开发框架比较新；学堂的课程除了一部分是从OpenEdx迁移过来的，其他大部分都是自己投资开发的，课程质量相对较高。

第四，智慧树。智慧树由上海卓越电子公司运营。卓越早期业务为录播系统服务，后来发展了课程中心，现在也开始运营MOOC平台，专注于学分课运营，即把相对高水平的在线课程授权给需要的高校，并提供一整套的运营方案及服务，再收取一定的费用。智慧树是MOOC平台公司中课程运营最成功的公司之一，主要原因有两点：

一是智慧树多年耕耘高校，主要对接各高校的教务部，高校资源丰富。

二是在前期课程中心的基础上，可把课程中心的资源细分以后直接搬到MOOC平台，对很多需要在线上建立课程但有压力的高校而言，这不失为一种便捷做法。

在具体功能上，各个MOOC平台有些许差异，表4-16对超星直播客户端、超星学习通同步课堂、雨课堂和中国大学MOOC进行了具体对比，教师在教学中可以根据实际需要选择合适的平台。

表4-16 **超星直播客户端、超星学习通同步课堂、雨课堂、中国大学MOOC功能比较**

功能	超星直播客户端	超星学习通 同步课堂	雨课堂	中国大学MOOC 直播平台
视频直播	支持	不支持	支持	支持

续表

功能	超星直播客户端	超星学习通同步课堂	雨课堂	中国大学 MOOC 直播平台
语音直播	不直接支持，但可以通过上传教师图片代替教师视频方式实现	支持	支持	不支持单纯的语音直播
教师直播用终端	电脑启动直播客户端后自动生成直播网址和邀请码、二维码；在软件运行阶段，即使暂停直播，这些信息都不变；但如果软件关闭，再次使用时会重新生成新信息	手机（每次直播的邀请码和直播网址不变）	电脑（需要用 Windows 系统，用 WPS 时注意先把 PPT 放映方式改成手动，要不然会自动播放）	电脑(需要用 Windows 系统，申请直播后，平台会分配直播地址，教师需使用 OBS 等主流视频直播录制软件)
屏幕共享	支持	不支持	不支持	支持
课堂互动	支持以下方式：答题	支持以下方式：签到（点名）、投票、拍照上传、计时、主题讨论（主观题）、测验（一次多题，单选、多选、填空、判断、简答）、分组讨论、插播视频文档等	支持以下方式：签到（点名）、截图发到班级、开弹幕、在 PPT 里插入题目（主观题、选择题、投票）、视频、试卷	支持以下方式：文字形式提问、语音提问(略有延迟)
学生发言	支持：文字聊天 不支持：视频对话、音频对话	支持：文字聊天（移动端支持，网页端不支持） 不支持：视频对话、音频对话	支持：文字聊天（弹幕形式） 不支持：视频对话、音频对话 学生可通过投稿方式上传小视频	支持：文字聊天 不支持：视频对话、音频对话 支持上传已有图片和手机相机拍照图片

(3)国内其他 MOOC 平台。

除了主流的 MOOC 平台，国内还有一些各具特色的 MOOC 平台，其具体介绍可见表 4-17：

表 4-17 **国内其他 MOOC 平台特点分析**

平台名称	平台特点
毕博 BlackBoard	市场占有率第一的传统网络教学平台，在 MOOC 方面投入精力较少
全景赛斯	并行计算与云部署能力非常强，但无 MOOC 平台开发和运营经验
融创天下	视频处理技术有独到之处，专利和标准都很多，但无实际运营的 MOOC 平台
金智好大学在线	MOOC 似乎不是该公司的业务重点，很多高校内部运行的信息系统是金智开发的，如果选择私有化部署方式，金智在 MOOC 平台与校内系统对接方面优势明显
北大华文慕课	对外运营还有一个名称是顶你学堂，投入运营非常早，但可能受限于投资规模和非专业化团队运营，竞争力越来越弱

(4)垂直型专业在线学习平台。

除了通用型 MOOC 平台之外，也有很多聚焦某个专业学科的在线学习平台。以计算机应用技术为例，当前较为热门的 IT 在线学习平台可见图 4-11：

①算法实验开发平台——以牛客网为例。

牛客网是一个针对 IT 技术方向求职者的网络平台。面向个人用户，平台可以提供程序运行环境，供刷题(编程、算法类)使用；面向腾讯、网易等大型企业，平台提供了校招功能，可帮助公司完成笔试、面试等完整招聘流程。牛客网平台具备三大优势：

一是用户资源，很多 985、211 高校用户会在平台留下值得借鉴的求职经验。

二是企业资源，牛客网服务的企业一般是在业界具备一定影响力的知名 IT 公司。

三是自身优势，除了自开发的源题库之外，牛客网还搜集了众多大公司的校招题库。

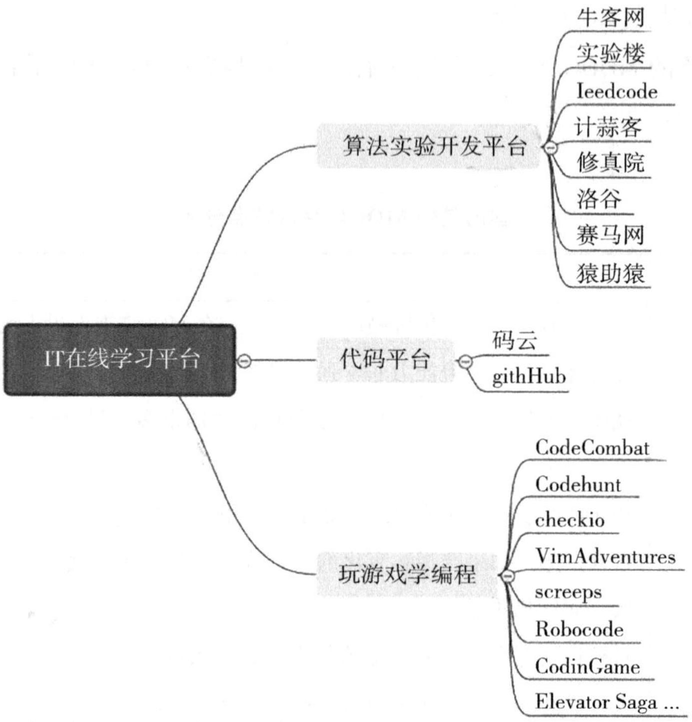

图 4-11 主流 IT 在线学习平台

②代码平台——以 GitHub 为例。

GitHub 是世界上最大的软件源程序储存管理平台。个人或者企业都可以将程序上传至该平台，但前提是必须遵循其 Git 协议。GitHub 是一个全世界程序员都青睐的网络平台，只要懂得其使用机制，就可以在平台上找到众多满足需求的各类资源。

③玩游戏学编程平台——以 CodeCombat 为例。

CodeCombat 平台面向的是编程初学者。它打破了传统编程学习的乏味无趣环境，将编程与游戏融合在一起，通过玩游戏通关的方式，用户可以一步步学习编程基础和编程思想，其中最典型的就是 python 语言的学习。如果用户要通过更多游戏关卡，就必须掌握更深的编程知识，这种游戏化学习的理念对于初学者来说很具有吸引力。

◈ 课程设计

基于开源框架的在线教学平台建设

1. 在线教学平台的设计

在线教学平台有两个显著特点：一是跨区域使用，不同地域的学生聚集在一个虚拟平台上进行学习；二是碎片化学习，学生可随时随地在任何终端和浏览器上访问平台。这两个特点是在线教学平台能在一定程度上使优质教育资源分配更加合理化的原因。同时，这些特点也要求在线教学平台具有可靠性、兼容性和安全性。针对以上需求和理念，我们给出了一个在线教学平台的设计方案示例，并分别使用开源框架 moodle 和 edusoho 来实现方案。

(1)总体模块设计。

本平台基本系统配置如下：

①主要硬件设备：服务器、教师机和学生机。

②主要应用支撑软件：Linux 系统(Ubuntu16.04)、数据库管理系统、开源框架(Moodle 和 Edusoho)。利用 Linux 系统开发的优势，能够更好地搭建平台的运行环境，同时提高其稳定性和安全性。

平台总体划分为三层：前端表示层、业务逻辑层和数据访问层。每一层的内部运行主体和各层之间的数据传递关系如图 4-12 所示：

(2)功能模块设计。

教学平台的流程为学生注册、学生登录、用户查看课程、加入课程学习、课程评价等。如果用户想要访问课程信息，首先必须注册登录，以便于后台管理系统追踪学生的学习情况，如课程学习进度、任务完成度、资料下载量等。根据上述流程，本平台主要分为课程模块、学生模块、教师模块，如图 4-13 所示：

第一，课程模块。该模块的主要功能为课程的展示和分类。教师可以上传封面图作课程展示之用，学生点击课程后，可以进行视频学习。在此模块中可用标签将课程进行分类，有利于提高课程搜索效率。

第二，学生模块。该模块包括用户的注册登录以及用户信息维护。

注册：注册页面有用户昵称、手机号、邮箱、密码等信息。

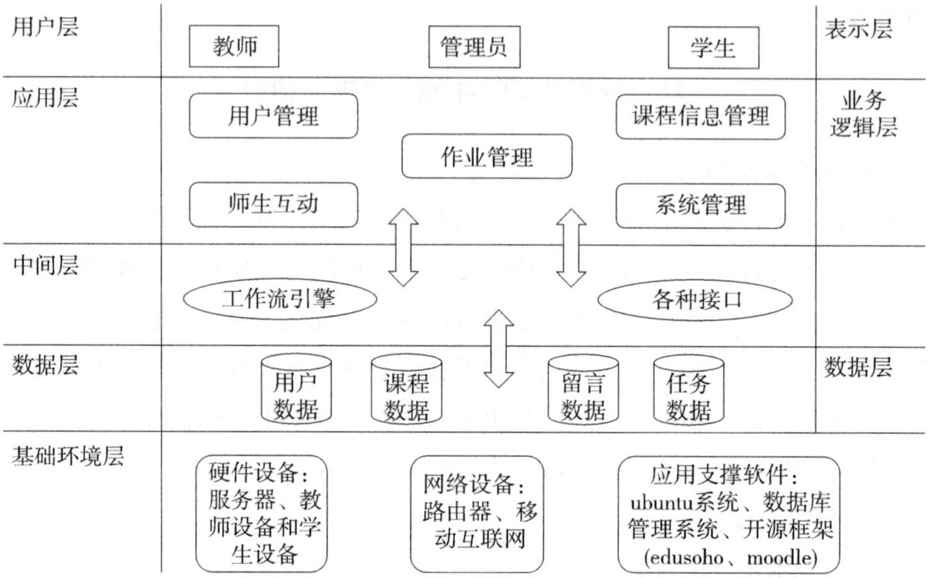

图 4-12 在线教学平台系统架构图

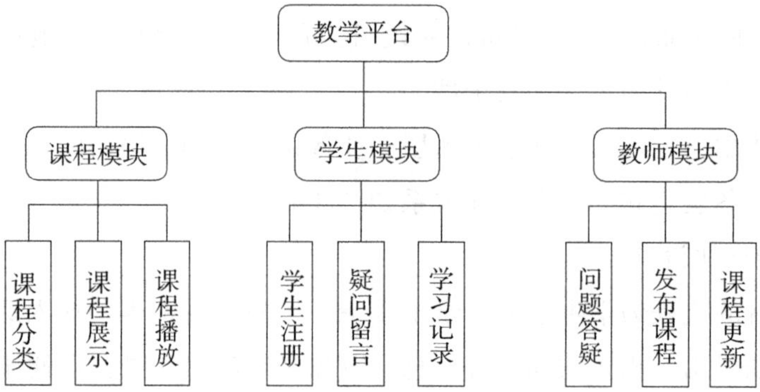

图 4-13 在线教学平台模块功能图

登录：用户输入手机号和密码后，服务器先从 MySQL 数据库中查询匹配。未查询到则直接反馈用户不存在；若是存在该用户，则进行密码校验。密码正确则生成一个随机 token，并存入 Redis 中，用于之后获取用户信息，同时将 token 存入对应的 cookie 中。登录成功后，用户跳转到教学平台首页。

学习：学生登录进入课程后，选择加入课程才能进行学习。在学习过程中遇到问题，可以留言给教师。对于学生学习过的任务，系统会自动标识“已学习”。

第三，教师模块。在该模块中，教师用户可以进行注册及登录。教师用户注册与学生用户注册的区别在于“教师”角色的注册需要经过认证审核。教师登录后，可以进行课程的发布、设置和分类，实时更新课程内容，看到学生对自己所发布课程的学习记录，回答学生的问题。

(3)数据库设计。

本教学平台采用 MySQL 数据库为系统提供数据支持和数据落地，其中包含了四个核心实体对象，分别是教师、学生、课程、管理员。①教师实体记录教师 ID(主键)、姓名、角色、简介。②学生实体记录学生 ID(主键)、姓名、角色、年级。③课程实体记录课程 ID(主键)、教师 ID、课程简介、名称。④管理员实体记录 ID(主键)、姓名、角色。

根据功能分析，管理员对教师、学生和课程三方进行管理，保证用户个人信息和课程内容管理的安全与稳定；教师与学生则通过课程联系。三个实体之间的联系可见图 4-14：

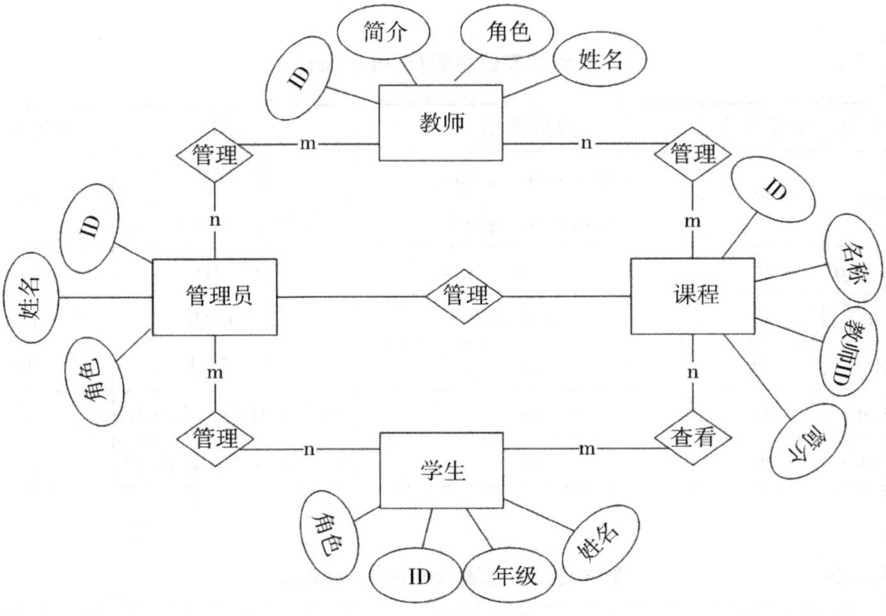

图 4-14　系统实体 E-R 图

根据图 4-14，我们设计了很多数据表，在此选择四张较有代表性的数据表做介绍：用户信息分类表(category)、课程列表信息表(course_set)、课程成员信息表(course_mumber)和学习进度信息表(learning_rate)，其具体内容可见表 4-18 至表 4-21：

表 4-18　　**用户信息分类表(category)**

字段名称	数据大小	数据类型	说明	必填字段
Id	8	int	成员 ID	是
Code	25	varchar	分类的 code	否
Name	20	varchar	分类名字	否
description	100	varchar	描述信息	否
weight	20	datetime	用于排序的权重	否
depth	20	int	树深度，从 1 开始	否
children	20	datetime	子节点	否

表 4-19　　**课程列表信息表(course_set)**

字段名称	数据大小	数据类型	说明	必填字段
Type	20	enum{normal，live，liveOpen，open}	课程类型（默认 normal）	否
CategoryId	20	int	分类 ID	是
Title	40	varchar	课程标题	否
Sort	20	int	排序字段	否
Offset	20	int	分页偏移值，默认 0	否
Limit	20	int	每一页数量，默认 10	否

表 4-20　　**课程成员信息表(course_mumber)**

字段名称	数据大小	数据类型	说明	必填字段
MumId	8	int	成员(ID)	是

续表

字段名称	数据大小	数据类型	说明	必填字段
Role	25	enum{teacher, student}	角色	否
courseId	35	int	课程 ID	否
user SimpleUser	60	varchar	用户信息	否
deadline	25	datetime	到期时间	否
learnedNum	20	int	已学任务数量	否
createdTime	25	datetime	加入时间	否
lastLearnTime	25	datetime	最近观看视频时间	否

表 4-21 **学习进度信息表(learning_rate)**

字段名称	数据大小	数据类型	说明	必填字段
taskCount	15	int	任务总数	否
taskResultCount	15	int	完成的任务数	否
progress	20	int	当前学习进度百分比	否
nextTask	30	varchar	下一个学习的任务	否
taskPerDay	15	int	任务式课程每日建议学习任务数	否
planStudyTaskCount	20	int	计划应学数量	否
planProgressProgress	20	int	计划进度	否
member SimpleCourseMember	30	varchar	成员信息	否

2. 基于 Moodle2 的 MOOC 在线教学平台实现

Moodle 是 LMS 在线学习管理系统的代表性产品之一，尤其是 Moodle2 版本的问世对 MOOC 平台的搭建与二次开发产生了极大的影响。旧版的 Moodle 在功能上过于刻板，不适用于以建构主义为理念的教学方式，运行响应速度也较慢，不能保证多用户同时访问平台学习时的稳定性和流畅性。而 Moodle2 的产生弥补了以上劣势，推动在线教学平台迈入一个更加充满生机的发展时期。Moodle2 强大的功能十分适合开展全程教学管理，目前多所大学和中学均采用其作为内部课程平台。

(1)基于 LNMP 架构搭建 MOOC 系统环境。

基于 LNMP(Linux/Nginx/MySQL/PHP)架构搭建 MOOC 系统环境，具体系统配置见表 4-22：

表 4-22 **基于 LNMP 架构的 MOOC 系统配置**

内容	配置
操作系统	Linux(Ubuntu16. 04X64 LTS)、Mac
开发语言	PHP5. 5
开发工具	Visual Studio Code
JDK	1. 8
框架	Moodle3. 4. 2
数据库	MySQL5. 6
网页服务器	Nginx1. 17. 10

LNMP 架构环境的配置过程如下：

①在 Linux 系统中需要用到 PCRE 正则表达式函数库(Perl Compatible Regular Expressions)，提前安装好该函数库后，再进行验证。可以编写 pcrel. c 代码来测试系统的 PCRE 是否可以正确运行，部分测试代码段如图 4-15 所示：

```
int main()

    pcre *re;
    const char *error;
    int erroffset;
    int  ovector[OVECCOUNT];
    int re,i;
    char src[] = "123.123.123.123:8011.1.1:88";
    char pattern=("\\d*.\\d*.\\d*.\\d*):(\\d*)":
    printf("String : %s\n", src);
    printf("Pattern: \"%s"\n", pattern);
    re = pcre, _compile(pattemn, 0, &error, &eoffset, NULL;)
    if(re = NULL) {
        printf("PCRE compilation failed at offset %d: %s\n", erroffset, error);
        return 1;
    }
```

图 4-15 pcrel. c 测试代码

如果程序能成功输出以下结果(见图 4-16)，则说明服务器上已正确安装了 PCRE：

图 4-16 pcrel. c 成功测试结果

②在 Linux 系统的操作终端窗口，先输入以下命令更新软件源：

sudo apt-get update

再输入以下命令安装 Nginx 和 MySQL 服务器：

sudo apt-get install nginx 2 mysql-client mysql-server php7.0 libapache2-mod-php7.0

在 MySQL 服务器的安装过程中，会出现设置密码的对话框，需要输入两次密码(见图 4-17)：

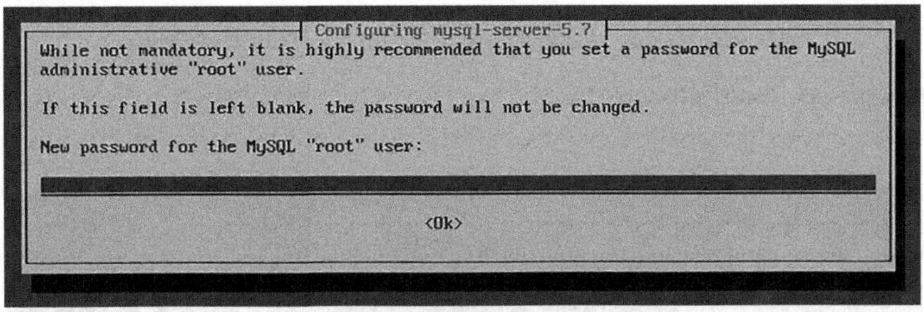

图 4-17 设置 MySQL 服务器密码

③接下来输入以下命令安装与 Moodle 相关的插件：

apt-get install graphviz aspell php7.0-pspell php7.0-curl php7.0-gd php7.0-intl php7.0-mysql php7.0-xml php7.0-xmlrpc php7.0-ldap php7.0-zip php7.0-soap php7.0-mbstring

④然后重启 Nginx 服务器，输入以下命令载入刚刚新安装的模块：

sudo service nginx 2 restart

⑤打开 nginx. conf 文件，找到 server 段然后增加以下内容(见图 4-18)，修改 Nginx 的并发数据：

```
location /status{
        stub_ status on;
        access_ log /opt/nginx-1.4.3/logsstatus.log;
        auth_basic "status";

}
```

图 4-18 修改 Nginx 的并发数据

⑥同时在文件 nginx. conf 中设置 php-fpm 服务器的参数(见图 4-19):

```
location ~ \.php$ {
    fastcgi_ index index.php;
    fastcgi_ param fastcgi_ params   /scripts$fastcgi_ script_ name;
    include  fastcgi.conf;

}
```

图 4-19 设置 php-fpm 服务器参数

⑦输入以下命令安装 git，以便用 git 下载 Moodle(见图 4-20):

sudo apt-get install git-core

```
remote: Compressing objects: 100% (219256/219256), done.
remote: Total 951508 (delta 707570), reused 950267 (delta 706329)
Receiving objects: 100% (951508/951508), 320.77 MiB | 1.97 MiB/s, done.
Resolving deltas: 100% (707570/707570), done.
Checking connectivity... done.
Checking out files: 100% (16165/16165), done.
root@MoodleTsg:/opt# cd moodle
root@MoodleTsg:/opt/moodle# sudo git branch -a
* master
  remotes/origin/HEAD -> origin/master
  remotes/origin/MOODLE_13_STABLE
  remotes/origin/MOODLE_14_STABLE
  remotes/origin/MOODLE_15_STABLE
  remotes/origin/MOODLE_16_STABLE
  remotes/origin/MOODLE_17_STABLE
  remotes/origin/MOODLE_18_STABLE
  remotes/origin/MOODLE_19_STABLE
  remotes/origin/MOODLE_20_STABLE
  remotes/origin/MOODLE_21_STABLE
  remotes/origin/MOODLE_22_STABLE
  remotes/origin/MOODLE_23_STABLE
  remotes/origin/MOODLE_24_STABLE
  remotes/origin/MOODLE_25_STABLE
  remotes/origin/MOODLE_26_STABLE
  remotes/origin/MOODLE_27_STABLE
  remotes/origin/MOODLE_28_STABLE
  remotes/origin/MOODLE_29_STABLE
  remotes/origin/MOODLE_30_STABLE
  remotes/origin/MOODLE_31_STABLE
  remotes/origin/MOODLE_32_STABLE
  remotes/origin/master
root@MoodleTsg:/opt/moodle# git branch --track MOODLE_32_STABLE origin/MOODLE_32_STABLE
Branch MOODLE_32_STABLE set up to track remote branch MOODLE_32_STABLE from origin.
root@MoodleTsg:/opt/moodle# git checkout MOODLE_32_STABLE
Switched to branch 'MOODLE_32_STABLE'
Your branch is up-to-date with 'origin/MOODLE_32_STABLE'.
root@MoodleTsg:/opt/moodle# _
```

图 4-20 用 git 下载 Moodle

⑧在下载 Moodle 之前，可输入以下命令进行操作：

cd/opt #定位到/opt 目录下

git clone git：//git. moodle. org/moodle. git

#将 Moodle 从 git 库中克隆到本地目录

git branch-a #检索可用的 Moodle 版本分支列表

git branch —track MOODLE_34_STABLE origin/MOODLE_34_STABLE

#选择将要使用的 Moodle 版本号

git checkout MOODLE_34_STABLE #将选择的 Moodle 版本下载到本地

(2)部署 Moodle 到 apache 网页服务器上。

①根据 Moodle 需求，我们需要输入以下命令，将 MySQl 的默认存储引擎更改为 innodb，并将默认文件格式更改为 Barracuda。同时设置 innodb_file_per_table 以便 Barracuda 能够正常工作：

sudo vim/etc/mysql/mysql. conf. d/mysqld. cnf

结果如图 4-21 所示：

```
skip-external-locking
default_storage_engine = innodb
innodb_file_per_table = 1
innodb_file_format = Barracuda
#
# Instead of skip-networking the default is now to listen only on
-- INSERT --                                          42,31         11%
```

图 4-21 更改设置的结果

②接下来，在 MySQL 的管理模式下，输入如图 4-22 所示的命令，以便在 MySQL 中创建 Moodle 的依赖数据库，并给予 Moodle 用户以正确的操作权限。

```
mysql > CREATE DATABASE moodle DEFAULT CHARACTER SET utf8 COLLATE utf8_unicode_ci;
mysql > CREATE USER '' 000.00.00.000 @'localhost' IDENTIFIED BY '0000000.';
mysql > CREATE USER 'moodleuser'@'localhost' IDENTIFIED BY 'moodleuser';
mysql > GRANT SELECT,INSERT,UPDATE,DELETE,CREATE,CREATE TEMPORARY TABLES,
DROP,INDEX,ALTER ON moodle.* TO moodleuser@localhost IDENTIFIED BY 'moodleuser';
```

图 4-22 创建 Moodle 数据库的命令

至此，数据库的一系列权限就设置完成了。

(3)教学平台的部署实现。

①在地址栏输入 http://121.199.12.72/moodle(Moodle 所在服务器的 IP 地址)，首次打开会显示如下界面(见图 4-23)，点击“向后”。

图 4-23 Moodle 页面

②如图 4-24 所示，选择“改进的 MySQL(native/mysql)”并点击“向后”。再对数据库进行设置，填入之前在 MySQL 管理模式下设置的 Moodle 数据库的用户名和密码，并点击“向后”。

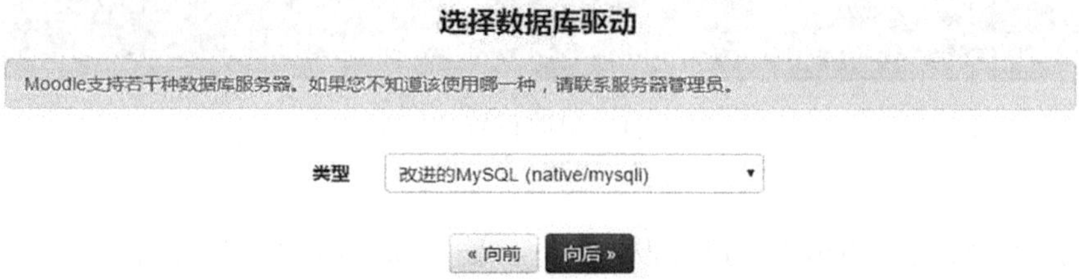

图 4-24 选择数据库驱动

③环境配置检查。只有在服务器满足所有最低需求的情况下才能继续安装。当系统页面最右边的按钮全部是绿色且显示“确认”时说明安装的环境满足最低需求(见图 4-25)。

④在服务器满足所有最低需求的情况下，点击“继续”，就可以创建 Moodle 平台的管理员账户(见图 4-26)。至此一个基于 Moodle3.4.2 的在线教学平台就基本构建好了。

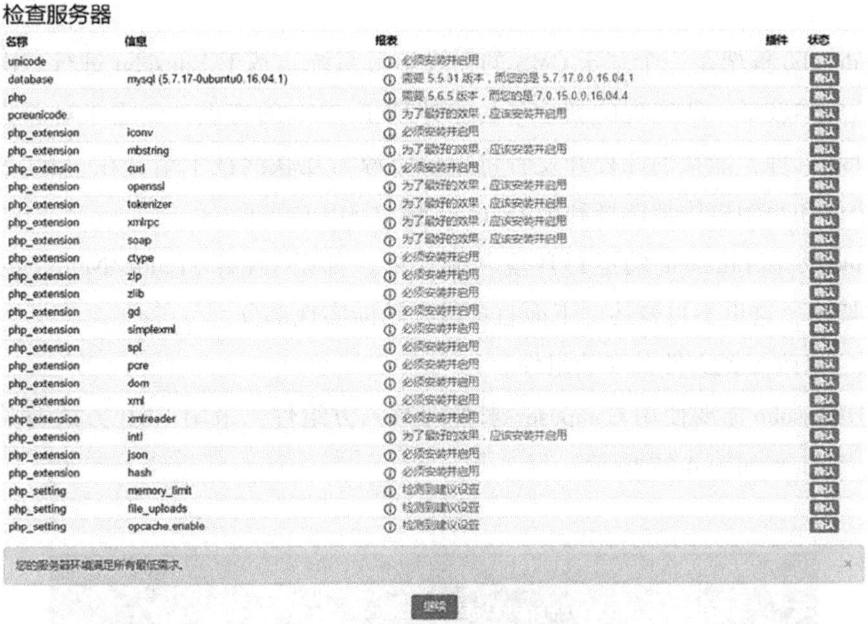

图 4-25 环境配置检查结果

图 4-26 创建管理员账户

3. 基于 Edusoho 的 SPOC 在线教学平台实现

Edusoho 框架是一个基于 CMS 的在线学习系统。基于 Edusoho 进行二次开发的建站成本较低，所实现的教学平台也体现了 CMS 的特点：侧重于对课程内容的设计和管理，能帮助课程开发者将教学资源与互联网技术结合在一起。因此，众多个体和小型机构都选择利用 Edusoho 建立 SPOC 平台。

Moodle 和 Edusoho 的运行环境基础一样，都是 LNMP（Linux/Nginx/MySQL/PHP）架构，这里不再赘述，下面直接进入功能实现部分。

（1）修改配置文件及安装组件。

①Edusoho 需要使用 Composer 来管理第三方组件，采用 PHP 方式对其进行安装，其步骤如图 4-27 所示：

```
php composer.phar install

  Loading composer repositories with package information
Installing dependencies (including require-dev) from lock file
  - Installing doctrine/lexer (v1.0)
    Loading from cache
  - Installing doctrine/annotations (v1.2.0)
    Loading from cache
  - Installing doctrine/cache (v1.3.0)
    Loading from cache
  - Installing doctrine/collections (v1.2)
    Loading from cache
  - Installing twig/twig (v1.16.0)
    Loading from cache
  - Installing symfony/symfony (v2.3.18)
    Loading from cache
```

图 4-27 安装 Composer 过程

②配置 nginx_server_config 文件，可禁止在用户上传目录下所有 . php 文件的访问，提高平台安全性。配置代码如图 4-28 所示：

```
# 禁止用户上传目录下所有.php文件的访问，提高安全性
location ~ ^/files/.*\.(php|php5)$ {
    deny all;
}
```

图 4-28 配置 nginx_server_config 代码

③采用图 4-29 中的代码对 php-fpm 运行的方式进行配置：

```
location ~ \.php$ {
        fastcgi_pass   unix:/var/run/php5-fpm.sock;
        fastcgi_split_path_info ^(.+\.php)(/.+)$;
        include fastcgi_params;
        fastcgi_param  SCRIPT_FILENAME  $document_root$fastcgi_script_name;
        fastcgi_param  HTTPS            off;
    }
```

图 4-29 php-fpm 运行方式配置代码

(2)前端-首页介绍。

①首次进入平台必须注册，要填写手机/邮箱、用户名、密码、验证码字段。注册页面如图 4-30 所示：

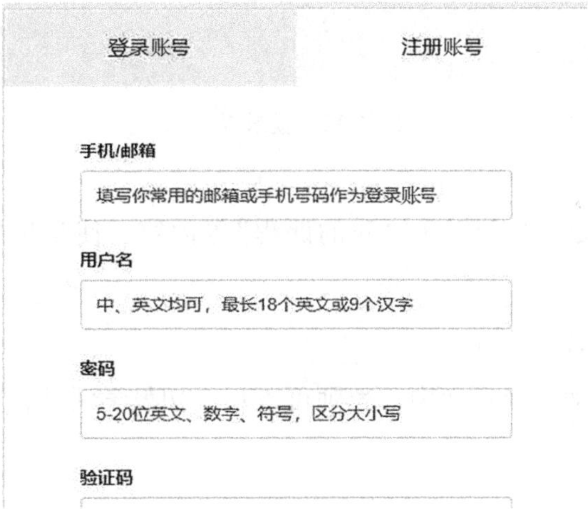

图 4-30 用户注册界面

②引入第三方的前端模块，可对 Edusoho 的前端进行改进。我们在文件 webpack. config. js 中的 libs 下声明以下代码(见图 4-31)。

优化后，用户在注册之后登录就可以看到课程前端首页(见图 4-32)。

登录后可以看到功能菜单栏，例如：

通知公告：显示私信与系统通知内容，方便用户接触到网站的最新动态。

个人中心：显示个人设置、个人主页、退出登录等用户操作选项。

```
module.exports = {
  libs: {
    'vendor': ['libs/base.js'],
    'html5shiv': ['html5shiv'],
    'fix-ie': ['console-polyfill', 'respond-js'],
    'jquery-validation': ['libs/js/jquery-validation.js'],
  },
}
```

图 4-31 前端改进代码

图 4-32 登录界面

课程中心：显示“我的学习”“我的课程”等内容，使学生能更快地找到学习过的课程。

(3)前端-教师教学管理。

在教师教学活动管理页面中，教师可进行一切教学活动，如图 4-33 所示：

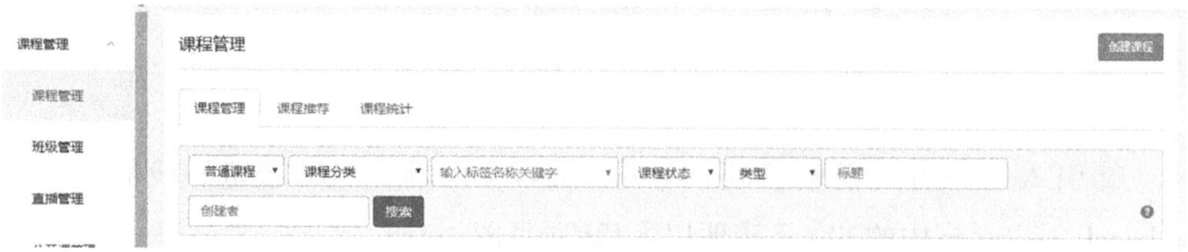

图 4-33 教师教学活动管理界面

其主要功能列举如下：

在教课程：显示所有在教课程，可快速进行文件管理和学员管理。

学员问答：可以进行问题回复。

班级管理：可以将学生按照班级分开管理。

(4)课程公告管理。

①为了更好地获取课程信息列表，可新建一个 . js 文件，快速游览课程信息。其实现代码如图 4-34 所示：

```
<ul class="row">
  {% for course in courses %}
    <li class="col-sm-6 col-md-4 es-course-list">
      <div>
        <div class="course-top">
              <img src="{{ file_path(course.largePicture, 'course-large.png') }}"
              class="img-responsive thumb">
        </div>
        <div class="course-bottom">
              <h3>{{ course.title }}</h3>
              <p class="metas clearfix">
                  {% if course.price > 0 %}
                    <span class="price-num">¥{{ course.price }}</span>
                  {% else %}
                    <span class="price-num">免费</span>
                  {% endif %}
                {% if course.showStudentNumType == 'opened' %}
                  <span class="student-num">{{ course.studentNum }}人报名</span>
                {% endif %}
              </p>
                <span class="nickname">
                  {% for teacher in course.teachers %}
                    {{ web_macro.user_link(teacher, 'text-muted') }}
                  {% endfor %}
                </span>
        </div>
      </div>
    </li>
  {% endfor %}
</ul>
```

图 4-34　获取课程信息列表代码

②学生进入课程页面后，可以点击“目录”按钮，浏览课程大纲，方便自己做学习计划。遇到问题可以做笔记，或者以评论的方式在课程下方留言等。效果如图 4-35 所示：

图 4-35　学生课程管理界面

(5)学习中心介绍。

在学习中心界面，学生可直观地查看课程学习进度的饼状图、已加入的学习课程、收藏的课程等信息，如图4-36所示：

图4-36 学习中心界面

(6)平台功能测试。

平台的功能测试如表4-23所示：

表4-23 **平台功能测试例表**

功能点	编号	输入	期望输出	实际输出
用户注册	1	注册信息	点击“注册”后，成功则跳转到登录页面，失败则反馈失败原因	测试成功/失败
邮箱验证	2	输入邮箱点击“验证”	发送验证链接到邮箱	测试成功/失败
用户登录	3	用户名：ruhand 密码：ruhand12345678	点击“登录”后跳转到教学平台首页	测试成功/失败
发布课程	4	在教师管理后台选择课程发布“ps实战”，同时设置相应的课程属性并提交	在课程栏目可以看到“ps实战”课程	测试成功/失败

续表

功能点	编号	输入	期望输出	实际输出
发布课程公告	5	进入教师课程公告管理后台，输入“Welcome to you!”	在课程公告栏展现“Welcome to you!”	测试成功/失败
通过搜索栏查找课程	6	在搜索栏输入“PS 实战”	在课程栏出现“PS 实战”课程	测试成功/失败
课程学习	7	在选定的课程中，点击“学习”	相应的学习视频或者课件展现	测试成功/失败

教学平台的其他页面效果如图 4-37 至图 4-41 所示：

图 4-37　课程列表

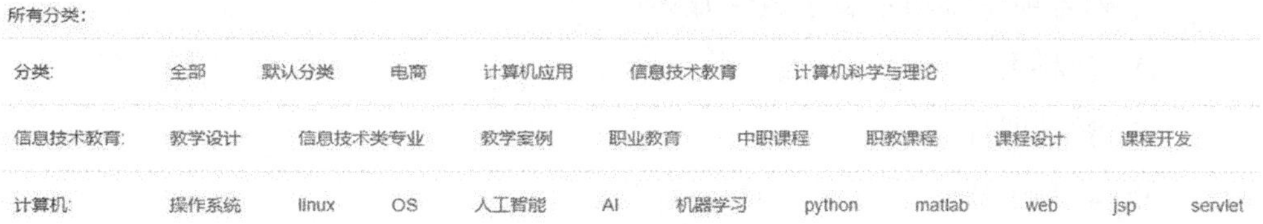

图 4-38　课程分类标签

图 4-39　学生课程学习进度

图 4-40 后台管理界面

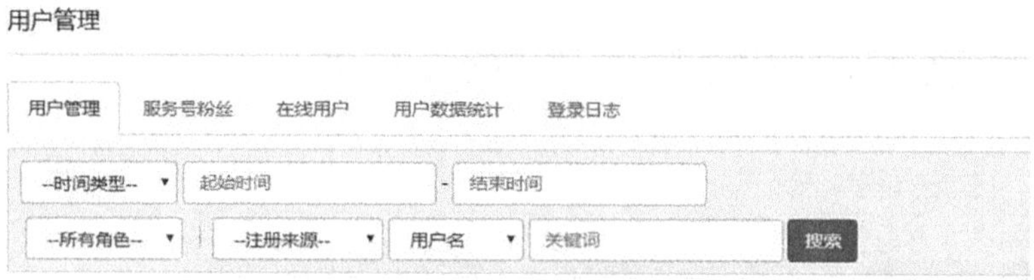

图 4-41 后台用户信息查询管理界面

课 后 习 题

一、单项选择题

1. 下列各项中哪项不属于教学媒体(　　)。

   A. 教科书

   B. 教学课件

   C. 教师手势

   D. 教学视频

2. 关于 SPOC 课程，描述错误的有(　　)。

   A. SPOC 常与 MOOC 在线课程融合使用

   B. SPOC 是一种大规模在线课程

   C. SPOC 会对学生设置限制性准入条件

   D. SPOC 可支撑翻转课堂式教学

二、论述题

1. 请举例说明，如何针对不同的教学对象和教学环境，选择合适的教学媒体。

2. 结合自己的实际经验，谈谈一个好的教学课件应该具备哪些条件？在制作过程中需要注意哪些问题？

3. 什么是移动学习？请描述其特点。

三、实践任务题

将学员分组(6—8 人一组)，每组选择一门中职信息技术类课程，参考“课程设计：基于开源框架的在线教学平台建设”的方法，为该课程规划一个在线教学平台的设计方案。

要求：

必做部分：完成系统的总体设计、功能模块设计和数据库设计。

选做部分：使用适当的开发技术和平台，实现以上设计。

汇报形式：系统展示。

汇报时长：10—15 分钟/组。

汇报结束后需提交相关文档和程序。

参 考 文 献

[1]闫霞．浅谈信息技术与课程资源整合[J]．明日，2018(15)：179.

[2]何克抗．TPACK——美国“信息技术与课程整合”途径与方法研究的新发展(上)[J]．电化教育研究，2012，33(05)：5-10.

[3]刘军方，韩卢艳，刘文杰．教学媒体的发展及对教育教学的影响[J]．教育，2016(005)：217.

[4]韩新华，韦云．基于 SPOC 的 CAI 课程的改革与探索[J]．中小企业管理与科技，2020(04)：137-139.

[5]王凯．中职数学教学网络在线课程设计[J]．数学学习与研究，2016

(11)：50.
[6]吴虹，曹伟，汤明．高校在线学习平台建设的思考与探索[J]．中国校外教育：理论，2009(02)：41.
[7]施卫民．"互联网+"背景下高职学生碎片化学习管理系统的构建研究[J]．当代教育实践与教学研究，2020(08)：7-8，28.
[8]陈笑怡．世界知名学习管理系统(LMS)比较分析[C]．智能信息技术应用学会，2010：208-214.

第5章　微课设计与制作

2019年的政府工作报告明确提出，要发展“互联网+”教育，促进优质资源共享。微课在国家数字教育资源建设中扮演着重要的角色——作为一种创新型的教学媒体，微课是学生个性化学习的重要资源，也是教师课堂教学的有效助力。微课的更新发展，也影响着学校教学模式的改革。

本章首先介绍了微课的概念、分类和教学设计模式，并展示了部分优秀的微课案例，然后对微课的制作步骤、录制设备、编辑工具和设计思维进行重点分析，最后介绍了职业教育类微课制作大赛评分标准。

5.1　微课设计

5.1.1　什么是微课？

1. 微课的概念

微课(Microlecture)的概念由美国新墨西哥州圣胡安学院的高级教学设计师David Penrose在2008年首次提出。2011年，我国的胡铁生教授发表《“微课”：区域教育信息资源发展的新趋势》一文，将微课概念引入国内。他提出，“微课”是按照新课程标准及教学实践要求，以教学视频为主要载体，反映教师在课堂教学过程中针对某个知识点或教学环节而开展教与学活动的各种教学资源的有机组合。2014年3月，教育部全国高校教师网络培训中心发布的《关于举办第二届全国高校微课教学比赛的通知》中指出，微课是以视频为主要载体记录教师围绕某个知识点或技能点开展的简短、完整的教学活动。后续对微课的阐释都引用了微课教学比赛中的定义，微课已不仅仅是各类教学资源的组合，而是成为一个完整的教学活动。在本书中，我们采用以下定义：微课是运用信息技术，按照认知规律，呈现碎片化学习内容、过程及扩展素材的结构化数字资源。

微课的核心组成内容是课堂教学视频(课例片段)，同时还包含与该教学主题相关的教学设计、素材课件、教学反思、练习测试及学生反馈、教师点评等辅助性教学资源，它们以一定的组织关系和呈现方式共同“营造”了一个半结构化、主题式的资源单元应用“小环境”。因此，微课既有别于传统单一资源类型的教学课例、教学课件、教学设计、教学反思等，又是在其基础上继承和发展起来的一种新型教学资源。

2. 微课的特征

微课具有以下主要特征：

①主持人讲授性：主持人可以出镜，也可以仅出现画外音；

②流媒体播放性：可以用视频、动画等形式，基于网络流媒体播放；

③教学时间较短：5—10分钟为宜，最短的1—2分钟，最长不宜超过20分钟；

④教学内容较少：突出某个学科知识点或技能点；

⑤资源容量较小：适于基于移动设备的移动学习；

⑥精致教学设计：完整的、精心的信息化教学设计；

⑦经典示范案例：真实的、具体的、典型案例化的教学情景；

⑧自主学习为主：是供学习者自主学习的课程，采用一对一的学习方式；

⑨制作简便实用：通过多种途径和设备制作，以实用为宗旨；

⑩配套相关材料：微课需要相关配套的练习、资源及评价方法。

5.1.2 微课的分类

1. 按照课堂教学方法来分类

2011 年，胡铁生教授对佛山市首届“微课”征集活动中由教师上传的 1700 多节“微课”作品的类型进行统计，并根据李秉德教授对我国中小学教学活动中常用教学方法的分类总结，在进一步调研分析的基础上对“微课”的分类维度和类型进行了修改和扩充。为便于一线教师对微课分类的理解和实践开发的可操作性，胡铁生教授初步将微课划分为 11 类，分别为讲授类、问答类、启发类、讨论类、演示类、练习类、实验类、表演类、自主学习类、合作学习类、探究学习类，具体如表 5-1 所示：

表 5-1 微课的分类及适用范围

分类依据	常用教学方法	微课类型	适用范围
以语言传递信息为主的方法	讲授法	讲授类	适用于教师运用口头语言向学生传授知识(如描绘情境、叙述事实、解释概念、论证原理和阐明规律)。这是中小学最常见、最主要的一种微课类型
	谈话（问答法）	问答类	适用于教师按一定的教学要求向学生提出问题，要求学生回答，并通过问答的形式来引导学生获取或巩固知识
	启发法	启发类	适用于教师在教学过程中根据教学任务和学习的客观规律，从学生的实际出发，采用多种方式，以启发学生的思维为核心，调动学生的学习主动性和积极性，促使他们生动活泼地学习
	讨论法	讨论类	适用于在教师的指导下，由全班或小组围绕某一个中心问题通过发表各自意见和看法，共同研讨，相互启发，集思广益地进行学习

续表

分类依据	常用教学方法	微课类型	适用范围
以直接感知为主的方法	演示法	演示类	适用于教师在课堂教学时，把实物或直观教具展示给学生看，或开展示范性的实验，借助现代教学手段，使学生通过实际观察获得感性知识
以实际训练为主的方法	练习法	练习类	适用于学生在教师的指导下，依靠自觉的控制和校正，反复地完成一定动作或活动，借以形成技能、技巧或行为习惯。尤其适合工具性学科(如语文、外语、数学等)和技能性学科(如体育、音乐、美术等)
	实验法	实验类	适用于学生在教师的指导下，使用一定的设备和材料，通过控制条件的操作过程，引起实验对象的某些变化，从观察这些现象的变化中获取新知识或验证知识。在物理、化学、生物、地理和自然常识等学科的教学中，实验类微课较为常见
以欣赏活动为主的教学方法	表演法	表演类	适用于在教师的引导下，学生对教学内容进行戏剧化的模仿表演和再现，以达到学习交流和娱乐的目的，增强审美感受和提高学习兴趣。一般分为教师的示范表演和学生的自我表演两种
以引导探究为主的方法	自主学习法	自主学习类	适用于以学生作为学习的主体，通过学生独立地分析、探索、实践、质疑、创造等方式来实现学习目标
	合作学习法	合作学习类	合作学习(Collaborative Learning)是一种通过小组或团队的形式组织学生进行学习的策略
	探究学习法	探究学习类	适用于学生在主动参与的前提下，根据自己的猜想或假设，运用科学的方法对问题进行研究，在研究过程中获得创新实践能力和思维发展，自主构建知识体系

值得注意的是，一节微课一般只对应于某种微课类型，但也可以同时属于两种或两种以上的微课类型组合(如提问讲授类、合作探究类等)，其分类不是唯一的，具有一定的开放性。同时，由于现代教育教学理论的不断发展以及教学方法和手段的不断创新，微课类型也不是一成不变的，需要教师在教学实践中不断完善。

2. 按课堂教学主要环节(进程)来分类

若根据使用微课的课堂教学主要环节来区分，微课可分为课前复习类、新课导入类、知识理解类、练习巩固类、小结拓展类。在混合式教学和翻转课堂中，经常结合使用这些微课类型。其他与教育教学相关的微课类型还有说课类、班会课类、实践课类、活动类等。

5.1.3 精品微课示例

《Python 语言程序设计》是在中国大学 MOOC 上开设的系列课程①，以微课形式展现，由北京理工大学的嵩天、黄天羽和礼欣教师授课，安排 10 周时间渐进式教学。截至 2020 年 5 月，该课程已开课 11 次，累计学习者超过 173 万。

课程主要内容为程序设计入门，面向的是各层次各专业的大学在校生、部分优秀高中生以及有兴趣的自学者。课程首页如图 5-1 所示：

图 5-1 《Python 程序设计》精品微课

① https://www.icourse163.org/course/BIT-268001?tid=1450323450

该课程的优点如下：

一是在视频时间的安排上，每节课 5—10 分钟，短小精悍，能够让学生在合适的时间集中精力学习，达到事半功倍的效果。

二是在教学内容上，每个章节开头都会回顾前期知识点，引导学生回忆已学知识，加深记忆，每章结尾会总结本章，帮助学生提炼重点。

三是在教学方法上，授课教师非常清楚，编程课程只讲语言语法是大忌，因此在讲课过程中注重理论结合实例，实例选择非常用心，课程清晰易懂。

但是，在教学方法上，该门课程先讲概念，再讲操作，这个顺序对于编程入门者来说不容易上手。建议可以借鉴项目教学法，先展示代码成果，再讲解概念，更利于学生直观理解。

5.1.4 微课教学设计模式

刘立云等学者在 2017 年提出了微课教学设计的五种模式：开门见山式、情景式、探究式、抛锚式、理论实践一体式。具体如下：

1. 开门见山式微课(案例：数制及数制的转换)

此类微课由教师直接呈现授课内容与目标，能够引起学生注意，便于其理清知识脉络。通过对本节课的重点概念或关键问题的简介，引入知识内容，既突出了授课的重难点，又是一种微课知识引入的良好方式。这种模式较适合对该部分内容具有很强的学习兴趣，且具有相关知识储备的学习者。直接对知识进行阐述，也是一种能够吸引学习者注意力的设计模式。但这种模式不适合对年龄较小的学习者采用，由于直接进行讲解知识，不进行课前导入或者兴趣的激发，难以抓住学习者的兴趣。

2. 情境式微课(案例：汽车保险与理赔)

情境式微课主要是从教学内容呈现和表达方面带动学生的情感、调动学生的思维和维持学生的注意力。在这种教学设计模式中，情境可以是真实的、语言描述的，也可以是虚拟的、实物演示的。这种微课教学设计模式对学生具有较强的感染力，而且可以使复杂问题简单化、抽象问题形象化，激发学习者的兴趣，有利于帮助教师对教学内容进行清晰的讲授。

3. 探究式微课(案例：电梯安全回路故障排除)

探究式微课是在没有学生参与的情况下，教师通过问题的预设和处理来引导学生思考，通过寻疑和释疑的交替的方式进行教学，强调以学生为中心。由于面对的是视频外的学习者，所以要求教师具有很好的教学引导技能，根据教学内容的需要，选择合适的表达方式，通过寻找问题和解决问题推动教学。

4. 抛锚式微课(案例：危险驾驶罪)

抛锚式微课采用情景渲染的方法教学，一般从感染学习者的真实问题或实际案例出发。具体设计模式如图 5-2 所示：

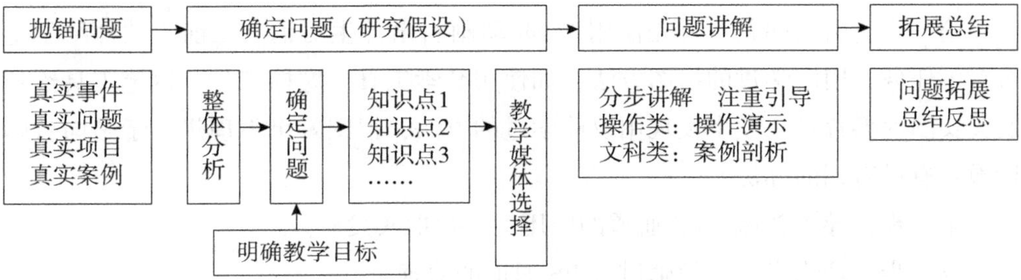

图 5-2 抛锚式微课教学设计示意图

5. 理论实践一体式微课(案例：邮件合并)

理论实践一体式微课又称为理实一体式微课，是指在授课过程中采用知识讲解与操作演示交替的方式进行教学。具体设计模式如图 5-3 所示。

5.1.5 中职信息技术类微课案例赏析

1.《PS 通道的应用——抠取头发丝》

中职信息技术微课案例《PS 通道的应用——抠取头发丝》为第三届(2017 年)

全国职业院校教师微课大赛中职组一等奖作品①，其运用的教学设计模式为理论实践一体式。

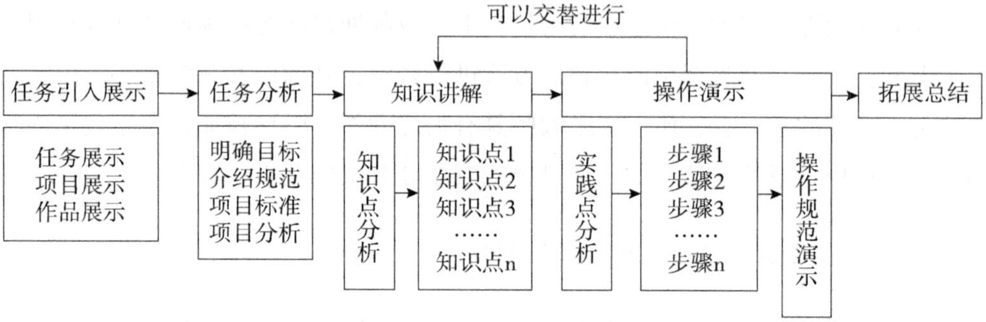

图 5-3 理实一体式微课教学设计示意图

(1)课程过程。

第一步，引入问题：首先使用 Flash 动画引出师生对话。之前，教师给学生布置了任务：用已学过的抠图方法，如使用套索工具、魔棒工具、钢笔工具给长发美女图片换背景。学生发现用以前学过的方法，抠图效果不理想，于是向教师请教：有没有别的办法？

第二步，导入新课：PS 通道的应用——抠取头发丝。

第三步，理论讲解：教师讲解 PS 通道的原理。

第四步，实践演示：教师演示 PS 通道的应用——抠取头发丝的步骤。

(2)课程特点。

该课程有以下优点：

一是该微课的内容选择合理，适合使用微课形式实现教学目标。

二是微课内容设计集趣味性、实用性、启发性和直观性为一体，学生通过学习微课能够快速掌握利用通道抠取头发丝的方法。

三是使用理实一体式的模式，将重点内容概览与实操视频演示相结合，左边视频、右边文字，使学生在观看视频过程中能够抓住重点，逻辑清晰合理。如图 5-4 所示：

① http：//www. iskill. org. cn/weiview2017. php？ id=5456&Controller=&View=70ab6de437d45e5da2d175df232cbfe5

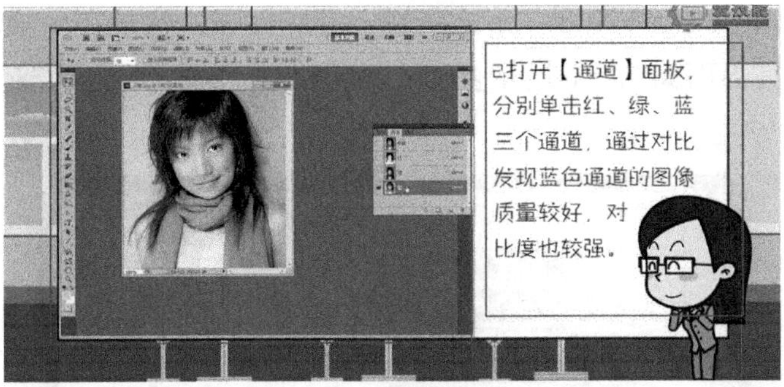

图 5-4 《PS 通道的应用——抠取头发丝》微课界面示例 1

但该课程也有一些不足之处，如教师动画人物的表情设置不合理，教师的表情看起来有些不愉快(如图 5-5 所示)，而教师应该要带着开心的情绪上课，才能给学生带来良好的印象，提高学生的学习兴趣。另外，背景音乐和教学内容的协调性有所欠缺，不能实现听觉与视觉的交相呼应。

图 5-5 《PS 通道的应用——抠取头发丝》微课界面示例 2

2.《Word 办公软件应用——巧用邮件合并功能》

下面针对 Word 办公软件应用中的邮件合并功能知识点，对比两个教学微课案例。

案例 1 为第四届(2018 年)全国职业院校教师微课大赛中职组一等奖作品①。

① http：//www. iskill. org. cn/weiview2018. php? id = 6870&Controller = 0&View = 70ab6de437d45e5da2d175df232cbfe5#jsjianjie

该案例采用动画形式制作微课，形式新颖，趣味性强，背景音乐轻快，与视频内容交相呼应。其界面如图 5-6 所示：

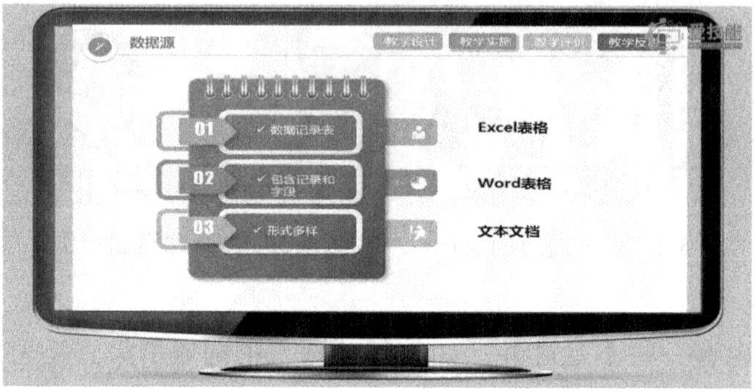

图 5-6　巧用邮件合并-案例 1 界面

案例 2 为发布在“中国微课”平台上的作品①。如图 5-7 所示，该案例采用的是录屏的方式，开头用 Word 文档直观展示问题，后续对邮件合并操作步骤进行录屏加讲解。与案例 1 相比，虽然逻辑清晰，结构完整，但教学过程稍显枯燥，较难提高学生的学习兴趣。

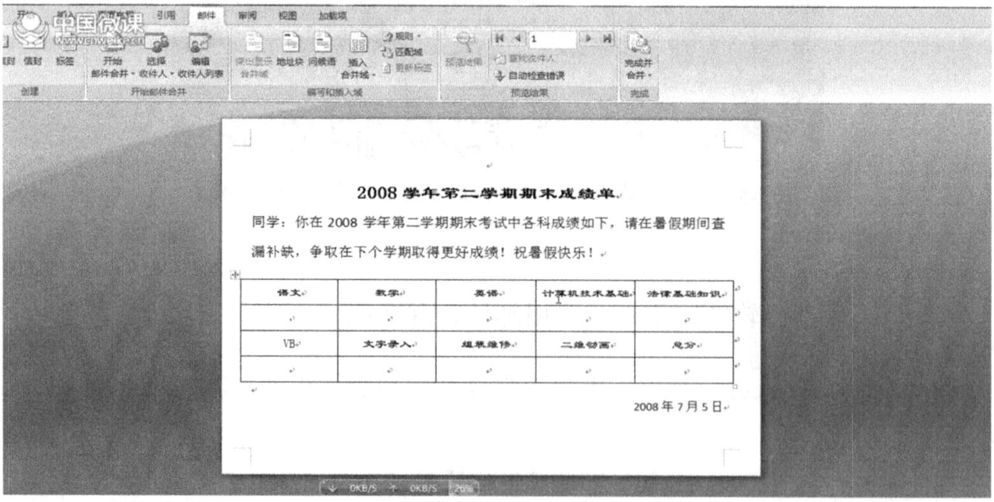

图 5-7　巧用邮件合并-案例 2 界面

---

① http：//dasai. cnweike. cn/detail/128327. html

5.2 微课制作

5.2.1 微课制作步骤

由于微课在时长上有较严格的限制，讲解的内容又是相对碎片化的知识点，所以在制作微课前要对其进行精心设计。微课制作的大致步骤如下：

1. 微课制作前的调研规划

制作微课前，要考虑制作微课的可行性和必要性。首先是做好充分的学情分析，清楚本节微课受众的年级段和相应的知识水平，这样才能采用适合该年级段的相关定理、定律、词汇进行讲解。其次，微课的功能是解惑而非授业，是一种教学的辅助手段，而不是完全代替课堂教学，因此，要明确微课的用途和使用微课的教学环节(课前预习、课堂学习还是课后复习等)。最后，还要考虑微课制作团队的实际情况。微课规划的参考内容如表5-2所示：

表5-2 **微课建设规划表**

微课主题	
选题分析	请谈谈为什么你认为这个主题适合开微课？这个话题吸引人吗？这个主题有没有类似的已经上线的微课？如果有，你打算建设的微课和这些已有的课程有什么不同？
对学习者的要求	你希望什么样的学习者来选课，比如需要具备哪些知识基础，需要具备什么实践经验？你的微课需要做出什么样的时间投入承诺，比如必须按时交作业吗？
教学目标	你希望学习者完成课程后学到什么知识、具备什么能力？计划如何帮助学习者清楚课程的目标？
课程评价设计	计划怎样衡量学习者的学习目标是否达成？学习者需要达成什么要求才能获得课程学分？
教学设计	计划分几周进行，每周的教学安排是什么？这样的安排和传统教学相比，有什么改动吗？变动的理由是什么？

续表

微课主题	
讨论活动设计	谈谈你对课程论坛的定位，你只打算让社区作为答疑解惑的地方，还是会有其他功用？在引导学生讨论方面，你有什么考虑？你计划如何参与学生的讨论？
你的团队成员及分工描述	课程团队中有哪些人？团队中每个人(比如授课教师、助教、教学和课程制作支持人员)的工作任务是什么？
宣传策略	计划采取哪些宣传手段来宣传课程？你认为哪些信息对于课程宣传最重要？
困难与挑战	对于建设微课，你最大的挑战可能是什么？你计划如何解决？你希望获得什么样的帮助？

2. 确定微课知识点

由于时间所限，因此一节微课通常只讲解一个特定的知识点(考点)或题目(真题、模拟题)，如果该知识点中包含另一个知识点，则需另设一节微课讲解。对于一门课程，可以分析、汇总其所有的重要知识点，以表格或思维导图的形式展现，并录制为系列微课，如表 5-3 所示：

表 5-3 **系列微课知识点规划**

课程名称			
章名(任务、单元、项目)	节名(子任务、子项目)	知识点(微课与知识点对应)	适合的微课视频形式
第一章	1.1	微课 1-1：名称 ******	例如：讲坛式
		微课 1-2：名称 ******	例如：PPT 动画录屏式
		微课 1-3：名称 ******	例如：二维、三维动画式
		……	……
	1.2		
	……		

续表

章名(任务、单元、项目)	节名(子任务、子项目)	知识点(微课与知识点对应)	适合的微课视频形式
第二章	2.1	微课 2-1：名称 ******	例如：讲坛式
		微课 2-2：名称 ******	例如：PPT 动画录屏式
		微课 2-3：名称 ******	例如：二维、三维动画式
		……	……
	2.2		
	……		
第 n 章	n.1	微课 n-1：名称 ******	例如：讲坛式
		微课 n-2：名称 ******	例如：PPT 动画录屏式
		微课 n-3：名称 ******	例如：二维、三维动画式
		……	……
	n.2		
	……		

3. 制作微课脚本

确定微课的知识点后，就可制作微课脚本，开展具体的微课设计，规划各部分(如问题导入、情境再现、案例分析、教师讲解、实践演示、总结反思等)所需要的时长。脚本模板示例如表 5-4 所示：

表 5-4 **微课拍摄脚本(编辑)设计模版**

录制时间	年 月 日	微课时间	分 秒 (5—10 分钟)
微课名称			
知识点描述			
知识点来源	□学科： 年级： 教材： 章节： 页码： □不是教学教材知识，自定义：________		

续表

<table>
<tr><td>基础知识</td><td colspan="5">学习本微课之前需了解的知识：</td></tr>
<tr><td>教学类型</td><td colspan="5">□讲授型 □解题型 □答疑型
□实验型 □活动型 □其他</td></tr>
<tr><td>适用对象</td><td colspan="5"></td></tr>
<tr><td>设计思路</td><td colspan="5"></td></tr>
<tr><td colspan="6">教学过程</td></tr>
<tr><td>过程</td><td>内容</td><td>画面</td><td>声音</td><td>时间</td><td>备注</td></tr>
<tr><td>一、片头
（20—30 秒）</td><td>课程或课题名称，主讲教师姓名、专业技术职务、单位等信息</td><td></td><td></td><td></td><td></td></tr>
<tr><td rowspan="4">二、正文讲解
（4 分—8 分）</td><td>第一节内容</td><td></td><td></td><td></td><td></td></tr>
<tr><td>第二节内容</td><td></td><td></td><td></td><td></td></tr>
<tr><td>第三节内容</td><td></td><td></td><td></td><td></td></tr>
<tr><td>……</td><td></td><td></td><td></td><td></td></tr>
<tr><td>三、结尾
（20—30 秒）</td><td>小结</td><td></td><td></td><td></td><td></td></tr>
</table>

4. 制作微课素材

微课素材包含了 PPT、Flash 动画等资源。制作相关素材时，不宜照本宣科，罗列书上的知识，而应融入教师自己的理解，深入浅出，否则微课起不到“解惑”的作用。特别注意的是，不允许在文字、语言、图片上出现知识性的错误或误导性的描述。

在表现形式上，不同格式的素材有不同要求。例如，制作 PPT 时，应充分应用 PPT 的视觉效果，如自定义动作、PPT 切换、颜色搭配、字体搭配等，做到动静结合、图文并茂、重点突出、简洁美观。

5. 准备录制设备

根据微课录制的内容和形式，准备合适的录制设备，如摄像头、麦克风以及相应的软件等，并提前做好测试。如有高清、慢速、微距等其他特殊录制需求，更要慎重选择设备，以免在后期处理时造成麻烦。

6. 录制视频音频

开始拍摄时，为保证录制质量，要遵守一些基本规则，如保持摄像头清洁、远离强光刺激、不背光、确保光线充足(可适当打光或使用带灯光的摄像头)、保证录课环境的安静等。如果要录制讲解教师的头像视频，要调整摄像头距离，确保至少能看到整个头部，并让面部保持合适的感光效果。

教师在录制前要做好充分演练，以保证录制的流畅性；出镜时应注意保持良好的形象，适当看镜头，与观众有眼神交流；讲解时应声音洪亮，语调抑扬顿挫有节奏感，不将教学资源当演讲稿，尽可能少地使用古板、枯燥的书面语，使内容通俗易懂。

7. 后期制作合成

录制工作结束后，还需要进行必要的后期处理，如配音、配字幕、合成片头、导出适当的视频音频格式等。最后的微课成品要保证视频的画质清晰流畅不变形，音频的音量合适、无噪音，背景音乐的声音不宜过大。

5.2.2 微课制作的移动设备

利用移动设备来制作微课主要是指利用“智能手机+各种 APP”来制作微课。在微课制作中，讲授式、操作示范式、实验式和情境式等模式较适合现场拍摄，拍摄的主要内容包括：主讲人的讲授过程，演示、示范的过程，实验的过程，设计小的情境展示。

1. 需要用到的辅助设备

解决画面稳定性问题的辅助设备有三脚架、手机夹、手持稳定器，如图 5-8 所示。

解决录音清晰度问题的辅助设备有专业录音麦+音频转接线、强指向性手机录音麦，如图 5-9 所示。

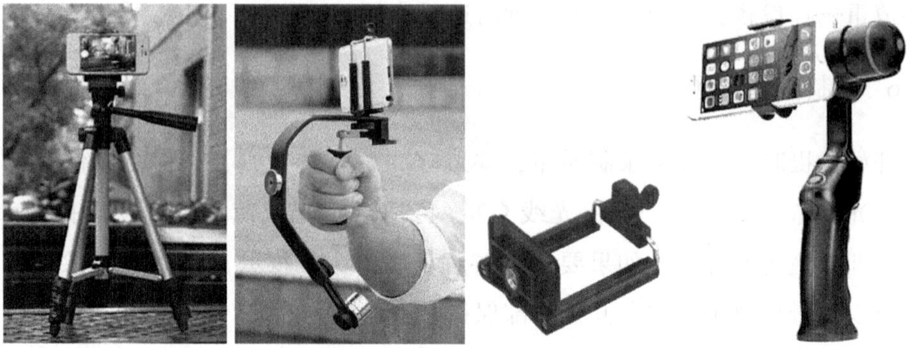

图 5-8 解决画面稳定性问题的辅助设备

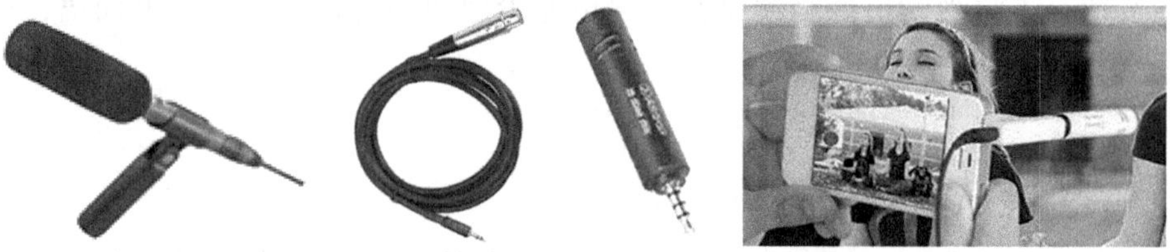

图 5-9 解决录音清晰度问题的辅助设备

解决造型丰富性问题的辅助设备有微距、长焦等手机镜头，如图 5-10 所示：

图 5-10 解决造型丰富性问题的辅助设备

2. APP 的选择与使用

(1)“HTML5 类”移动微课制作 APP

①“初页”APP。

“初页”的图标如图 5-11 所示：

图 5-11 初页-应用市场下载界面

该程序的基础操作步骤如下：

第一步：点击 APP 底部的“+”号，选择一张照片上传，如图 5-12 所示：

图 5-12 初页-H5 微课制作第一步

第二步：初页的模板十分丰富，可以满足大部分需求。针对上传的照片，可以选择不同的“模板”，快速在照片上添加各种形状、文字等元素，且所有元素都可以随意修改。

第三步：点击“+”号新添加一页，接着选择左下角的“换模板”，然后重复前面的步骤即可，如图 5-13 所示：

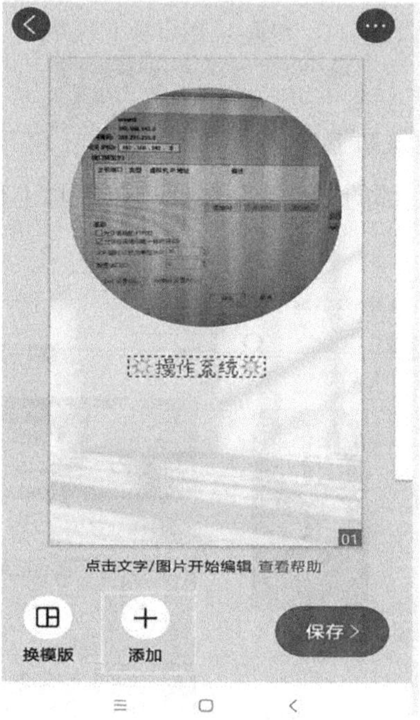

图 5-13　初页-H5 微课制作第三步

第四步：制作完成后进行保存，保存后可以发送给微信好友、微信群，分享到朋友圈等平台。

②“MAKA”APP。

MAKA 也是一款功能强大的 HTML5 制作工具，其图标和主界面如图 5-14 和图 5-15 所示：

图 5-14　MAKA-应用市场下载界面

图 5-15 MAKA-H5 制作模板

(2)“视频类”移动微课制作 APP。

①“美摄”APP(支持安卓、苹果系统)。

美摄 APP 既可以对视频进行拍摄，也可以对拍摄的视频进行背景抠像，还可以添加视频字幕，如图 5-16 和图 5-17 所示：

图 5-16 美摄-应用市场下载界面

图 5-17 美摄-视频制作页面

拍摄视频时，可以选择不同的效果，如图 5-18 所示：

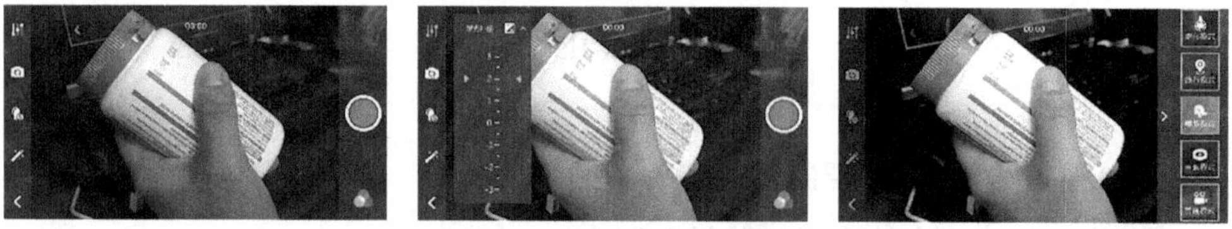

a. 美摄-默认曝光效果　　b. 美摄-增加 EV 曝光效果　　c. 美摄-美肤镜头效果

图 5-18 美摄-视频拍摄效果选项

拍摄完成后，可对视频进行编辑，以满足移动微课制作的需要，如图 5-19 所示。

②“Cinema FV-5”APP(仅支持安卓系统)。

极致摄像机 Cinema FV-5 应用程序的拍摄功能强大，可处理 RAW 影响，实现专业单反相机效果。其主要界面如图 5-20 和图 5-21 所示。

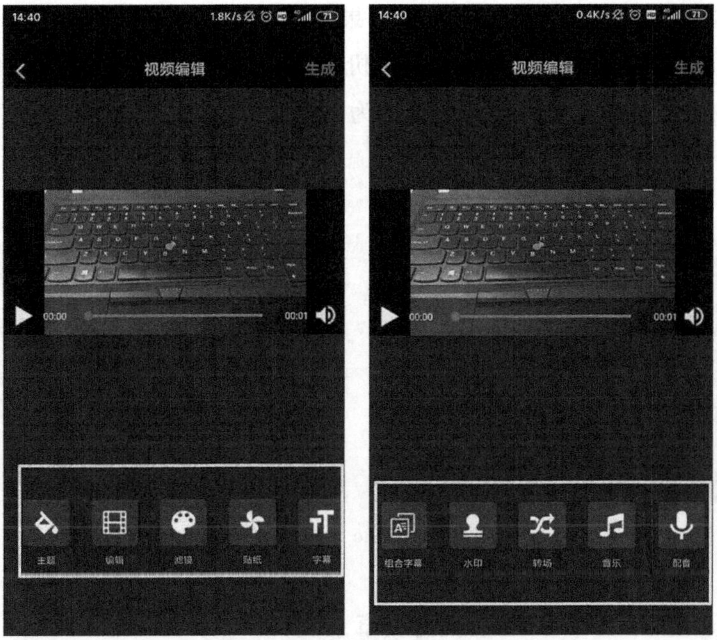

图 5-19 美摄-编辑视频功能

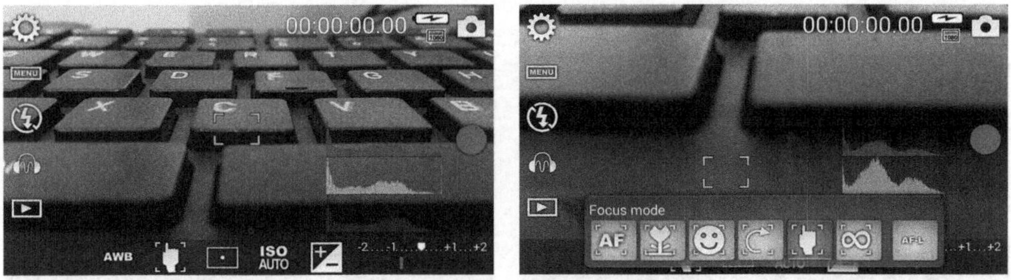

图 5-20 Cinema FV-5-拍摄界面

图 5-21 Cinema FV-5-设置界面

③“FiLMiC Pro”APP(支持安卓、苹果系统)。

FiLMiC Pro 实现了很多在专业摄像机上才拥有的功能，如可控制各种参数、保留后期空间、宽容度高等，被多次选为 iOS 年度最佳视频录制应用程序。其主要界面如图 5-22 所示：

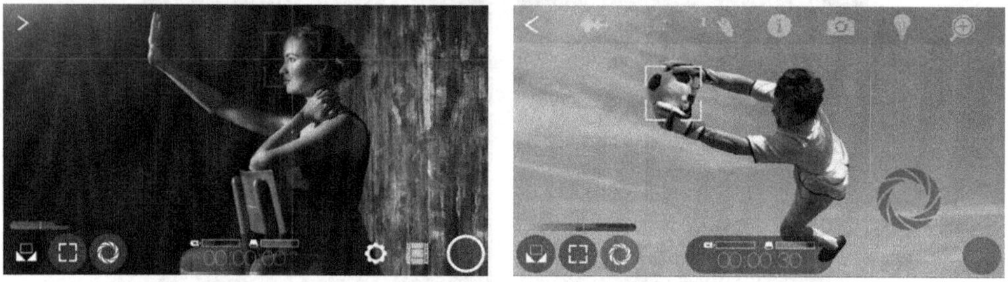

图 5-22 FilMic Pro-设置界面

④“KineMaster Pro”APP(仅支持安卓系统)。

KineMaster Pro 是安卓系统上口碑较好的一款视频编辑程序，简单易上手。其主要界面如图 5-23 所示：

图 5-23 KineMaster Pro-编辑界面

3. 利用移动设备制作微课的注意事项

第一，规范制作流程。①根据教学设计制作脚本，明确需要的画面和声音效果；②准备所需的教具及相关物资；③选定录制地点、背景、光线、声音环境；④完成脚本内容录制；⑤剪辑、发布。

第二，重视基础设置。①推荐存储格式：mp4；②推荐存储位置：SD 卡优先

(写入速率 30m/s 以上)；③确定分辨率：最高分辨率或要求的分辨率；④确定画幅及宽高比：最好统一，不要混用；⑤确保画面稳定；⑥焦点锁定；⑦曝光锁定；⑧白平衡锁定；⑨慎用数字变焦。

第三，注意画面控制。①要横拍、不要竖拍；②调节曝光控制，保证恰当的曝光；③注意构图效果：横平竖直、三分法、背景简洁；④加强镜头设计、确保重点细节突出表现，注意取景范围、拍摄角度。

第四，注意声音控制。①环境应尽可能安静；②使用耳麦录音；③使用录音笔单独录音；④使用外接麦克风录音；⑤后期用软件进行降噪处理；⑥后期制作时注意不同声音之间音量搭配。

5.2.3 微课制作的编辑工具

1. Focusky 工具

Focusky 是制作动画 PPT、动画宣传片、微课的软件。它改变了 PPT 的线性播放方式，加入了生动的 3D 镜头特效，以多种路径呈现给学习者，可以让 PPT 演示更出彩，方便教师制作更精美的微课视频。在 Focusky 的官网①，有众多利用该软件制作的案例。其主要界面如图 5-24 和图 5-25 所示：

图 5-24 Focusky 制作案例

① http：//www.focusky.com.cn/explore/

图 5-25 Focusky 软件界面

2. Camtasia Studio 工具

Camtasia Studio 是一款由美国 Tech Smith 公司出品的屏幕录像和视频剪辑软件套装，具有强大的屏幕录像、视频剪辑编辑、视频菜单制作、视频剧场和视频播放等功能。使用该套装软件，用户可以方便地进行屏幕操作的录制和配音、视频的剪辑和过场动画、添加说明字幕和水印、制作视频封面和菜单、视频压缩和播放。Camtasia Studio 的录屏功能可以轻松记录教师所有的屏幕动作，包括屏幕影像、摄像头影像、声音、鼠标轨迹等内容，录制完成后可自动导入 Camtasia Studio 时间轴进行后期剪辑处理，界面友好，操作简单。其录频操作界面如图 5-26所示：

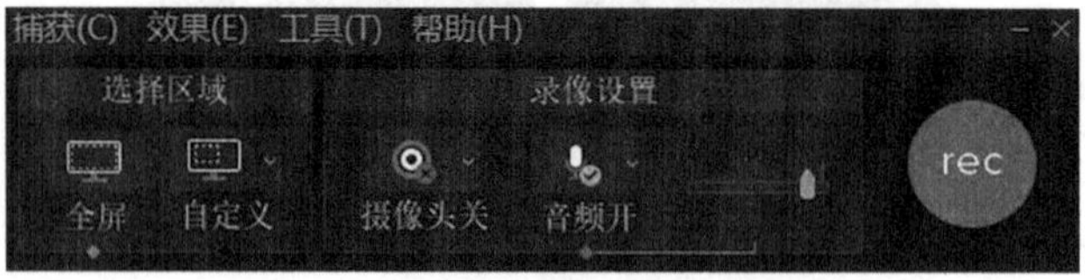

图 5-26 Camtasia Studio 录屏操作

如图 5-27 所示，录屏完成后，可以对视频进行编辑，如平移缩放、添加字幕、设置转场效果、添加语音旁白和音频降噪等。

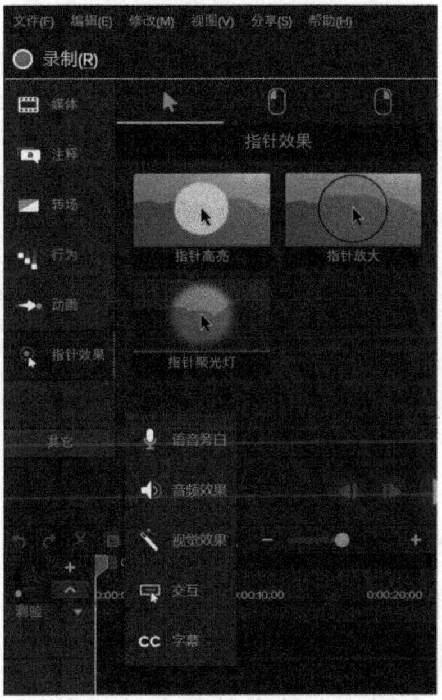

图 5-27 Camtasia Studio 视频编辑功能

3. EasySketchPro 工具

EasySketchPro 是一款国外手绘视频制作软件，也是一款强大的动画视频制作软件，能够快速创建多帧动画视频，也可以创作互动素描影片。该软件本身带有大量的音频及图片素材，包括钢笔、画笔、粉笔、蜡笔等 50 种手绘效果，也可以导入本地的图片、音频或视频素材。使用者可以在 Mac 和 Windows 系统中下载、安装、注册使用，操作界面简单、人性化，实现效果后能够导出 mp4 格式的视频播放文件。其主要界面如图 5-28 所示。

5.2.4 思维导图在微课教学中的应用

1. 思维导图简介

思维导图也叫心智图或脑图，是英国"记忆之父"东尼·博赞在 20 世纪 70 年

图 5-28 EasySketchPro 操作界面

代初期发明的一种表达发散思维的有效图形思维工具，它运用图文并茂的技法，把主题关键词与图形、图像、颜色等建立链接。

思维导图具有思维过程可视化的作用，符合人脑发散式思维，具有合理整合左右脑的功能。科学研究表明，人的右脑是非线性的、直觉的和整体的，对图形等直观的刺激相当敏感；而左脑擅长逻辑、分析。在教育学领域中，传统教学方式过多地依赖左脑功能，忽视了右脑功能的有效利用，而通过图形化的思维导图，能有效地将左右脑的功能融合在一起，将某一内容具体化、形象化、整体化和结构化。因此，应用思维导图能对理清思路、加强记忆起到重要的作用，大大提高了学习、分析和记忆的效率。

思维导图的主要特点有：①思维导图是一种将放射性思维(Radiant Thinking)进行图示化的方法——思维可视化的方法；②关注知识点间的关联和知识的整体结构；③关注知识掌握过程中的思维和记忆，并用这种方式帮助知识的有效吸收和知识回忆时的及时提取；④为大脑开辟了思维的缓存区，提高了思维的效率，从而提高学习的效率。

2. 常用思维导图工具介绍

(1)MindManager 工具。

MindManager 是一款由美国 Mindjet 公司开发的专业思维导图付费工具，在全球拥有 400 多万大用户。该款工具拥有可视化、直观、友好的用户界面和丰富强大的功能。其主要界面如图 5-29 所示：

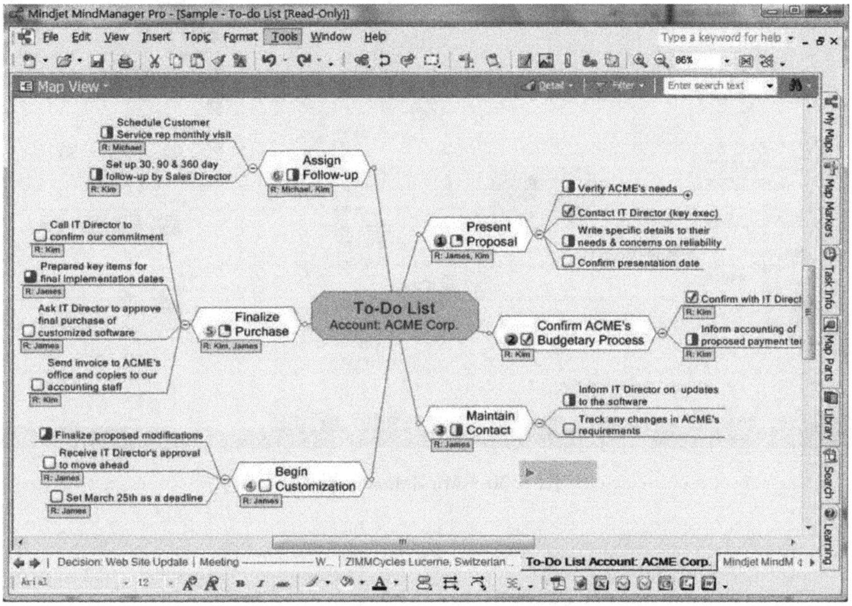

图 5-29 MindManager 界面

（2）MindMaster 工具。

MindMaster 是一款实用的国产思维导图软件，其操作简单、界面简洁、稳定性高。使用该工具，除了能绘制常规的思维导图外，还可以绘制鱼骨图、树状图、组织架构图、甘特图等，它还拥有丰富模板。其免费版可以使用大部分基础功能，订阅版则提供更多高级功能。其主要界面如图 5-30 所示。

（3）Coggle 工具。

Coggle 是一个在线协作思维导图工具，无须下载，登录即可使用，分为免费版和订阅版。该工具操作简单、色彩丰富、风格活泼，支持多人协作、链接分享、拖曳插入图片、嵌入第三方网页、操作历史记录等。其主要界面如图 5-31 所示。

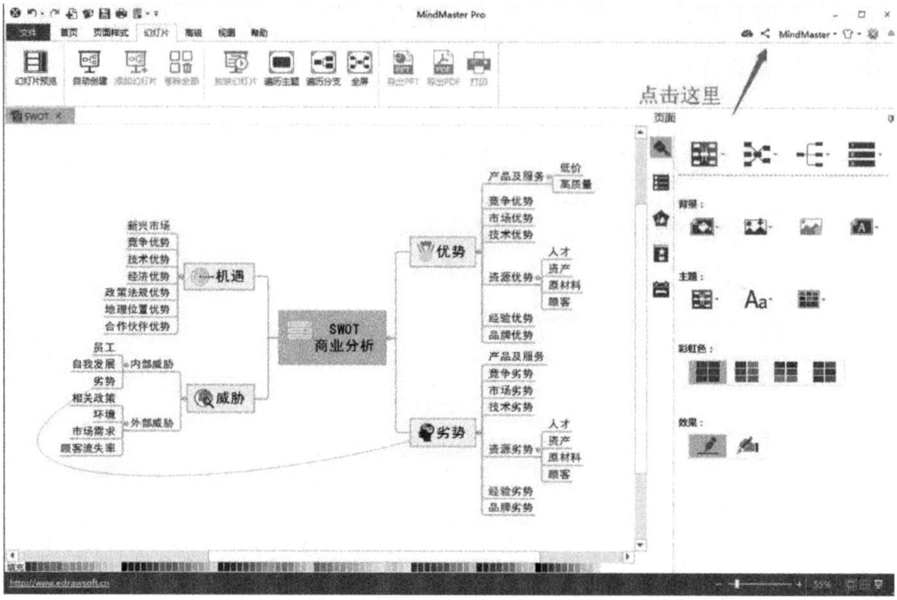

图 5-30 MindMaster 界面

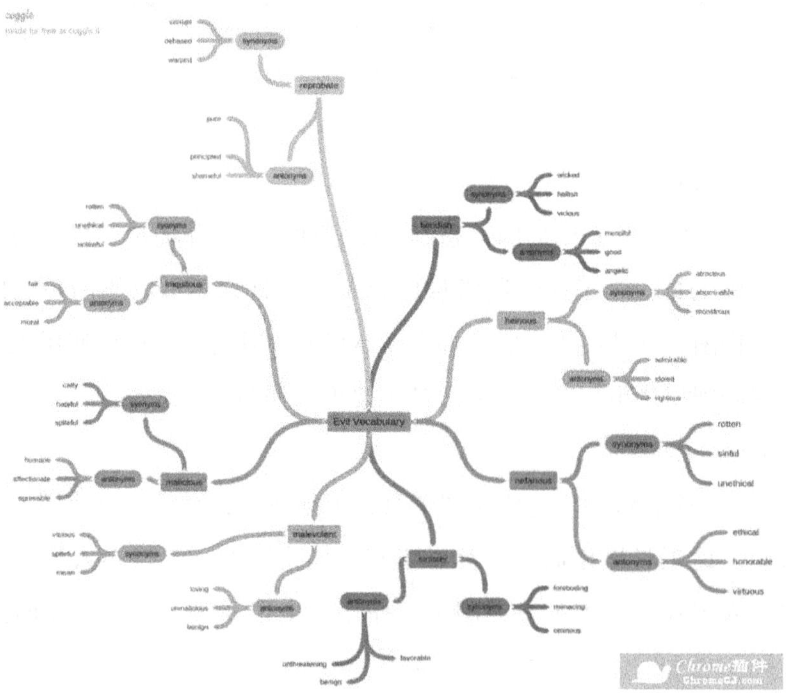

图 5-31 Coggle 界面

(4)幕布工具。

幕布是一款结合了大纲笔记和思维导图，能够在移动端使用的头脑管理工具，可用来记录笔记、管理任务、制订计划、组织头脑风暴，支持一键生成思维导图，登录账号以实现云同步。其主要界面如图 5-32 和图 5-33 所示：

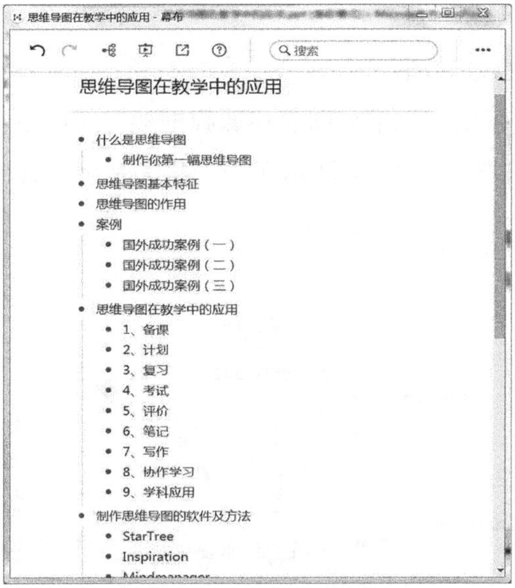

图 5-32　幕布工具大纲显示界面

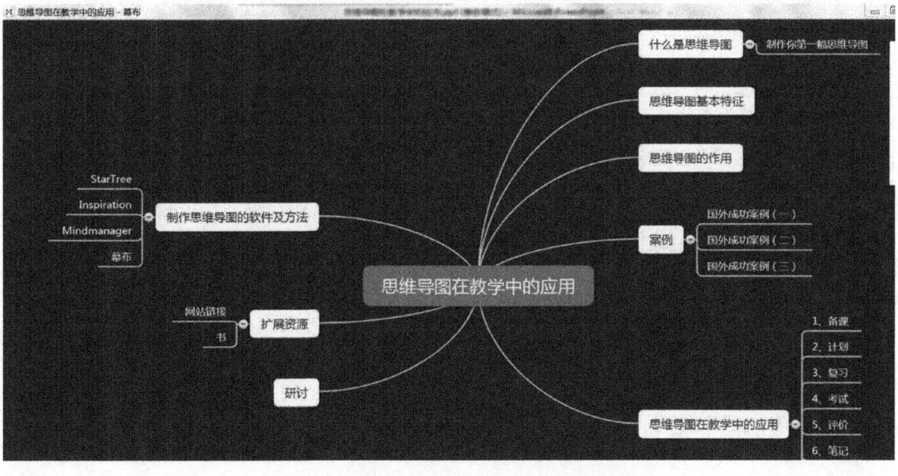

图 5-33　幕布工具思维导图显示界面

除以上工具外，还有 Novamind、Freemind、百度脑图等多种思维导图工具可供选择，读者可自行查阅相关资料并使用。

3. 思维导图在微课设计中的应用

在微课教学设计和制作过程中都可以利用思维导图，在保证逻辑缜密的同时提高效率，具体示例如下：

(1)微课知识点思维导图。

对于一门课程，可以用思维导图表述课程框架，一些重要的知识点正是微课制作时可选择的知识点，图 5-34 展示了《C 语言程序设计》课程的知识点思维导图：

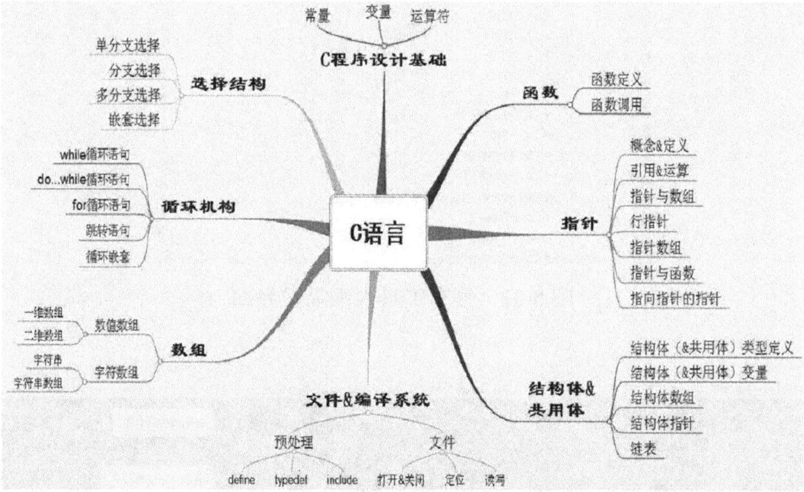

图 5-34 C 语言知识点思维导图

(2)教学重难点思维导图。

微课虽然简短，但也需要保证完整性，可用思维导图的方式展示教学重难点，如图 5-35 所示。

(3)微课设计思维导图。

微课设计的第一步是设计脚本，可用思维导图展示，一目了然。图 5-36 展示的是《数据结构》课程中“冒泡排序法”知识点的微课设计脚本。

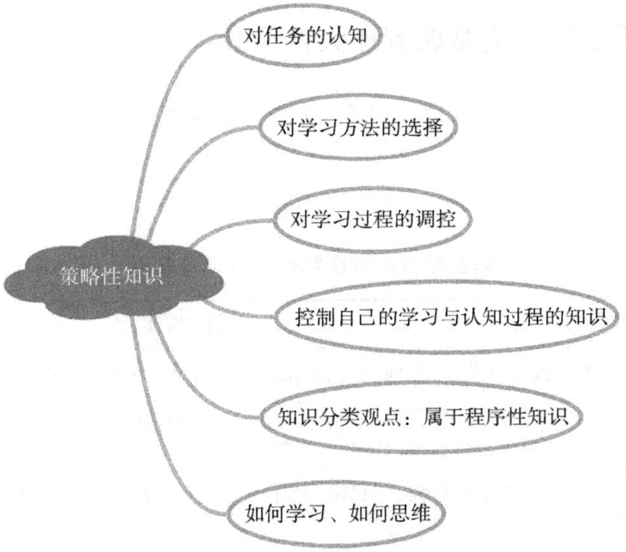

图 5-35　教学重难点思维导图

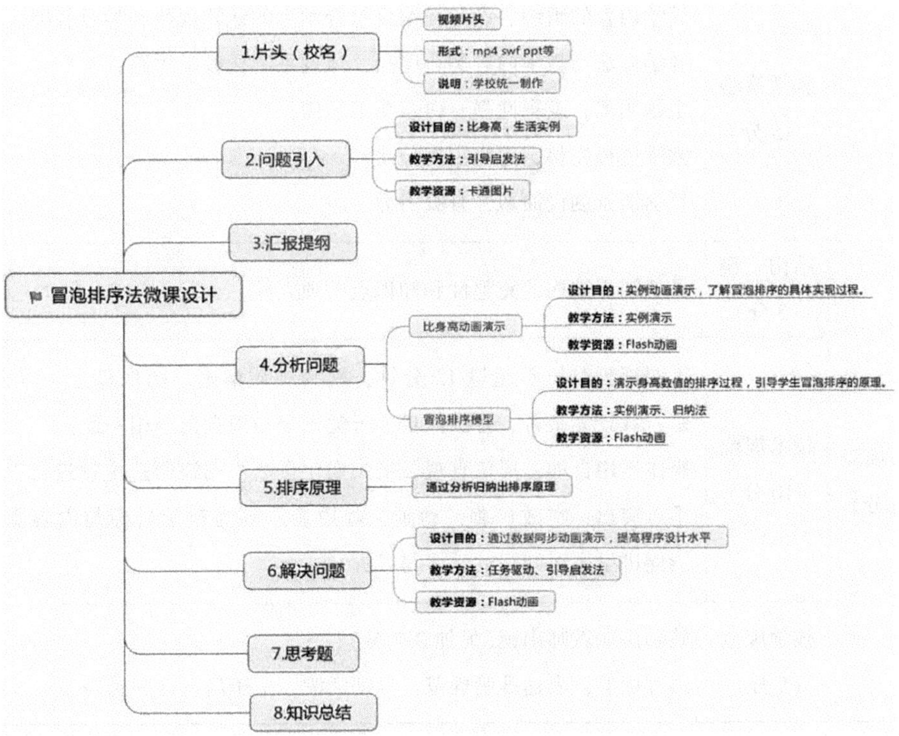

图 5-36　“冒牌排序法”微课设计思维导图

5.2.5 职业教育类微课制作大赛评分标准

制作职业教育类的微课时，可参考表 5-5 中的标准，评估所制作微课的质量：

表 5-5 职业教育类微课制作大赛评分标准

<table>
<tr><th>一级指标</th><th>二级指标</th><th>指标描述</th></tr>
<tr><td rowspan="4">教学设计
(40 分)</td><td>教学选题
(5 分)</td><td>教学主题内容独立，体量适宜，体现“小而精”的特点；
选取教学中重点、难点、疑点、考点和热点，选题使用价值较高。</td></tr>
<tr><td>教学目标
(10 分)</td><td>教学目标明确、具体，内容重点、难点突出，疑点、考点标注明确。</td></tr>
<tr><td>教学内容
(10 分)</td><td>严谨、科学，体现现代职业教育理念；
理论联系实际，教学模式体现“做中学、做中教”的职教特色。</td></tr>
<tr><td>教学策略
(15 分)</td><td>教学内容的组织、设计与编排符合学生的认知规律和学习基础；
教学方法与教学内容契合度高，体现系统化教学思路；
主题明确，逻辑性强，内容明了易懂；
教学过程完整，内容主次分明；
教学情景创设简短，有吸引力。</td></tr>
<tr><td rowspan="3">作品规范
(20 分)</td><td>结构完整
(5 分)</td><td>具备知识结构的完整性和知识点的独立性。</td></tr>
<tr><td>技术规范
(10 分)</td><td>微课视频时长不超过 12 分钟，视频画质清晰、图像稳定、声音清楚、背景无杂音，音画同步、听觉指令与视觉指令相一致；
媒体运用自如，形象直观，镜头变化自然，围绕所选主题进行设计，重点突出，实效显著，动画、背景音乐等为教学目标与内容服务，能促进学生对知识的学习与掌握。</td></tr>
<tr><td>教学规范
(5 分)</td><td>鼓励讲课教师出镜(另加 0.5 分)；
语言标准，表达准确规范，生动活泼，富于启发性和感染力。</td></tr>
</table>

续表

一级指标	二级指标	指标描述
教学效果（40 分）	形式新颖（10 分）	构思新颖，教学方法富有创意； 微课类型可选择讲授类、解题答疑类、实验实训类、活动类及其他，录制方法与视频工具自由组合。
	趣味性强（10 分）	教学过程深入浅出，形象生动，精彩有趣，启发引导性强； 利于提高学生学习的积极性。
	目标达成（20 分）	完成设定的教学目标，学生准确掌握所学知识并可运用所学知识解决实际问题。
总计	100 分	

课 后 习 题

一、单项选择题

1. 屏幕录制法常用的实现方式有(　　)。

   A. 电脑 PPT 录屏法

   B. 移动设备内录法

   C. 书写录屏法

   D. 以上选项皆对

2. 对于拍摄型微课的准备工作，哪项表述有误？(　　)

   A. 应选择合适的拍摄环境

   B. 应提前架设拍摄设备、录音设备、灯光系统

   C. 应事先准备好教学资源

   D. 出镜教师讲解时注意清晰有条理即可，不必太在意服装造型

二、论述题

1. 如果微课的主题是习题讲解，录制时需要注意什么？
2. 请总结微课设计时容易出现的问题和解决措施。

三、实践任务题

将学员分组(6—8人一组)，以中职学校教研室教师团队的角色，每组选择一门中职信息技术类课程，参照表6-6的规划提示，确定一个微课知识点，并完成微课设计。

要求：

(1)使用本章节介绍的任一微课教学设计模式和制作方法；

(2)除完成表格的规划外，可根据教师的实际要求，参照5.2.1节撰写相关文档，并完成实际的微课设计作品(准备时间：1—2周)；

(3)汇报形式：微课规划介绍及微课展示；

(4)汇报时长：15—20分钟/组；

(5)活动结束后需提交相关文档/作品。

表5-6 **中职信息技术课程的微课设计(括号中为相关提示)**

微课题目	(注意选题的合理性)
学习对象	(微课的使用者是谁?)
教学目标	(本微课将解决什么问题?)
教学策略与方法	(说明你的设计思路：先行组织者? 基于问题的教学? 情景化、案例化、故事化? 其他策略……)
内容框架思维导图	(使用MindManager等思维导图软件绘制微课的内容框架，并将文件导出为jpg或png格式，放置于此处)
制作方式	(准备采用何种微课制作方式? 具体使用哪种制作设备和编辑工具?)
特色与创新点	(本微课设计的亮点在哪里?)

参 考 文 献

[1]胡铁生."微课"：区域教育信息资源发展的新趋势[J].电化教育研究，2011(10)：61-65.

[2]全国高校微课教学平台. 关于举办第二届全国高校微课教学比赛的通知[EB/OL]. [2014-03-19]. http://weike.enetedu.com/news/html/2014-3-19/20143191115551.htm.

[3]刘立云, 张丽萍, 王永花. 微课的教学设计模式研究[J]. 教育现代化, 2017, 04(15): 104-105.

[4]陈劲良, 李梦蕊, 陈勇. 微课制作工具的选取与应用[J]. 电脑知识与技术, 2019, 15 (25): 144-146.

[5]杜鹏鹏, 刘正, 金旭, 等. 基于 Camtasia Studio 的微课设计与录制研究[J]. 电脑知识与技术, 2020, 16(10): 225-226.

[6]胡蓉. 手绘动画制作软件 EasySketchPro 在微课制作中的应用——以信息技术课《曲线工具的应用示范》为例[J]. 中国信息技术教育, 2016(11): 104-106.

[7][英]东尼·博赞. 思维导图[M]. 卜煜婷, 译. 北京: 化学工业出版社, 2015.

[8]詹桂芬. 思维导图在高职高专学生论文写作指导中的实践研究[J]. 河北软件职业技术学院学报, 2020, 22 (02): 42-45.

第6章　教学研究与发展

教学研究来源于教学实践。教学研究与教学同步，与问题同步，服务于学生，又能促进教师自身的专业成长。教学研究的发展与社会生产力、社会政治经济制度和科学技术密切相关，社会生产力决定教学研究的产生与发展，而教学研究成果的应用又促进社会生产力的发展；社会政治经济制度对教学研究的发展起制约作用，而教学研究的发展又反作用于社会政治经济制度；科学技术制约着教学研究的发展，而教学研究的发展又对科学技术具有促进作用。

本章分别从教学设计方法的角度和信息技术发展的角度，对教学研究的现状和未来发展做了具体分析，并以广东技术师范大学在程序设计训练方面的成果为例，说明如何开展人工智能时代下教育大数据的信息化建设研究。

6.1　基于教学设计角度的研究

6.1.1　基于实验对比的研究案例

1. 实验对比法简介

实验教学是实践性教学的一种组织形式。学生利用仪器设备，在人为控制条件下，引起实验对象的变化，通过观察、测定和分析，获得知识与发展能力。实验教学法在基础课和专业课中广泛应用。其目的不仅在于验证书本知识，更着重于培养学生正确使用仪器设备，进行测试、调整、分析、综合和设计实验方案、编写实验报告等能力。实验前，教师需编写实验指导书，并在课前发给学生预习。实验中教师要巡视，加强个别指导。实验结束后，教师认真评阅实验报告，将其作为成绩考核的主要依据。

基于实验教学的教学设计可以细分为观察类、体验类、模拟仿真类、探究类、研究类、调查类、测量类、操作类、设计制作类等。在各类实验教学法中，重点在于对比，即将实验器材、实验对象、实验步骤进行一定的调整和替换，分析对照其实验结果。

2. 实验对比教学法示例

以中职学校电子工程专业《PLC 应用技术》课程为例，为使学生掌握可编程逻辑控制器 PLC(Programmable Logic Controller)的技术应用，需要硬件和软件两方面的配合，对于这样一门综合技术，需要避开深奥理论，从应用角度出发，设计多个对比实验，带领学生进入 PLC 技术之门。

PLC 的基本功能是开关逻辑和顺序控制。以电动机的“启动—保护—停止”为例，教师在进行实验设计时，可设置以下实验环节：

(1)初始实验。

教师提供两个原理图，指导学生分别按照两个原理图连接控制线路，通过两个实验对比 PLC 控制系统对电动机的影响，引导学生初步理解 PLC 的基本功能。在实验过程中，教师不讲解程序如何编写，重点放在通过实验对比和互动问答上，在实验过程中，引导学生发现不同，提出问题：①两个实验是否实现了同一控制？②比较两个实验的按钮有什么不同？③实现电动机的“启动—保护—停止”控制，两个实验哪个简单？

当实验一做完，问题一提出，学生马上就能思考并回答，同时掌握了 PLC 技术应用的三个重点(由于涉及具体知识点，这里不再赘述)。

(2)延伸实验。

PLC 具有通过改变软件不改变硬件或改变很少的硬件就能实现不同控制的特点。在上述对比实验的基础上，教师可在原理图中增加延时启动的要求，即按启动按钮后，电动机延时一段时间才运行，按停止按钮立即停止。根据两个不同的原理图完成两个延伸实验后，学生能够充分理解 PLC 对不同控制要求的适应能力。

用实验对比开始 PLC 技术的学习，能使学生感受到这种技术真实的作用，没有接触新技术的陌生感觉。在接下来的基本指令学习、基本程序学习及 PLC 控制系统学习的过程中，继续用实验对比法不断验证、调试、修改，不断提升对 PLC 深层功能的认识程度，从而促进学生的深入学习，师生的教与学过程也将变为师生一起探索研究、共同进步的过程。

3. 教学设计的实验对比

当使用一种新的教学设计，并要检验其是否有效，是否能达到预期目标时，也常采用实验对比的方式，选取水平相近的两个班/小组作为实验班/小组和对照班/小组，分别开展创新教学和传统教学，通过学生表现、考试成绩等数据分析，使用统计学做差异性检验，从而发现教学设计中的问题，优化问题或解决问题。

6.1.2 基于课堂观察的研究案例

1. 课堂观察法简介

课堂观察是贯穿整个课堂的一种科学观察。在课堂观察中，研究者带着明确目的，通过自身感官或有关辅助工具，直接或间接从课堂情境中收集资料，并依据资料进行相应分析，从程序上和内容上保证了教学行为研究的准确性与客观性。尽管以课堂观察数据为支撑的精细化课堂教学行为研究日渐成为教学研究领域的热点，但是相关的实证研究却不多见。

2. 课堂观察量表设计

课堂观察量表是应用课堂观察法所需的重要工具，设计科学合理的课堂观察量表可以更好地实施教学的过程性评价和发展性评价。由课堂观察量表所反映的教学实际情况，可以更详细地评价“教师的教”和“学生的学”的动态变化。对观察量表结果进行科学分析，可以帮助教师提高教学能力，如语言表达能力、书面表达能力、沟通能力等，帮助教师科学地开展教学设计和教学反思。

以往的大多数学校在进行课堂观察量表设计时往往忽视对教学的目标、内容、过程、方法和课堂教学模式的评价。评价指标仅局限于教学内容、完成任务情况，忽视了课程和教学的设计。科学的课堂观察量表评价体系应体现教学的目标、内容、过程、方法、结果等权重，重点体现在教学目标和方法上，同时，评价指标应涉及教师的课程反思和听课教师的评价、专家的考核评定，还应添加学生对教师的评价、对教师课堂的满意度调查，从而形成全面的评价体系。具体包含以下两个维度：

(1)面向教师的评价指标。

面向教师的评价指标包括教师的自我反省能力、与同行的合作能力、与家校的沟通能力以及最能体现教师专业发展水平的语言表达能力、书面表达能力和课题研究能力。

(2)面向学生的评价指标。

对学生的评价是课堂观察量表的重点。面向学生的评价指标不能只停留在考试分数的评定上，而应突出评价学生的学习品质、学习习惯、学习方法和思维方式。特别是在学生的课堂表现上，可设定以下指标：是否积极参与课堂教学活动？是否有效回答教师提问？能否提出有思维深度的问题？是否善于与同伴合作学习？是否尊重教师和同学，等等。量表指标设计还应关注学生的课外表现，如课外自主学习、复习反思、创新实践、公益活动等。另外，量表指标设计还要有教师对学生的近期评价和同学的评价、家长的评价，这样可以形成对学生的全方位、多维度的立体评价体系，关注学生现在的学习能力和未来的发展能力。

课堂观察量表应尽量量化和细化。只有对课堂教学中各个观察点进行量化和细化处理，才能引领教师专业成长，促进育人方式转变。

(1)教学时间分配指标示例。

在教学时间分配一项中，可以将教学行为分解成不同环节：课堂导入环节、授课环节、互动环节、阅读材料环节、思考练习环节、反思环节；而课堂导入环节又可分解为提问导入、直接导入、材料导入、视频导入、练习导入、故事导入等。导入效果的评价可以分为优秀、良好、一般等层次，在量表中要列出评价标准。

(2)教师教学特色指标示例

在对教师特色教学的评定中可列出自学探究、讲授指导、小组讨论等不同的教学方式；或列出不同的教学手段，包括对不同的辅助教学工具的运用。在关注教师提问的观察点时，应顾及提问的方式、提问的次数、提问的有效性、学生回答的次数及正确率等。

6.1.3 基于个案的研究案例

1. 个案研究法简介

个案研究是指通过重点研究一个(或少数几个)特殊现象的实例，对在特定情况下发生的事件、关系、经历或过程进行深度剖析。采用这种方法开展研究，在设定研究方向和制订研究计划的时候有其自身的基本原则，它的基本原则同调查研究和实验研究的基本原则有所不同，其主要的特点有聚焦单一事例、研究深度较大、注重关系与过程、注重自然情境(相对于实验研究的人为创设情境)、鼓励使用多种资料来源和多种方法等。

当研究者想深入调查一个问题，要对现实生活情境中复杂、微妙的情况做出解释时，个案研究法最有效。个案研究法已经在社会研究中被广泛使用，通常用于发现信息(遵循归纳逻辑)，很少用于检验理论(遵循演绎逻辑)。实际上，对于一些特殊的案例，经常将两者结合使用：

(1)发现导向的个案研究。

一是描述个案研究情景中发生了什么(如事件、过程及关系等)。

二是探究探查影响个案研究的情景中的关键问题(如问题或机遇)。

三是比较个案背景的相同点与不同点并从中学习。

(2)理论导向的个案研究。

一是在一定的情景下解释事件、过程和关系的原因。

二是用个案研究例证某一理论是如何体现于现实生活情境的。

三是把个案研究作为验证特定因素(或变量)产生变化的实验基础。

2. 基于个案的教学研究示例

个案研究法要求研究者在众多可能的事件、人物、组织等要素之间做出选择。选择个案时，有两点需要特别注意：

(1)个案的选取不是随意的，而是在已知属性的基础上做出的。

实验或大规模调查的对象是随机选取的，以最大限度保证这些研究变量不是只代表一些特定的因素。而个案研究却恰恰相反，与经典实验和大规模调查的随机选择原则不同的是，个案研究案例的选取是基于它们与众不同的特征。

(2)在方法陈述部分，个案选择的标准要陈述明确，并且阐明其合理性。

首先，要确定个案的关键特征，并提供这些特征的相关信息。例如，如果研究主题是"如何激发职业院校排名靠后学生的学习兴趣"，那么，作为个案研究的基础，选择的标准就是"排名"。如果排名是以班级学业成绩来定的话，就需要进一步给出被选择学校的学生成绩情况：①与本班级成绩靠前的学生相比情况如何？②与本校本专业其他班级的学生相比情况如何？③与本校其他专业的学生相比情况如何？④与整个地区同等职业院校相关专业的学生相比情况如何？

这些细节很重要，因为它们证明了从广泛的研究总体(即职业院校排名靠后的学生)中选择某一班级作为适当个案的合理性，同时也是个案研究成果进行推广的基础。

在遵循以上原则的前提下，可采用以下选取个案的方式：

(1)典型事例(Typical Instance)。

典型性是选择个案时最常用的依据。被选择的案例与其他可能被选择的案例在一些重要方面是相似的，因此该个案研究的成果可以应用在其他地方。因为个案研究与其他事例相似，所以研究成果可以推广到整个事件群体。

(2)极端事例(Extreme Instance)。

一些个案的选择可能是由于它与典型的情况形成鲜明的对比。在极端的案例中，可使某个具体因素的效果凸显出来，从而更容易看出某个因素的影响作用。

(3)理论检验(Testsite for Theory)。

如果某个个案包含了意义重大的关键因素，而且个案与先前某个理论相关，那么如果理论是正确的话，可以预期特定的结果。

(4)最不可能的事例(Least Likely Instance)。

通过观察研究结果是否会发生在预期最不可能出现的事例中，可以用来检验理论的有效性(探索理论边界)。例如，当某个教育研究者想检验"学校老师认为学生的自治力很重要"这个理论，就会故意选一个这种自治力最不被看重的地方：

一个在开放的教室进行小组教学的课堂，如果在这种最不可能的条件下也有证据支持这个理论，那么这个理论在其他所有地方也都是可信的了。

个案研究方法的价值在于它拥有处理复杂社会情境中微妙交错的关系的潜在能力。这种潜能来自将研究范围限定在一个或少数几个案例上的决策。然而，选择了这种方法之后，人们又会对研究成果产生怀疑：从个别案例中概括出来的结论在多大程度上是合理的？因此，使用个案研究法，需要明确两个问题：①界定并指出个案能与其他同类事物相比较的重要特征；②分析个案研究的重要特征与同类事物的有关特征相比较有何异同。

用上面“如何激发职业学校排名靠后学生的学习兴趣”的例子来说明，要把个案研究结果的适用性推广到其他职业院校，取决于这个学校与同类的其他学校的共同特征有多少，而且这些特征与这些学校的运行方面是相关的，如学校招生情况、师资水平也可能被看作是要素之一。如果个案研究的发现能够适用于其他学校，研究结果的推广能力就较强。同样的，个案研究者也要强调所研究的个案在多大程度上是不寻常的，进而强调研究结果能够推广的程度。

3. 基于个案的教学产品分析

产品分析法又称活动产品分析，是个案研究中的一种重要方法。在教学研究中，可搜集以下三类产品作为研究对象：

(1)教育管理材料。

如各种有关方针政策的决定和指示、通告、工作计划、工作报告、报表、总结、会议记录、统计材料、规章制度、日志、信件等。

(2)教师教学材料。

如教师工作计划、教案、班主任日志、日记、教学工作总结、教研组会议记录、听课笔记、班会记录等。

(3)学生学习材料。

反映学生的学习情况、知识水平、思想状况、心理状态等的材料，如日记、作文、书信、绘画、工艺作品、作业、实验报告、试题试卷、记分册等。

通过分析研究上述教学相关材料，可以了解到许多重要的情况。例如，通过分析学生的作业，不仅可以了解教师的工作方法和工作体系，分析教学设计是否合理，教学过程能否达成预期目标等，而且也可以了解学生的能力、倾向、技能、熟练程度、情感态度和知识范围等。运用这种方法时，不仅要研究人的活动产品，而且还应通过作品来研究师生的心理活动状况。

6.1.4 教学研究中的创新性思维

1. 多学科融合视角下的教学研究

随着社会和企业对人才需求的转变，迫切要求职业院校加快培养适应新时代发展需要的复合型技能人才，因此，在职业教育的教学研究与教学设计中，应注重各学科之间的相互融合、促进，构建更加科学合理规范的课程体系，不断提高教学效果，从而实现培养复合型技能人才的目标。以下为可能的两种融合模式：

(1)基础课与专业课的融合。

学习基础课是为了提高学生个体的基础素质，为后续专业课的学习打下基础。这就要求教师在教授通识类公共类基础课程时，也要在教学内容上做适当调整，比如信息技术专业的数学课，可适当加入逻辑运算等内容，帮助学生提前熟悉专业课程会用到的相关数学内容。随着社会的发展、技术的更新，专业课内容也应不断更新，在教学内容安排上不断调整。

(2)跨学科融合。

跨学科融合是将不同学科的知识或者技能融合到一起，优化传统教学方法，以期收到更好的教学效果。现阶段职业院校的专业一般都偏重于专业化，有些专业细分为不同小方向，偏重于在本学科内进行细分，却忽略了学科之间的融合促进。例如，在《软件工程》课程中讲授部分社会心理学知识和商务洽谈类知识，可帮助学生更好地理解要做好一个软件工程项目不能只关注技术和开发，还需要具备良好的管理能力，与客户充分沟通。

2. 课程思政视角下的教学研究

2016 年，习近平总书记出席全国高校思想政治工作会议时，着重强调需将思想政治课程融入其他课程的教学之中，运用这种方式来进一步强化当代高校大学生的综合素养。为使专业课程与思政课程同向同行，达到协同育人目的，需要深入挖掘专业课程中所蕴含的思政内容并输送给学生。

以编程类课程为例，可从理论与实验教学两个方向对融合课程思政的方法进行探索。其中，理论教学可将专业理论与职业素养相结合，融入社会主义核心价值观等内容；实验教学改革基于结果导向教学理念，可将传统编程类课程“理论-实验”模式转变为“理论-项目”模式，同时融入思政内容，培养学生的专业能力和正确的思想品质。

6.2 综合信息技术的教学研究

6.2.1 人工智能驱动下的个性化教与学

1. 教育领域的智能技术发展

随着人工智能 AI(Artificial Intelligence)技术的发展，智能化为各行各业带来了新的变革，各个行业逐渐从互联网+模式进一步演变为 AI+模式。教育行业也一样，随着“互联网+教育”的持续深化，也顺其自然地催生了教育的智能化。

在我国，《国家中长期教育改革和发展规划纲要(2010—2020 年)》《国家教育事业发展“十三五”规划》等多项国家政策加速推进了教育智能化的发展，利用创新技术来解决教育行业的痛点的智能化教育是大势所趋。

2021 年 6 月 8 日，经济合作与发展组织 OECD(Organization for Economic Co-operation and Development)发布了《2021 年数字教育展望——推动人工智能、区块链和机器人的前沿》报告。该报告通过对当下教育领域智能技术的分析，从学生学习、教师教学及学校管理三个方面指出智能技术对教育的赋能：在学生学习方面，自适应学习技术能够实现学生个性化学习，整体智能系统能关注特殊需求学生从而推动全纳教育发展，自动数字测量方法提高学生对数字学习技术的参与度；在教师教学方面，教育机器人的出现使教师角色开始转变，混合人工智能系统帮助教师高效管理课堂，数字技术应用于新的教学评价方式；在学校管理方面，建立学习分析管理系统，早期预警系统以及区块链等技术的应用使学校管理更安全，组织系统覆盖更全面。智能技术有助于提升教育系统的有效性、公平性和成本效益，但需要合理利用。

2. 人工智能技术在教育中的应用

人工智能驱动下的个性化教与学现状可见图6-1。运用在教育中的人工智能主流技术有以下几种类型：

(1)语音识别。

语音识别技术基于人机交互，利用程序接收、识别声音，并理解和执行口头命令。我国自20世纪50年代开始发展语音识别技术，随着技术快速迭代，语音识别技术在我国得到飞速发展，目前正处于深度神经网络技术发展阶段。专注于语音识别研究的科大讯飞公司在2016年首次参加ChiME Challenge国际比赛(国际多通道语音分离和识别大赛)时即在全部测试场景上以显著优势获得第一名。如今，语音识别主流的端到端算法在实验环境中的准确率可高达99%以上。

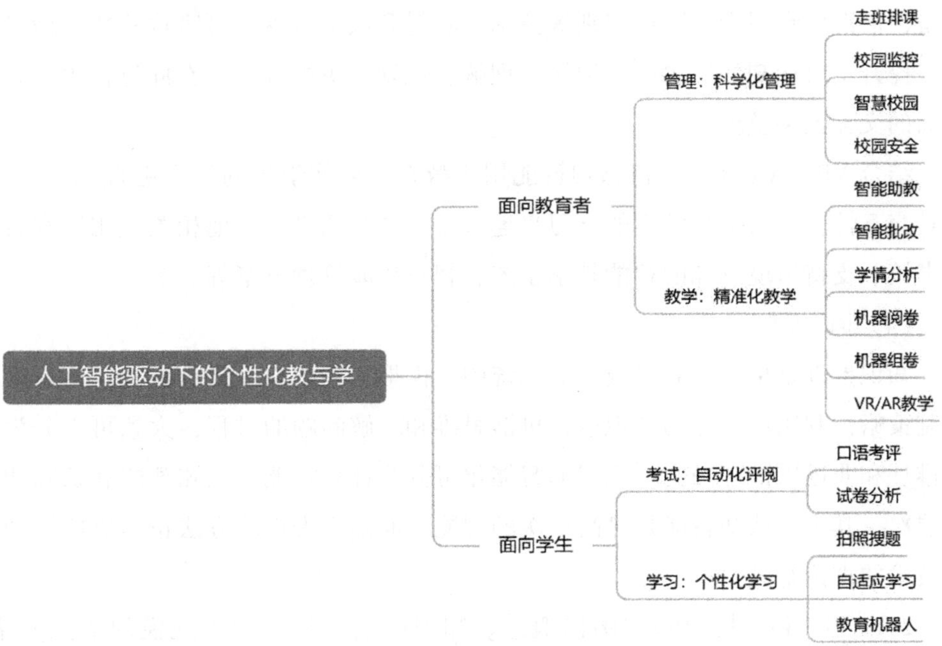

图6-1 人工智能驱动下的个性化教与学

在线语音识别技术在教育领域的应用相对比较成熟，可介入课程咨询、课中教学、课后练习等环节：①应用场景一：在课程咨询阶段，使用语音识别系统能更快响应学生需求；②应用场景二：在课中教学阶段，识别教师讲课内容，将其转换为协同笔记；③应用场景三：在课后练习阶段，自由识别学生练习的发音。

(2)图像识别。

图像识别是指使用人工智能技术自动识别图像中的对象、人物、位置和动作。其主要原理是使用描述性标签标记图像，在图像中搜索内容以及引导程序执行任务。目前用于图像识别任务的最有效工具是深度神经网络，特别是卷积神经网络 CNN(Convolutional Neural Networks)。

在教育领域，图像识别技术可用于智能阅卷、拍照搜题、机器翻译等，也可以帮助有学习障碍和残疾的学生，例如，使用图像转语音和文本转语音功能可以为有阅读障碍或视力障碍的学生朗读材料。

(3)感知智能。

感知智能是指将物理世界的信号通过摄像头、麦克风或者其他传感器的硬件设备，借助语音识别、图像识别等技术，映射到数字世界，再将这些数字信息进一步提升至可认知的层次，如记忆、理解、规划、决策等。而在此过程中，人机界面的交互至关重要。

结合 VR、AR 技术，将感知智能用于教育，可使学生的学习更直观、形象，更具交互性，这对提高学生的学习兴趣有着重要的意义。其他相关应用还有智慧图书馆、支持情境感知的智能教学系统、智慧校园管理方案等。

(4)知识推理。

知识推理是指在计算机或智能系统中，模拟人类的智能推理方式，依据推理控制策略，利用形式化的知识进行机器思维和求解问题的过程，大致可以分为逻辑推理和非逻辑推理两类。机器的智能化可分为计算智能、感知智能和认知智能等层次，其中，认知智能是最高层次的智能。而知识推理的方法正是机器认知智能技术的理论基础。

2012 年，谷歌提出知识图谱概念。知识图谱就是一种大规模的语义网络，是一种对现实世界的语义化的表示形式。它把实体表示成节点，实体的属性、实体间的关系表示成边，构成了一个网状的图结构。以知识图谱为代表的知识工程系列技术，在认知智能的实现中起到非常关键的作用。

在教育领域，可使用知识图谱技术，以各个学科知识点构建学科知识图谱，并与配套的教学资源(教材、试题、讲义、教学视频、试卷等)构建关联，进而通过用户信息和学习记录，建立知识点与用户之间的关联。通过知识图谱，能够更加精准地刻画学生对知识的掌握情况，从而实现精准的学情研判，提供智能化的学习路径规划和学习资源个性化推荐。同时，知识图谱也能帮助教师更好地了解学生学情，有助于优化教学方法和调整教学策略。

6.2.2 教育大数据的信息化建设研究

1. 教育大数据简介

教育大数据是基于特定教育目标，由教学和管理活动产生，并基于教育主题采集到的全量数据。与大数据的 5V 特点一样，教育大数据也具备“大量(Volume)、高速(Velocity)、多样(Variety)、低价值密度(Value)、真实(Veracity)”的特点。随着大数据技术在教育领域的深入应用，教育大数据支撑下的个性化学情诊断、精准化学习干预和精细化校园管理已成为教育信息化的重点关注内容。

2. 教育大数据的信息化建设

在教育信息化推进过程中，教育行业的大数据分析实践存在着教育系统数据互通低效、协同困难和拓展受限等诸多问题。从应用层面来看，主要问题如下：

(1)数据涉及面较窄。

当前教育大数据主要来源为数字化校园系统，其他教学管理的数据多为手工录入，其非结构化、数据维度少，数据来源不足。

(2)数据接口不完善。

教育机构内部信息系统的教务系统、一卡通系统、图书馆系统、财务系统等数据不规范、不一致，数据结构也不一样，各业务系统接口对接难度大。

(3)数据管理平台不统一。

没有统一的数据处理中心对数据进行管理，没有人力维护各系统的接入，有效数据量少，数据质量差，达不到大数据处理分析要求。

(4)项目成本及投入过大。

传统大数据平台项目开发成本高、收效慢，不能适应学校的管理模式。另外，相关的数据挖掘工作技术性强，无法将深入挖掘数据分析的工作做常规推广。

为解决以上问题，国内外学者开展了教育大数据的标准化体系研究，围绕教育大数据关键技术的现实需求，设计了面向多用户群的教育大数据标准体系。图 6-2 即为一个较为标准的教育大数据应用平台架构。

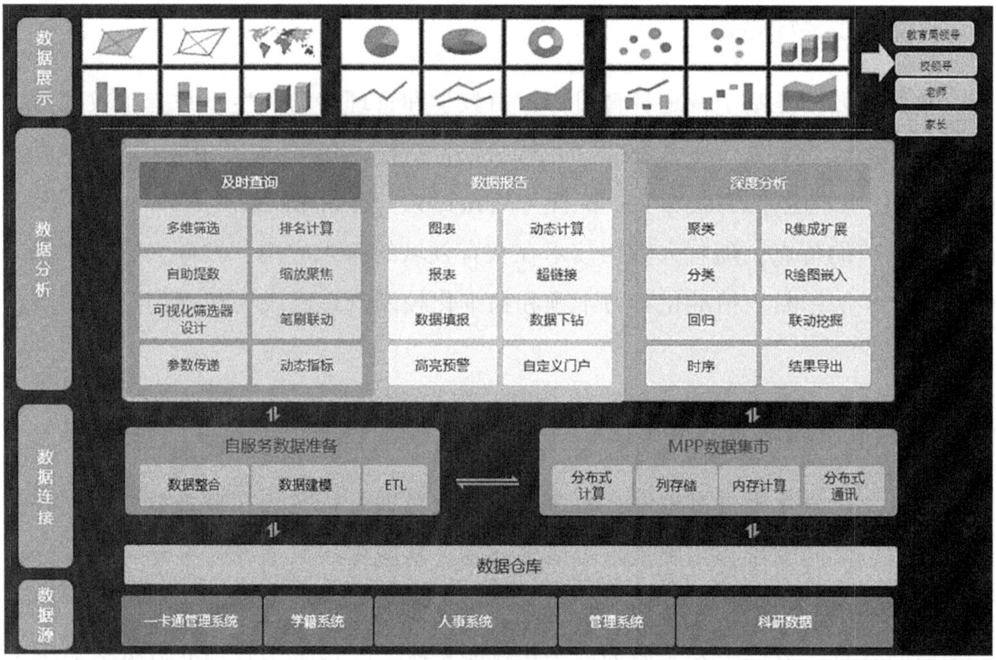

图 6-2 教育大数据应用平台架构示例

在数据分析体系搭建上，可以在以下四个方面展开：

(1)教务管理。

进行招生分析、就业分析、住宿分析、图书馆分析、资产数据统计分析等。

(2)教学创新。

进行教学质量评估、上网行为分析、学生成绩分析、学生特长能力分析等。

(3)应用创新。

进行学生轨迹分析、学生画像、学生舆情监控等。

(4)科研支撑。

开展科研成果分析统计、科研项目研究、科研经费跟踪研究等。

对高校而言，教育大数据具体的应用场景如图 6-3 所示：

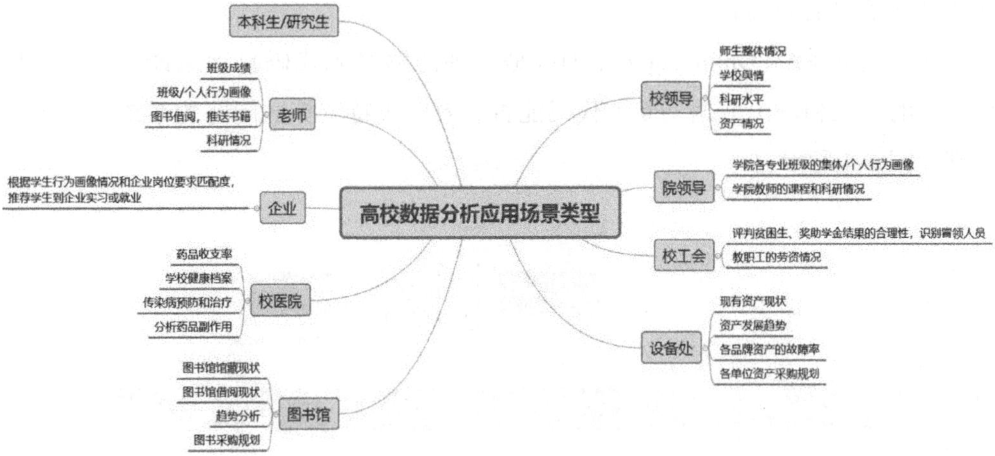

图 6-3　高校大数据分析应用场景

再以职业教育中学生的兴趣偏好分析为例，职校学生年龄较小，前期知识储备薄弱，如果教学过程不能激发学生的兴趣，很难保证学习效果。而通过大数据分析平台，就可以分析学生主动点击学习的课程类型、参考资料、学习时长，对他们的兴趣偏好有一个大致的判断，了解到每个群体、每个个体的学习情况，进一步给出学生学习能力偏重分析、薄弱知识点改善方式分析，设定兴趣课程，调整教学手段和方式。

案例分析

基于“GPNUOJ 在线判题系统”的程序设计课程群教学研究

程序设计课程普遍具有基础知识枯燥、难以入门、实践性强等特点，其课程的核心任务是培养学生利用程序设计的思想解决实际问题的能力，并在解决问题过程中形成计算思维，这种能力和思维的养成关键在于大量的编程训练。但是，在以往的教学实践中，特别是在信息技术类职业教育的程序设计课程实践中却得不到理想的教学效果，主要存在以下问题：①程序设计语法规则复杂，学生感到枯燥，学习兴趣不高；②缺少课后的有效交流，学习氛围不浓厚；③纸质的作业给教师带来了大量的批改工作且难以验证程序的正确性；④传统的卷面考试方式让教师疲于出题和阅卷。

在线判题系统(Online Judge，OJ)是一种能够对源代码自动编译、运行，根据预设的输入和输出数据判断该代码能否有效解决特定算法问题的系统，其工作原理如图 6-4 所示：

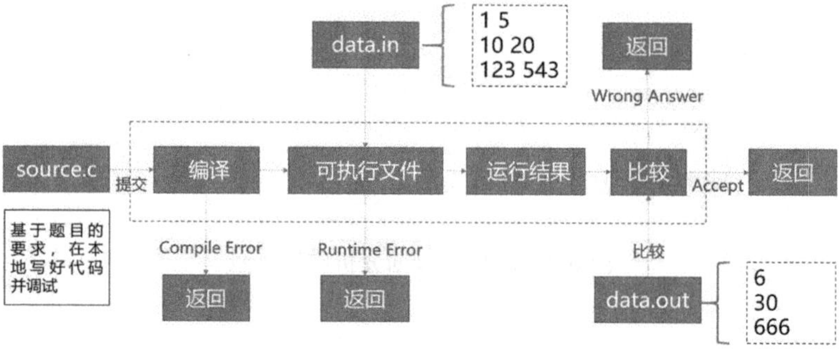

图 6-4 在线判题 OJ 系统工作原理

在线判题系统最初应用于 ACM 国际大学生程序设计竞赛中，经过几十年的发展，现在广泛应用于各大高校的程序设计训练、竞赛及竞赛队员选拔、学生作业及考试自动评判等。国外知名度较高的在线判题系统有美国弗吉尼亚大学的 UVA OJ 系统、俄罗斯萨拉托夫国立大学的 SGU OJ 系统、俄罗斯乌拉尔国立大学的 URAL OJ 系统，而在国内知名度较高的在线判题系统是浙江大学的 ZOJ 系统，这是最早开发的 OJ 系统，其次是北京大学的 POJ 系统、杭州电子科技大学的 HDOJ 系统、北京交通大学的 CITEL 系统、华中科技大学的 HustOJ 系统。这些系统的实用性强，且部分功能对外开放，为广大程序设计爱好者提供了良好的学习场所，也为高校之间资源共享与经验交流创造了条件。

但是，国内外知名的在线判题系统并不适用于程序设计刚入门的新手以及职校学生的程序设计学习。原因如下：

(1)界面不友好。

由于建立时间较早，知名的OJ系统的用户接口设计(UI)时代性较差，样式过于陈旧，界面不够美观，基本上不更新，所以用户体验较差，而且网页界面普遍为英文版，这会让英语基础较差的初学者产生恐惧心理。

(2)题目难度较大。

知名的OJ系统题库多而泛、缺少分类指引且难度系数大，容易让职业教育学习对象产生畏难情绪，难以有针对性地练习。

(3)缺乏辅助教学功能。

大部分知名OJ系统仅用于程序设计竞赛，缺乏辅助教学的功能，教师采用开源的OJ系统进行教学时，受到的束缚较多，不利于指导学生学习。

广东技术师范大学(Guangdong Polytechnic Normal University，简称GPNU)是一所具有硕士学位授予权的省属普通高等学校，是华南地区职业教育研究和职教师资培养培训的重镇及广东职业教育的龙头。学校坚持“面向职教、服务职教、引领职教、特色发展”的办学定位，以培养高素质“工匠之师”为使命担当，致力于培养高素质职业教育师资和应用型高级专门人才，努力创建具有中国特色世界水平的技术师范大学。

为充分发挥培养培训职教师资母机作用，广东技术师范大学从信息技术类专业应用型本科学生和职教学生的能力现状和学习风格出发，自主研发了一个用户体验好、功能完善、能辅助教学的程序设计在线判题系统(又名“爱编程网”，以下简称为GPNUOJ)，并于2018年9月正式上线使用。通过表6-1的比较可看出，GPNUOJ作为一个新上线使用仅几年的平台，由于其界面友好、题库难度适中，已经在本校的程序设计教学实践中积累了较高的人气，学生做题积极性较高，始终保持着一定的活跃度。该平台拟先在各应用型本科院校推广，快速推进应用型本科院校的教学信息化改革，最终将实现全国中高职学校信息技术类专业的全覆盖。

表6-1 **国内知名OJ系统与GPNUOJ系统对比**

系统及网址	界面	功能	题库数量
浙江大学ZOJ http://acm.zju.edu.cn/onlinejudge/	英文界面，用户交互体验一般	Home, Contests, Problems, Forum	3000+
北京大学POJ http://poj.org/	英文界面，用户交互体验一般	Online Judge, Problem Set, Authors, Online Contests, User	3000+
杭州电子科技大学HDOJ http://acm.hdu.edu.cn/	英文界面，用户交互体验一般	Online Judge, Online Exercise, Online Teaching, Online Contests, Exercise Author	5000+
北京交通大学CITEL https://citel.bjtu.edu.cn/acm/	中文界面，用户交互体验较好	首页、题目、比赛、题单	2000+
广东技术师范大学GPNUOJ http://www.gpnuacm.com/#/index	中文界面，交互体验较好，网页文化建设较好	首页、题库、竞赛、状态、排行榜、讨论区、荣誉墙	2000+

GPNUOJ目前面向大专院校师生，已实现了学生在线练习、测试、竞赛、课堂作业、课程测验和考试等功能，允许用户在线提交源代码，系统自动编译、运行、判断，最后返回结果。在技术上，GPNUOJ采用B/S架构，采用前后端分离技术，通过Ajax技术异步获取数据，以纯Web方式发布应用功能，用户访问系统时，只需要有一个Web浏览器即可，不需下载安装其他的应用软件。后台使用Python 3.0，前端使用Vue.js 2.0构建页面，系统UI框架为ElementUI，数据库采用MySQL，在线判题依赖稳定可靠且开源的HustOJ内核，并在此基础上引入分布式判题机制。目前，GPNUOJ支持五种编程语言的实践教学，分别是C、C++、Python、Java和C#。经过开发团队的不断完善和扩展，现题库已经有2000多道题，题目涵盖了程序设计入门、算法入门、数学基础、动态规划、初等数据结构、高等数据结构、教材课后习题等不同类别，题型丰富，有填空题、选择题、编程题、代码填充题和判断题等。

根据教育技术(AECT'05)定义，教育技术是通过对与指定目标合适一致的技术过程和资源进行合理的创设、利用和管理，从而促进学习、改善绩效的研究与合乎规范的实践。GPNUOJ 就是通过技术创设学习资源平台改善学习的一个具体实践。与传统教学系统相比，教育技术的引入，使得教师、学生、教学内容和教学媒体的地位与作用发生了转变。首先，教师成为学生学习的指导者；其次，学生在学习过程中的主体性增强；再次，教学内容的结构发生转变，重视培养学生的自主学习能力；最后，教学媒体成为学生认知的工具，教学方式呈现出多样化和个性化的特征。

通过信息技术与课程整合，将 GPNUOJ 系统应用到程序设计课程群教学，在教师主导-学生主体的教学理论指导下，GPNUOJ 系统可作为促进学生自主学习的认知工具与情感激励工具、丰富的教学环境的创设工具，促进传统教学方式的变革，从而实现培养学生创新精神与实践能力的目标。

经过近一年的程序设计课程群的教学实践探索，广东技术师范大学已经形成了一套基于 GPNUOJ 在线判题系统的实验教学改革方案，包括五个方面：在线课后作业、在线竞赛、在线考试、在线交流、题库众包服务。

1. 在线课后作业，提升教学效果

行为主义学习理论认为，学习是刺激与反应的联结，适当的练习与复习是有必要的。程序设计类课程具有很强的实践性特点，因此，课后练习是必不可少的环节。传统的纸质作业或上机实验作业给授课教师带来较大的工作量，由于监督能力有限，无法及时查阅每位学生提交的作业，更谈不上上机验证代码，这直接导致学生的实际程序设计能力训练效果差，调试能力弱。使用 OJ 系统的在线课后作业功能可以大大减轻授课教师的工作量，每位学生的代码都能得到验证，并且系统会统计出每道题的学生提交次数、提交通过率、所使用的编程语言，再根据完成情况进行排名。由于 OJ 系统已设定好非常严格的规则，如果源码出现问题，系统将自动停止程序并返回信息，因此学生需要不断调试，这有助于培养学生严谨的代码风格。教师还可以实时追踪学生完成作业的进度，对排名靠后的学生重点关注，并可以给不同层次的学生推荐相应的题目。从系统中教师获得大量的关于学生学习情况的反馈信息，可针对典型问题，在课堂上再次集中讲解，给予学习者准确到位的指导，这种教学方式大大了缩短问题的反馈周期，极大地提升了教学效果。

在线课后作业与传统课后作业的对比如表6-2所示，从表中可以看出，在线课后作业具有明显的优势。

表6-2　　在线课后作业与传统课后作业的对比

对比项	在线课后作业	传统课后作业
批阅工作量	系统自动评判，大大减少批阅工作量	人工批阅工作量巨大
反馈时效性	即时反馈，反馈信息详细，包括程序运行时长和占内存大小等	反馈周期长，反馈信息不详细
灵活性	开放题库，学生可自主选择难易题目	作业题目固定，选择范围较小
严谨性	系统已设定好非常苛刻的限制，源码出现漏洞，系统自动停止程序并返回信息，学生需要不断调试，故源码严谨	人工判题难以做到严谨
溯源性	所有登录信息及提交的程序源代码都会自动存储在系统中，方便核查	难以保存
数据统计难易度	系统自动统计提交量及通过率，并进行排名	难以统计

2. 在线竞赛，形成良好的学习氛围

行为主义学习理论启示我们，行为的动力就是内驱力，只有激发学生的内部动机，让他们对活动本身感兴趣，他们才会全身心投入进去，并且在活动中学到的知识才能保持长久。在线判题系统的核心功能就是在线竞赛，通过在线竞赛形成你追我赶的学习氛围，同时也有利于选拔ACM参赛队员，挖掘有潜力的学生，进行重点培养。在程序设计课程群实践教学中引入ACM竞赛机制，设计种类多样的竞赛，设置奖项，激发学生的学习动力，培养学生形成良好的学习习惯，营造积极向上的学习氛围，最终提高教学质量。

3. 在线考试，创建公平客观的评价机制

在线考试操作流程分为五步：第一步，设计试卷模板，指定题目类型，设置

知识点的范围及题目数量，如指定"选择题、循环结构、3道题"；第二步，基于试卷模板，自动从OJ题库中随机抽取相应的题目，生成试卷；第三步，学生在规定的时间范围内答题，也可提前交卷；第四步，教师进入后台改卷，系统会给出一个自动判题的结果分数，也可以人工判断并修改分数，最后公布成绩；第五步，导出样卷及学生的答卷。使用在线判题系统开展程序设计课程群实验课考核，操作简便，评判严谨且公正客观。在线考试可实现系统化管理考核内容，通过数据分析得出当前课程学习的薄弱知识点，为下次课程教学提供参考依据。

4. 在线交流，分享代码及学习经验

GPNUOJ系统设置了讨论区，供学习者讨论代码学习过程中的疑难问题，平台管理员会定期查看并给予回复。通过分享学习经验，点燃学习代码的热情，形成互帮互助、共同成长的学习气氛。

5. 题库众包服务，人人参与题库建设

所谓"众包"，就是一种多人参与的在线活动，发起者可以是个体、公共机构、企业，甚至是非营利机构，它们公开召集一群具有不同特征的个体自愿参与某项任务。GPNUOJ系统的题库众包服务鼓励人人参与题库建设，题库贡献者相片将登上系统荣誉墙。在GPNUOJ系统中，学生不仅可以做题，还可以参与出题，大大提高了学生到学校自主研发的系统上学习的积极性，通过参与题库建设，进一步培养学生的创造性思维和计算思维。

案例分析

基于"广师大跨境电商实训平台"的教学设计

为顺应"一带一路"倡议，满足培养应用型人才的需要，2017年11月，广东技术师范大学计算机科学学院电子商务系与阿里巴巴网络技术有限公司进行校企合作，签署了《跨境电商高校人才培育合作协议》，共同开展跨境电商人才培育计划。在合作中，由阿里巴巴的第三方服务商广州大洋教育科技股份有限公司为学校提供师资培训、课程资源、教材、实训平台建设、认证考证、对接就业等全方位服务。

广州大洋教育科技股份有限公司开发的"酷校"跨境电商教学实训软件平台

是阿里巴巴“百城千校，百万英才”项目官方指定的教学实训平台，具备课程建设、在线测评、课程社区、过程监控、导学答疑、教学配套、双师教学、岗位实训八大模块内容，已与全国 200 余所院校达成合作，为电商领域培养了 10 多万高素质的应用型人才。2017 年 12 月，由大洋公司提供技术支持的“广师大跨境电商实训平台”建设完成。该实训平台采用 B/S 结构的云平台，用户可在任意浏览器端访问平台（http：//gpnu. kuxiao. cn/），其首页如图 6-5 所示。平台分为网盘资源系统、在线导学系统、综合实训系统、学情监控系统、招聘与就业系统等模块，内置国际贸易、店铺建设、商机获取及订单处理等八个知识模块，能够满足应用型本科学校跨境电商课程实践的全部需要。实训平台每年可供近百个学生同时学习使用，通过专属账号登录后，学生可使用其中所有的在线课程资源，完成实践任务，教师也可对学生的学习情况进行实时的监控、管理和评价。

图 6-5　广师大跨境电商实训平台

1. “广师大跨境电商实训平台”功能模块

该实训平台可分为教师授课端、学生学习端和职业能力提升三大功能模块。

(1)教师授课端。

在教师授课端，教师可根据自己的教学需求，设置教学计划和内容，进行教学管理。具体如下：

①课程管理。平台内置有部分跨境电商课程知识内容，如图 6-6 至图 6-8 所示。另外，如图 6-9 至图 6-14 所示，教师还可根据学校教学模式的要求，通过“教学中心”—“创建课程”进行课程的新建，设置对应学分和学时；添加课程章、节，系统根据章、节可自动生成目录；每个章、节均可自由添加文字、图片、文档、音频、视频，支持多种格式；针对课程，可在每一章、节后添加随堂练习(题型包含单选题、多选题、判断题、填空题、简答题等)、问卷调查，也可为整门课程创建考试，实现自动或人工批改。课程创建后，教师可以自由发布课程、转让课程，甚至进行课程交易。

图 6-6 《跨境电商概述》知识模块

图 6-7　平台内置课程学习资源

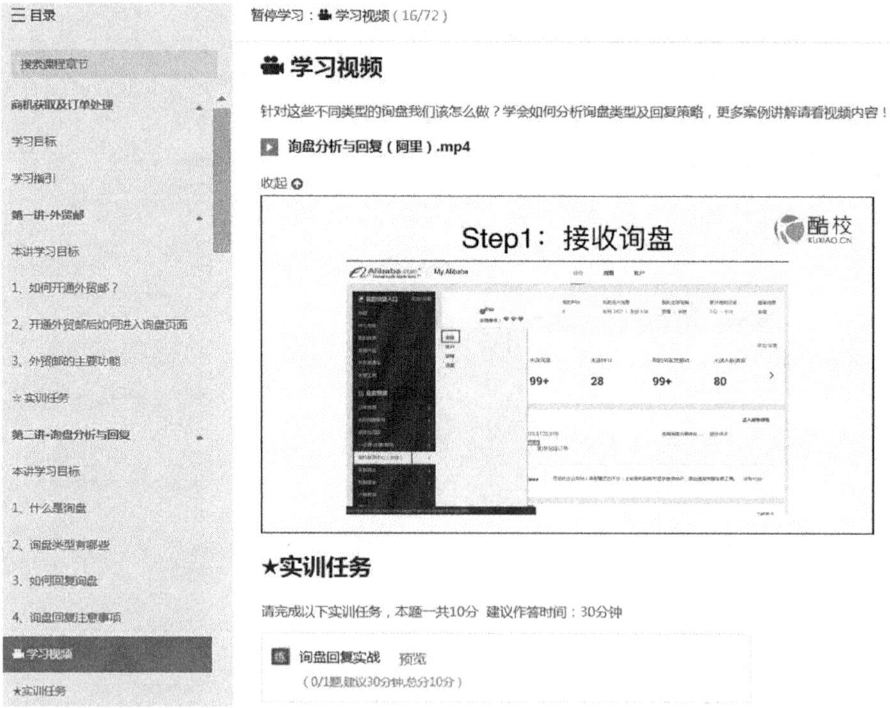

图 6-8　平台内置课程视频资源

图 6-9 平台课程新建界面

图 6-10 平台课程编辑界面-1

图 6-11 平台课程编辑界面-2

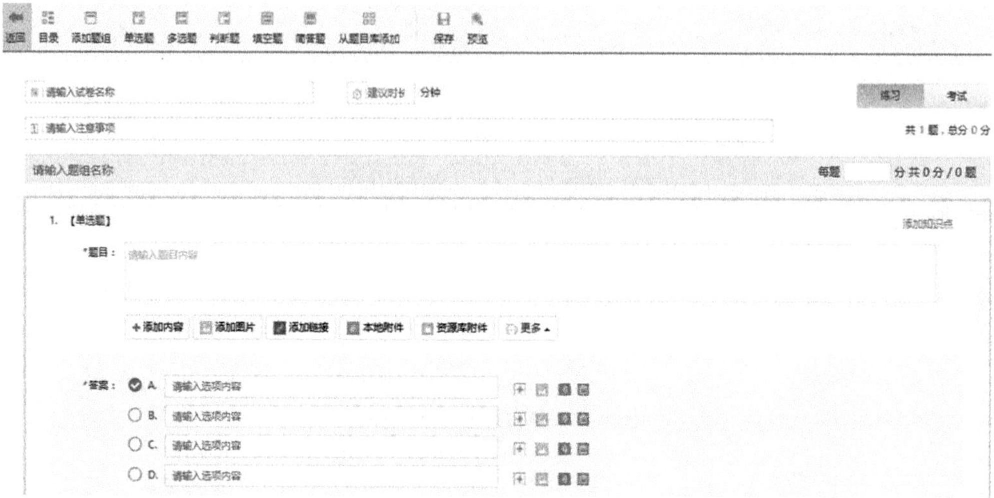

图 6-12　平台课程评测界面

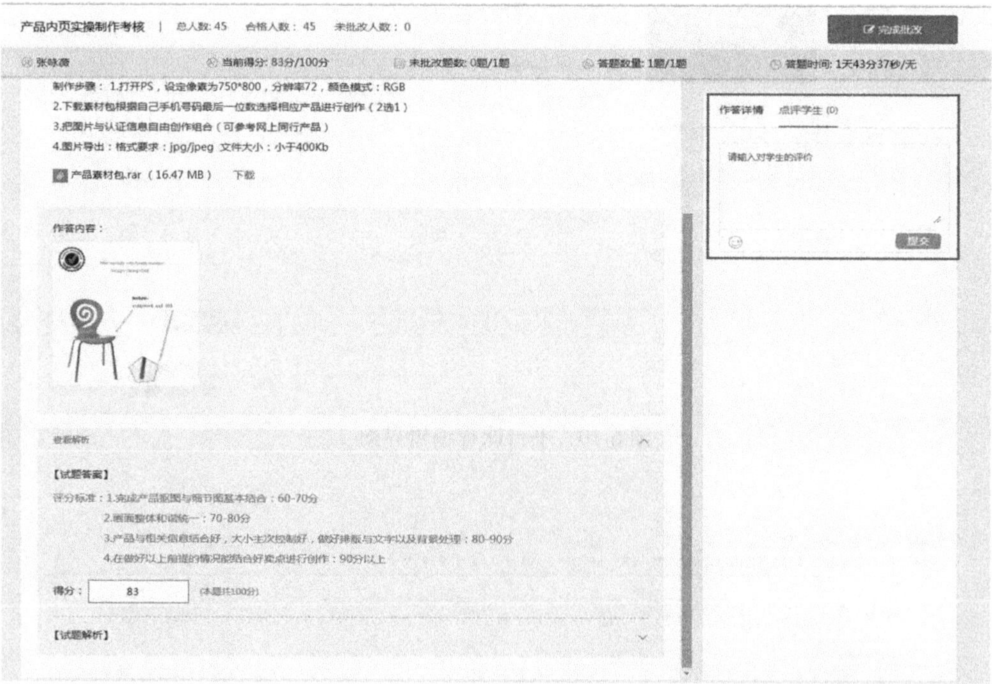

图 6-13　平台试卷批改界面

图 6-14 平台课程管理界面

②资源管理。教师可将自行制作的课件资源、试题资源、试卷资源等各类资源通过个人账号上传并保存到教学平台上，对平台上的所有教学资源进行展示、安排和调整。其中，课件资源支持市面上的音频、视频、文档所有主流格式，视频还可实现在线转码播放。如图 6-15 所示：

图 6-15 平台资源库

③课堂互动。平台支持多样化授课模式，教师可以通过平台链接及控屏软件，实现集中授课，也可以提前把授课的内容制作成课件及视频教程，进行线下

授课或直播授课，如图 6-16 所示。在教学过程中，可以进行作业点评、试卷批阅，在论坛和学生开展互动等。

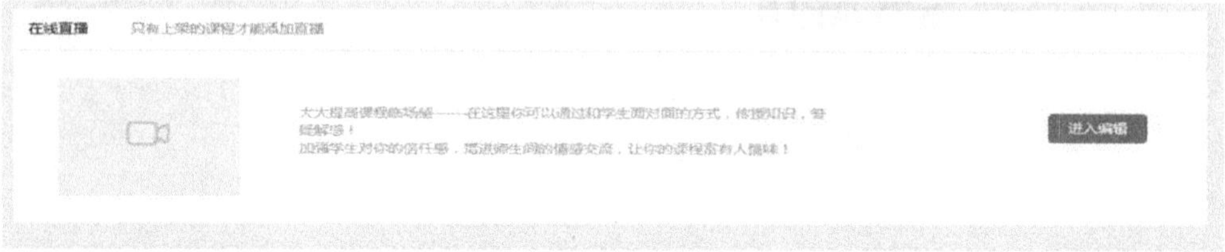

图 6-16 平台在线直播功能

④导学中心。导学中心为教师和学生提供了沟通交流的便捷渠道，可通过“教学中心”页面的入口进入，如图 6-17 所示。在这一版块中，教师可以根据课程筛选班级群组，进行消息通知，查看学生学习情况，如图 6-18 和图 6-19 所示。

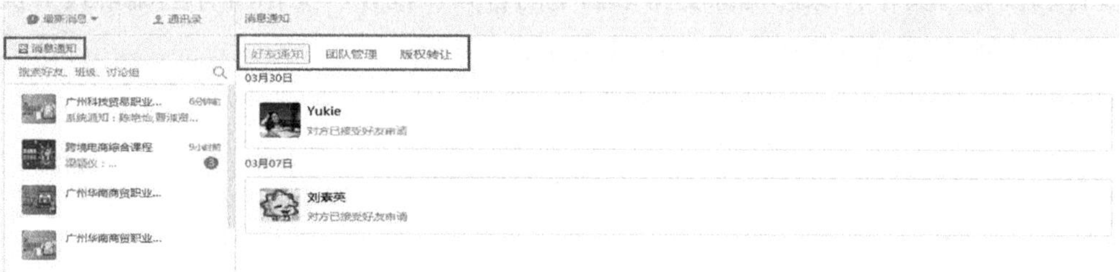

图 6-17 平台导学中心

图 6-18 平台消息通知

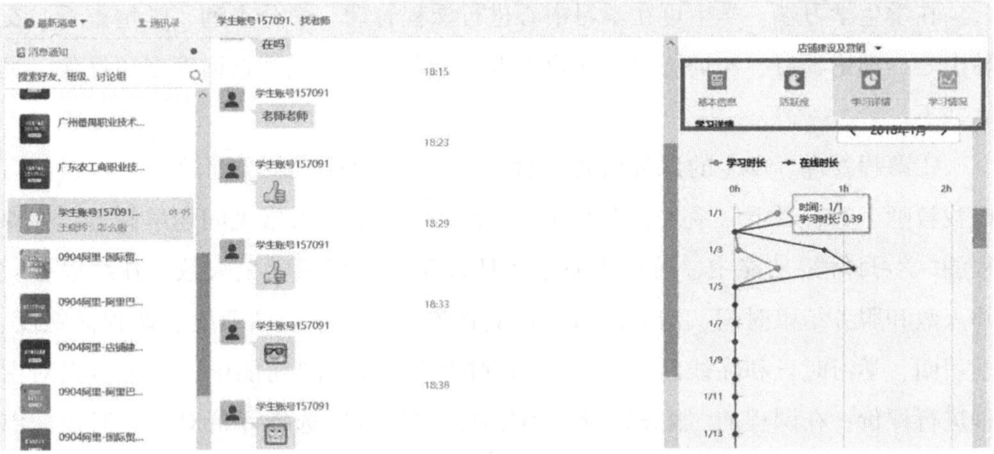

图 6-19 通过平台查看学生学习情况

⑤警报中心。当参与课程的学生活跃度过低时，警报中心会向教师发送学习警报，提醒教师关注该学生的学习情况，如图 6-20 所示：

图 6-20 平台警报中心

(2)学生学习端。

在学生学习端，学生可在学习中心进行课程管理、学分查询、学情查看、交易中心、理论学习、实训练习、作业查看、课程考试、成绩查询等多项操作。具体如下：

①课程管理。学生的课程管理界面如图 6-21 所示。在课程学习页的顶部可以找教师、查看最近联系人、查看和发表课程圈子、查看常见问题解答等。在课程的“学习详情”功能中，可以查看学生所属班级、班级学生人数、在线服务教师人数和服务结束时间、沟通次数、评测作答次数、平台活跃度、课程活跃度、学习圈、学习时长和在线时长等；在课程的“课程评价”功能中，学生可以对课程进行评价；在课程的“服务评价”功能中，学生可以选择评价对象，对该门课程的教师进行服务评价，还可以查看其他人对课程教师的评价。完成每一章的学习后，学生要做章节评测，检测所学的知识。评测分两种模式：练习和考试模式。练习模式可以重复作答，重复提交试卷，作答的时候还可以查看答案解析；考试模式只能作答一次，且有时间限制，所以学生应做好准备后再答卷。教师批改试卷后，在“消息”—“消息通知”—“成绩通知”中可以查看该次评测的成绩和答案解析，如图 6-22 所示。

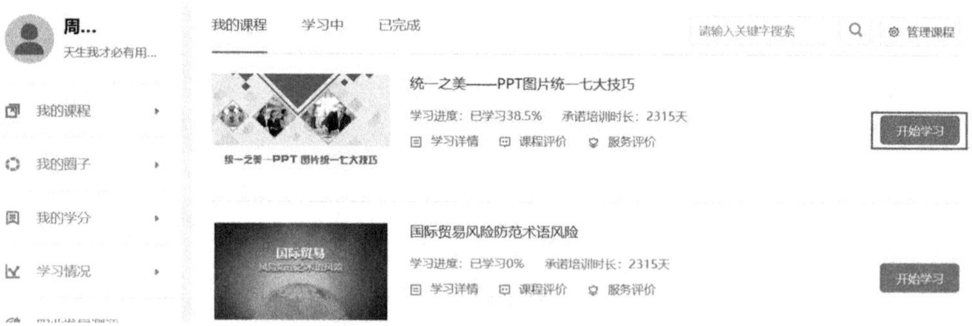

图 6-21　学生端课程界面

②圈子评论。在课程学习页的右侧顶部点击“圈子”，学生可以发表感想，还可以点赞和回复别人的圈子。在学习中心点击“我的圈子”，即可查看“我的圈子”“我的回复”以及“回复我的”，如图 6-23 所示。

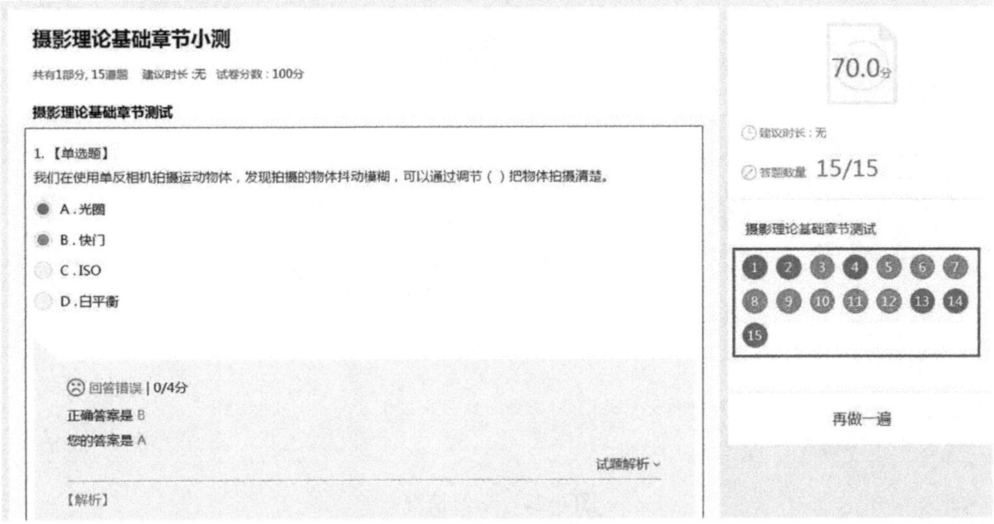

图 6-22 查看评测解析

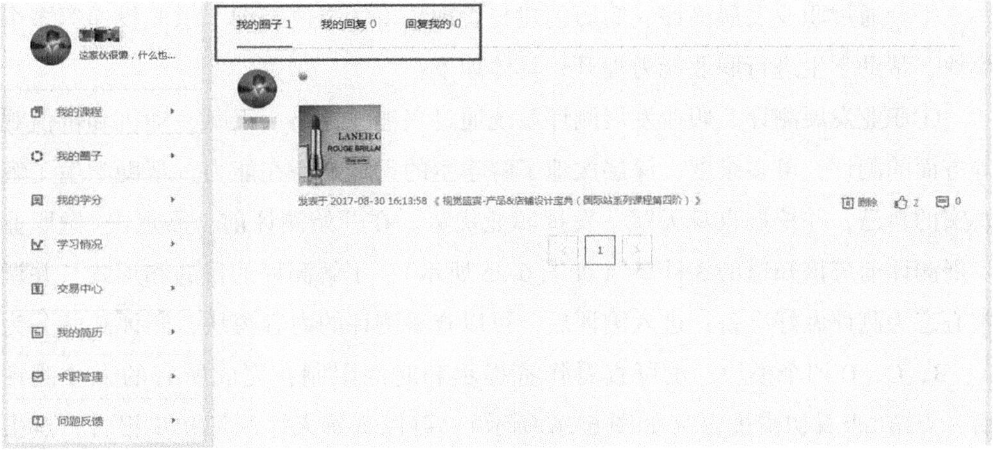

图 6-23 我的圈子

③学习情况。在学习中心点击“学习情况”，可查看所有课程的学习情况，如图 6-24 所示：

图 6-24　学习情况

(3)职业能力提升功能。

平台通过职业发展测评、简历创建与管理、市场岗位查询、求职投递等多个模块，帮助学生进行职业能力提升。具体如下：

①职业发展测评。职业发展测评系统通过兴趣、性格、天赋、动机和价值观等方面的测评，可多维度、深层次地了解学生的天赋和潜在能力，帮助学生了解真实的自己，并挖掘自身天赋，发挥职业优势。在开始测评前，需点击“做职业发展测评前应该知道的 3 件事”(如图 6-25 所示)，了解测评的目的和形式，并调整心态为测评做好准备；进入测评后，可以查看测评的内容模块，测评总共分为 A、B、C、D 四个模块，也可查看作答提示和时间限制；完成所有的人才测评后，点击“查看初步报告”(如图 6-26 所示)，可以查看人才测评初步报告，点击“查看详细报告”，可以查看完整的人才测评报告，包括概述、优势分析(职业方向、职业领域、个人特质)、动机分析、综合建议等。

②我的简历。在“我的简历”模块中，可创建个人简历，包括个人信息、联系方式、求职意愿、教育经历、培训经历、实习经历、工作经历、专业技能、作品展示、我的证书等版块信息。其中培训经历、专业技能、作品展示和我的证书等版块信息会与教学平台的学习经历同步。如图 6-27 所示。

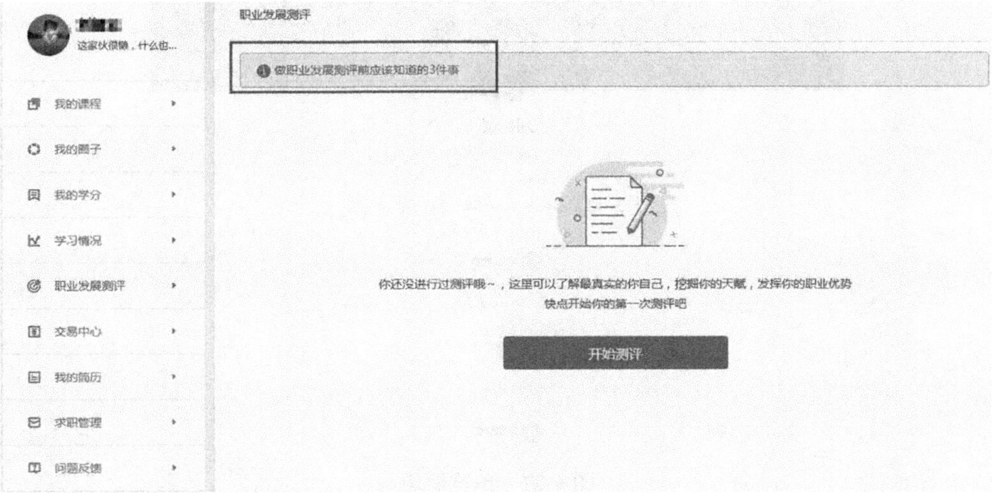

图 6-25　测评前的准备

图 6-26　查看人才测评初步报告

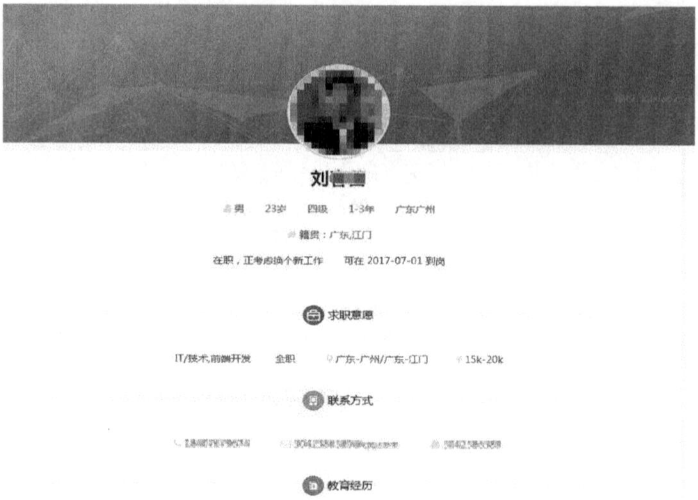

图 6-27 预览简历

③求职管理。在“求职管理”的“投递箱”中可查看简历投递的情况，包括待沟通、面试中、已拒绝、已过期、已达成意向、未达成意向等，如图 6-28 所示；在“邀请函”中可查看被企业邀请的情况，处理状态包括待沟通、面试中、已拒绝、已过期、已达成意向、未达成意向等，可点击“同意”或“拒绝”来选择企业的面试邀请，如图 6-29 所示。与企业达成意向后，可以对面试情况发表评价。

图 6-28 投递箱

图 6-29　邀请函

④就业直通。学生在学习完课程、填写简历后，就可以点击平台首页的“就业直通”模块，搜索和筛选职位，向心仪企业投递简历，如图 6-30 所示：

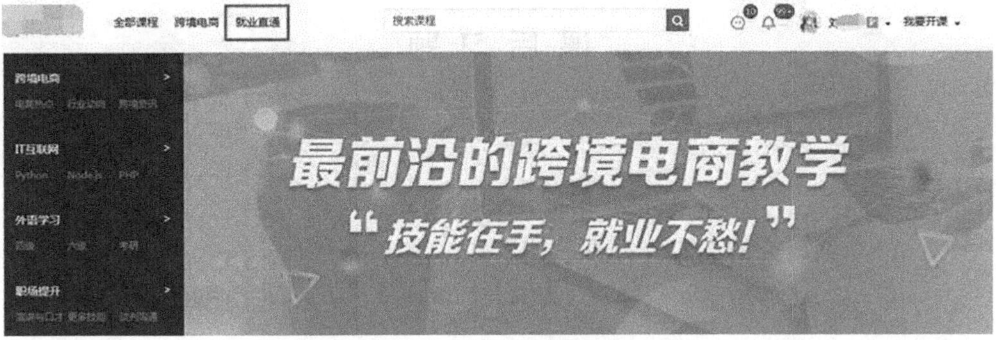

图 6-30　就业直通

2.“广师大跨境电商实训平台”教学效果

2018 年，广东技术师范大学计算机科学学院电子商务系首次为 2015 级电子商务系(应用方向)的学生开设《跨境电子商务》课程，并使用“广师大跨境电商实训平台"进行实践教学。学校针对课程与平台，对首批使用该平台的学生(约50人)进行了问卷调研，结果如图6-31所示。可以看到，该平台能够对跨境电商课程的学习提供有效帮助，教学效果良好。

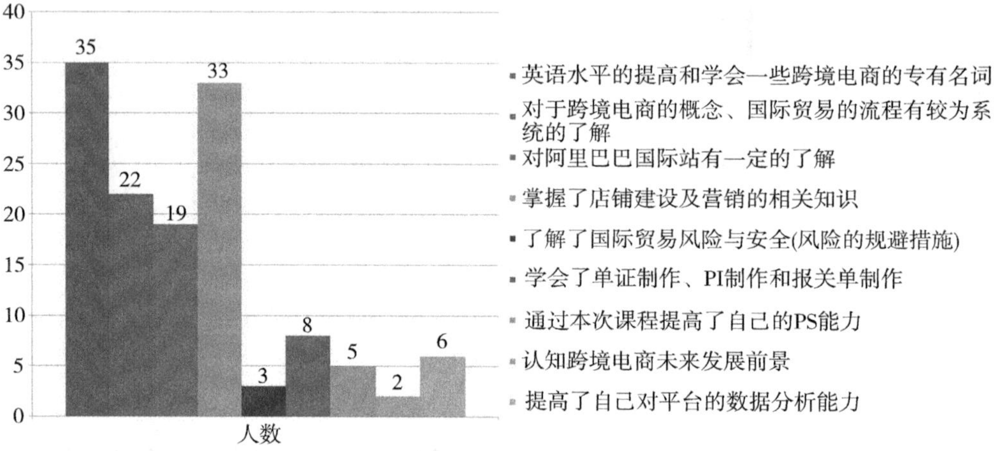

图6-31　2015级电商专业学生对平台教学效果的反馈

课 后 习 题

一、单项选择题

1. 对于个案研究法，说法正确的是(　　)。

   A. 个案研究的功能较为单一

   B. 个案研究需要实验场景

   C. 个案研究中的案例需要加工

   D. 个案研究可以与问卷调查研究相互补充

2. 人工智能技术在教育行业应用的意义不包括(　　)。

   A. 全面替代教师的作用

   B. 优化教学资源分配

   C. 提高教学效率

D. 实现个性化学习

二、论述题

1. 在教学研究中，如何形成教学案例？

2. 请选取一门具体的中职信息技术课程，谈一谈如何开展多学科融合的教学设计，提升学生综合素养。

3. 请选取一门具体的中职信息技术课程，谈一谈如何为其设计课程思政方案。

三、实践任务题

1. 将学员分组(6—8 人一组)，以中职学校教研室教师团队的角色，每组选择一门中职信息技术类课程，参照 6.1.2 节的内容，设计一张课堂观察量表。

要求：

(1)课堂观察量表应包含面向教师和面向学生两个维度的评价指标，观察指标应尽量量化和细化；

(2)除完成表格规划外，可根据教师的实际要求，在中职院校完成实际的课堂观察活动(准备时间：1—2 周)；

(3)汇报形式：课堂观察成果展示；

(4)汇报时长：10—15 分钟/组；

(5)活动结束后需提交相关文档/作品。

参考文献

[1]刘亚明．用实验对比法开启 PLC 技术的学习之门[J]．职业技术，2009(12)：45.

[2]陈兆先，高俊．利用 SPSS 软件对化学学业成绩进行统计学有无显著性差异的分析——以模型建构教学中实验班和对照班为例[J]．理科考试研究，2019(02)：55-59.

[3]薛瑾，于飞飞，殷建华．基于课堂观察的教师教学行为分析[J]．上海教育科

研，2017(05)：36-41.
[4]陈爱娟．基于核心素养的高中课堂观察量表的研制探索[J]．求知导刊，2021(15)：2-3.
[5]李晓童．谈如何进行个案研究及其价值探析——基于存在主义理论[J]．才智，2015(30)：291-292.
[6]张丹．职业院校多学科融合教学的实践与思考[J]．职业，2021(04)：69-70.
[7]杨志疆．课程思政在高职院校计算机教学中的实践[J]．吉林工程技术师范学院学报，2020，36(11)：38-40.
[8]马佩. 在工科类专业课程中融入课程思政教育的探索——以《C++程序设计》为例[J]．科技风，2019，382(14)：73.
[9]中华人民共和国教育部．国家中长期教育改革和发展规划纲要(2010—2020年)[EB/OL]．http：//www. moe. gov. cn/srcsite/A01/s7048/201007/t20100729_171904. html.
[10]中华人民共和国教育部．国务院关于印发国家教育事业发展"十三五"规划的通知[EB/OL]．http：//www. moe. gov. cn/jyb_xxgk/moe_1777/moe_1778/201701/t20170119295319. html.
[11]袁磊，张淑鑫，雷敏，等. 技术赋能教育高质量发展：人工智能、区块链和机器人应用前沿[J]．开放教育研究，2021，27(04)：4-16.
[12]孟文娜．智慧校园中智能感知技术的应用[J]．数字化用户，2019(18)：130.
[13]钟卓，唐烨伟，钟绍春，等．人工智能支持下教育知识图谱模型构建研究[J]．电化教育研究，2020(04)：62-70.
[14]吴砥，饶景阳，吴晨．教育大数据标准体系研究[J]．开放教育研究，2020，144(02)：77-84.
[15]Felix. 什么是教育大数据？[EB/OL]．https：//www. zhihu. com/question/23869740. 2018.
[16]苗桂君，刘勇，许南山，等．在线评测系统在程序设计类教学中的应用研究[J]．计算机教育，2016(09)：157-162.
[17]黄龙军，范立新．自制在线判题系统的数据结构教学[J]．绍兴文理学院学

报(教育版)，2016，36(03)：28-31.

[18] Dong M X , Tian J R , Li R C , et al. Design and Implementation of Blank-Filling Test Module in the Theory Examination System for Tower Cranes [J]. Applied Mechanics and Materials, 2013: 433-435, 982-985.

[19] 何克抗，李文光．教育技术学[M]．北京：北京师范大学出版社，2009.

[20] 夏恩君，赵轩维，李森．国外众包研究现状和趋势[J]．技术经济，2015，34(01)：28-36.